MÉMORIAL

POUR

LES TRAVAUX DE GUERRE

GENÈVE, IMPRIMERIE DE FERD. RAMBOZ ET Cⁱᵉ

MÉMORIAL

POUR LES

TRAVAUX DE GUERRE

PAR

LE GÉNÉRAL G.-H. DUFOUR

ANCIEN OFFICIER DU GÉNIE, ÉLÈVE DE L'ÉCOLE POLYTECHNIQUE
ET COMMANDEUR DE LA LÉGION D'HONNEUR

TROISIÈME ÉDITION

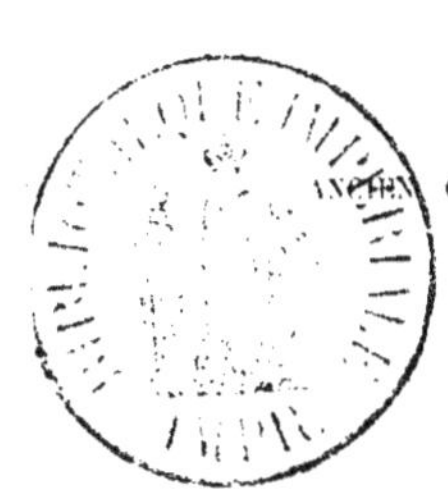

GENÈVE
JOËL CHERBULIEZ, LIBRAIRE-ÉDITEUR

PARIS
MÊME MAISON, PLACE DE L'ORATOIRE, 6

1850

AVERTISSEMENT.

Cette troisième édition du *Mémorial pour les travaux de guerre* ne diffère de la précédente que par quelques additions de détail ; la forme en reste la même.

Les mesures métriques y sont employées de préférence à la toise et au pied, dont l'usage se perd peu à peu et dont la valeur varie d'un pays à un autre.

Pour la Suisse, le pied légal vaut exactement $0^m,30$; en sorte que la conversion des mètres en pieds et parties décimales du pied, ou pouces, est extrêmement simple : il suffit de multiplier par 10 et de diviser par 3 le nombre de mètres à transformer. Ainsi, par exemple, 123 mètres valent 410 pieds suisses, parce que le nombre 1230, étant divisé par 3, donne 410 pour quotient.

Quand la division ne se fait pas exactement, il faut s'arrêter aux dixièmes de pied. Il serait sans utilité de pousser l'exactitude plus loin ; et même, dans la plupart des cas, devra-t-on s'arrêter aux entiers ; en sorte que l'opération sera toujours fort simple.

Il ne vaut donc pas la peine de donner une table de réduction pour cet objet. D'ailleurs les dimensions des ouvrages de fortification étant exprimées plus simplement en mètres qu'en pieds et, presque toujours, en nombres ronds faciles à retenir, la transformation sera rarement nécessaire.

La lecture du *Mémorial* suppose les premières notions des mathématiques et l'usage des instruments propres aux levés. Toutefois,
les calculs algébriques n'y ont été introduits qu'avec une extrême
réserve, de même que les objets d'une application difficile ou d'une
utilité contestée en ont été élagués avec soin. On ne trouvera dans
le *Mémorial* que ce qui est réellement praticable à la guerre.

MÉMORIAL

POUR

LES TRAVAUX DE GUERRE.

CHAPITRE PREMIER.

Principes généraux relatifs aux tracés.

SECTION PREMIÈRE.

Tracé des ouvrages considérés isolément.

1. L'objet de la fortification est de mettre un certain nombre d'hommes en état de résister à un nombre plus considérable.

2. La première chose à faire quand on est trop faible pour lutter corps à corps avec son ennemi, c'est de le tenir à distance ; la seconde, de se couvrir, pour se mettre à l'abri des traits qu'il peut lancer ; et la troisième, de se ménager l'avantage de la mobilité et du développement de ses forces.

De ces trois considérations, qu'on peut regarder comme autant de principes, découle naturellement la forme des différents ouvrages de fortification.

C'est ainsi que, pour tenir son ennemi à distance, on creuse un fossé ; que, pour se dérober à ses coups, on se sert des terres qui proviennent de l'excavation pour en faire un masque; et qu'en s'élevant sur cette terrasse, on se donne l'avantage physique de la position.

Plus le fossé sera large et profond, mieux il atteindra son but; il y a cependant des limites fixées par la nature même de la chose, et par les moyens d'exécution.

Les terres provenant du fossé formeront un massif qui résistera d'autant mieux aux armes de l'attaquant, qu'il sera plus épais; et, d'un autre côté, ce même massif favorisera d'autant mieux les coups des défenseurs, qu'il sera plus élevé. Il semble donc d'abord qu'on doit le faire le plus épais et le plus élevé possible, ce qui s'accorderait parfaitement avec ce que nous venons de dire du fossé: mais ce massif ne doit pas dépasser non plus certaines limites, ni dans son épaisseur, ni dans sa hauteur. Ainsi, par exemple, si l'arme dont l'assaillant doit se servir ne peut pénétrer les terres que de deux à trois mètres, il est inutile de donner au massif plus de quatre mètres d'épaisseur. En second lieu, il faut que, sans trop se découvrir, on puisse diriger ses coups sur l'ennemi qui aurait atteint le bord du fossé; de là, une limite pour la hauteur du même massif, limite qui dépend, comme on le voit, de la largeur du fossé.

Profil primitif.

3. C'est en remplissant toutes ces conditions que l'expérience a fixé, dans les différentes circonstances, les dimensions et la forme du massif couvrant auquel on donne le nom de *parapet*; elle a fixé de même la largeur et la profondeur du fossé.

Quelle que soit l'arme dont se serve l'assaillant, il faut toujours être également à couvert derrière le parapet; d'où il suit que, toutes choses égales d'ailleurs, le parapet doit toujours avoir la même hauteur ; ainsi AB est une quantité constante ordinairement de $2^m,50$ (fig. 1). Il n'en est pas de même de la largeur BC ; elle varie suivant la force des projectiles auxquels le parapet doit résister.

La hauteur moyenne de l'homme étant une quantité fixe, la distance de la petite terrasse ou *banquette* DE, au-dessous du point A, est également une quantité constante invariablement fixée à $1^m,30$; c'est la hauteur nécessaire pour qu'on puisse tirer par-dessus le parapet. La rampe EF, qui conduit sur cette banquette, a toujours une base GF, double de sa hauteur EG.

On donne ordinairement un mètre de largeur à la banquette.

Le dessus AI du parapet a une pente ou *plongée*, afin de laisser découvrir, de la tête aux pieds, l'ennemi qui serait arrivé sur le bord du fossé ; cette plongée est un mal nécessaire : je dis qu'elle est un mal, car il est évident que le parapet aurait beaucoup plus de force si l'angle A, dont le sommet prend le nom de *crête intérieure*, de *ligne couvrante*, ou de *ligne de feu*, n'était pas aigu. Pour conserver à cette crête une force convenable, on fixe au quart le *maximum* de la plongée AI, c'est-à-dire que IK ne peut pas être plus du quart de AK, et c'est là ce qui limite dans tous les cas, ainsi que nous l'avons dit au n° 2, la hauteur du parapet.

Pour assurer au côté AD une solidité suffisante, et permettre en même temps l'approche du parapet, on donne à ce *talus intérieur* $0^m,30$ de base ; c'est donc encore là une quantité constante.

Le *talus extérieur* IH doit toujours se faire à terre coulante : sa pente varie donc suivant la nature du terrain ; cependant, dans les cas ordinaires, il ne s'éloigne pas beaucoup de l'angle de 45°, et on le fait toujours tel dans le dessin des profils semblables à celui que représente la figure première.

La ligne d'intersection du talus extérieur III et de la plongée AI, ligne qui se projette en I, se nomme la *crête extérieure* du parapet.

Le repos HL, nécessaire à la solidité de l'ouvrage, est la *berme*. On ne doit lui donner que $0^m,50$ de largeur, pour qu'elle ne facilite pas trop l'escalade ; sous ce point de vue mieux serait sans doute de n'en point mettre du tout ; mais la berme est trop utile dans la construction du parapet pour se permettre cette suppression, et d'ailleurs elle retient les terres qui peuvent s'ébouler, éloigne la poussée, et contribue ainsi à la solidité de l'ouvrage. Cette berme, construite ordinairement sur le terrain naturel, doit, dans tous les cas, être au moins de deux mètres plus basse que la crête intérieure, pour que l'ennemi, arrivé dessus, ne puisse pas plonger dans l'ouvrage.

Le talus LN est l'*escarpe* du fossé ; le talus MO en est la *contrescarpe*. Ces deux talus varient d'inclinaison suivant la nature des terrains, les moyens qu'on a de les soutenir, et la durée présumable de l'ouvrage. Si cet ouvrage doit être stable pendant plusieurs saisons, et qu'on n'ait aucun moyen de consolider les terres, les talus d'escarpe et de contrescarpe seront à terre coulante ; mais quand il ne doit durer qu'une campagne, et qu'il est construit en terrain ordinaire, on peut faire ces talus au tiers ou au quart, c'est-à-dire que leur base aura le tiers ou le quart de leur hauteur.

Quant à la largeur et à la profondeur du fossé, ce sont des quantités variables suivant l'épaisseur du parapet ; nous verrons par la suite la manière de fixer ces dimensions.

On fait quelquefois subir une modification au profil

primitif, en ne lui donnant point de banquette, et fort peu de plongée ; c'est lorsque le parapet ne doit servir que de masse couvrante : on lui donne alors le nom d'*épaulement*. L'artillerie se sert d'épaulements pour couvrir ses batteries ; et l'on en élève quelquefois pour garantir les escadrons des ravages du boulet pendant tout le temps qu'ils restent dans l'inaction.

4. Les ouvrages qui doivent durer des années constituent la *fortification permanente* ; ceux qui ne sont destinés à rester sur pied que pendant l'espace d'une campagne appartiennent à la *fortification passagère*. Les uns et les autres sont également du ressort de l'ingénieur militaire.

Dans la fortification permanente, on a tous les moyens de consolider, de polir et de perfectionner les ouvrages ; à la guerre, au contraire, on manque souvent du nécessaire. C'est là que l'officier donne des preuves de son coup d'œil, de ses ressources, de sa patience et de son activité. Il faut qu'il fasse flèche de tout bois, qu'il sache mettre à profit tout ce qu'il trouve sous sa main, et tirer tout le parti possible des ouvriers qu'il dirige et des soldats qu'il commande. Il doit faire travailler avec vigueur les hommes qui lui sont confiés, sans cependant trop exiger d'eux ; il évitera de leur donner des ordres qui se contrarient ; il saura allier la douceur avec la sévérité ; et il mettra dans les affaires une certaine rondeur ennemie de l'esprit minutieux qui cherche toujours une perfection intempestive, perd de vue l'ensemble pour s'attacher à des riens, consomme du temps et fatigue les agents subalternes. Mais, par-dessus tout, l'officier du génie doit savoir se concilier l'attachement de ses subordonnés ; il faut qu'on le craigne et qu'on l'aime ; que son approbation fasse doubler de zèle, et que ses réprimandes ne restent pas sans effet ; qu'il soit toujours sur ses travaux; qu'il sache endurer le froid et les ardeurs du soleil; qu'il ne craigne pas de se mouiller ou de se salir; qu'il soit toujours le premier arrivé et le derner à partir; qu'il s'assure de tout par lui-même, car on cherchera souvent à le tromper; enfin, qu'il ne dédaigne pas de manier quelquefois les instruments pour enseigner aux ouvriers le meilleur usage à en faire.

5. Nous avons fait connaître dans le n° 3 la forme ordinaire du profil d'un parapet, sans rien fixer sur la nature de l'ouvrage auquel ce parapet doit appartenir; c'est-à-dire que, quel que soit cet ouvrage, le profil sera toujours le même dans des circonstances semblables.

Nous avons dit en commençant que le défenseur devait chercher à se procurer l'avantage de la mobilité. Cela nous fait de suite voir qu'une disposition quelconque d'ouvrages de fortification, ou simple, ou composée, doit être convexe au dehors, c'est-à-dire du côté de l'ennemi, afin que le défenseur n'ait que les cordes à parcourir pendant que l'attaquant se mouvra sur des arcs d'autant plus grands que l'arme avec laquelle on lui résistera aura une plus grande portée. Et d'ailleurs il faut qu'un ouvrage défensif enveloppe ceux qu'il doit protéger.

Les différentes manières de résoudre ce problème donnent naissance aux différents ouvrages ou *retranchements* connus en fortification. Nous ne parlerons que de ceux qui sont généralement employés à la guerre, et, pour les représenter, nous ne donnerons que la projection horizontale de la crête intérieure, en recommandant toutefois aux jeunes militaires de les dessiner avec toutes leurs lignes et exactement d'après une échelle connue, pour se faire une idée juste de l'espace occupé par les parapets et par les fossés.

Du Redan.

6. La manière la plus simple de disposer un ouvrage dont la convexité soit tournée du côté de l'ennemi, est de le faire de deux branches ou *faces* qui se réunissent pour former un angle. Cet ouvrage, le plus minime de tous ceux qu'un ingénieur puisse être appelé à construire, a reçu le nom de *redan*.

L'angle BAC (fig. 2e), formé par les deux droites AB, AC qui se rencontrent au point A, est ainsi la projection horizontale de la crête intérieure d'un redan. La partie ouverte de ce redan en est la *gorge*. On voit donc que, pour donner quelque valeur à cet ouvrage, il faut en défendre la gorge, soit par d'autres ouvrages en arrière, soit par des obstacles naturels. Aussi n'emploie-t-on le redan que pour faire partie d'une ligne destinée à couvrir un camp ou un front de bataille, pour défendre une avenue de village, une digue, un pont, etc.

Le principal défaut de cet ouvrage, considéré isolément, est d'avoir un fossé sans défense, et ce défaut, il le partage avec la plupart des ouvrages que l'on fait communément en campagne. De plus, il est un fait d'expérience, c'est que le soldat placé derrière un parapet fait toujours feu devant lui, perpendiculairement à la direction de ce parapet : ainsi, on verra qu'en élevant au point A les perpendiculaires AP, AQ sur les faces AC, AB, le secteur QAP sera privé de feux, et favorisera en conséquence l'attaque de l'ennemi. On remédie, en partie, à ce dernier défaut en construisant au saillant ce qu'on appelle un *pan coupé* ; c'est un répaississement intérieur, qui ne change rien à la forme extérieure du parapet.

7. Plus l'angle BAC sera ouvert, moins le secteur privé de feux sera considérable; mais plus aussi, à mesure qu'on s'approchera de la ligne droite, on sera loin de donner à l'ouvrage la forme convexe au dehors. Il y a donc une limite à l'ouverture de l'angle, et nous la fixerons à **120** degrés, division sexagésimale.

Ce même angle est susceptible d'une limite inférieure que nous allons faire connaître. Plus il se rétrécit, mieux on satisfait à la condition de présenter au dehors une convexité bien prononcée, mais plus aussi l'espace intérieur diminue; le secteur QAP augmente alors, et l'angle saillant **A**, devenant trop aigu, n'est plus capable de résister aux grandes pluies, et bien moins encore aux coups de l'ennemi; il forme une arête extérieure facile à gravir, et le grand rétrécissement rend impossible l'emplacement du canon vers le saillant. Toutes ces raisons réunies font voir que l'angle **A** ne peut pas se resserrer au delà d'une limite, qui a été fixée par l'expérience à **60** degrés, c'est-à-dire à la moitié de la limite supérieure.

La limite de 60° est applicable aux angles saillants de toute espèce d'ouvrages, en sorte que nous pouvons la poser pour première règle générale.

PREMIÈRE RÈGLE.

Les angles saillants des ouvrages ne doivent pas être moindres que 60°.

Les faces du redan peuvent avoir une longueur quelconque; cependant, quand le terrain le permet, on leur assigne ordinairement une cinquantaine de mètres.

L'espace intérieur, dans cet ouvrage comme dans tous les autres, s'appelle le *terre-plein.*

La ligne fictive qui partage un angle saillant en deux

parties égales en est la *capitale*. Cette ligne ne sert que pour le tracé des ouvrages. Ainsi, par exemple, on dira que pour construire un redan qui satisfasse aux différentes conditions énoncées ci-dessus, il faut porter 30 mètres sur la ligne de gorge à droite et à gauche de la capitale, prendre cette capitale de 40 mètres de longueur, à partir de la ligne de gorge, et joindre l'extrémité de la capitale avec les deux extrémités de la ligne de gorge par deux droites. On aura alors le tracé d'un redan qui aura 50 mètres de côté ou de *face*, et environ 72° d'ouverture.

Le redan jeté en avant d'autres ouvrages, et faisant système avec eux, reçoit le nom de *flèche*. Il est alors lié aux ouvrages en arrière par une tranchée qu'on appelle une *caponnière*.

De la Lunette.

8. La *lunette* est un ouvrage un peu plus considérable que le redan, composé de deux faces AB, AC et de deux *flancs* BD, CE (fig. 3). Ces flancs sont destinés à mieux envelopper l'espace intérieur et à battre quelque pli de terrain, qu'un simple redan n'aurait pas pu découvrir ou n'aurait vu que d'une manière très-oblique.

La lunette est, comme le redan, ouverte à la gorge; ainsi on ne doit la construire que dans les mêmes circonstances. Cet ouvrage est très-fréquemment employé à la guerre, à cause de sa simplicité et de la facilité avec laquelle il se plie au terrain. Ses dimensions et sa forme n'ont rien de fixe, ce sont toujours les localités qui les déterminent; cependant, pour arrêter nos idées, nous lui donnerons en terrain horizontal 60 mètres de face et 20 mètres de flanc.

La longueur de la gorge et celle de la capitale dépen-

dent de l'ouverture de l'angle saillant, qui peut être quelconque au-dessus de 60°, différent de celui du redan qui
ne doit pas dépasser la limite supérieure de 120°. Et ceci
tient à ce que, lors même que AB, AC seraient sur le
prolongement l'une de l'autre et ne feraient pas d'angle,
l'ouvrage, au moyen des deux flancs BD, CE, n'en tour-
nerait pas moins sa convexité du côté de l'ennemi.

Quoique le tracé de la lunette puisse être quelconque,
on pourra cependant, lorsqu'il s'agira d'en établir une sur
un terrain horizontal, et lorsque rien d'ailleurs ne déterminera sa forme, prendre la ligne BC qui joint les deux angles B et C de la lunette, angles auxquels on donne le nom
d'*angles d'épaule*, prendre, dis-je, cette ligne égale à 80
mètres, et élever sur le milieu une perpendiculaire de 44
mètres de longueur : ces deux lignes détermineront les
faces AB et AC, qui auront 60 mètres de longueur, et
comprendront un angle de 84° environ.

Pour les flancs, ils doivent aboutir aux deux extrémités
d'une droite de 72 mètres de longueur, parallèle à BC, à
20 mètres de distance, et partagée comme elle en deux
parties égales par la capitale.

Les défauts de la lunette sont du même genre que ceux
du redan ; elle a des fossés dépourvus de défense, un
grand secteur privé de feux à l'angle saillant, ainsi que
deux secteurs plus petits aux angles d'épaule. On corrige
le second de ces défauts par un pan coupé, et le premier
par des moyens que nous ferons connaître par la suite.

Du Bonnet de prêtre.

9. Si l'on accole deux redans, de manière que l'un
puisse défendre l'autre, on aura l'ouvrage auquel les ingénieurs ont donné le nom, assez impropre, de *bonnet de*

prêtre, que l'on peut remplacer par celui de *tenaille*. Il est composé de deux faces AB, CD, et de deux flancs AE, EC, ordinairement plus courts que les faces (fig. 4).

Cet ouvrage, ouvert à la gorge, doit s'appuyer à quelque obstacle, comme la lunette et le redan ; on l'emploie ordinairement pour couvrir un petit pont, et alors ses faces sont défendues par des batteries placées en arrière de l'autre côté de la rivière. Le flanc EC défend l'angle saillant A, et le flanc AE joue le même rôle relativement à l'angle saillant C ; et sous ce point de vue le bonnet de prêtre vaut mieux que la lunette ; il n'offre point de secteurs privés de feux ; mais ses fossés ne sont guère mieux défendus que ne le sont ceux des ouvrages précédents : cependant les flancs peuvent apercevoir le fond du fossé vers les saillants A et C.

Voici le tracé convenable pour la plaine : on fera la ligne de gorge BD de 100 et la capitale IK de 50 mètres de longueur ; on élèvera la perpendiculaire AC, sur laquelle on portera de part et d'autre, à partir du point I, une longueur de 20 mètres, qu'on portera aussi sur la capitale ; on joindra les points A et C avec le point E par des droites qui seront les flancs ; ces mêmes points, réunis avec les extrémités B et D de la gorge, donneront les faces. Les angles saillants A et C seront de 75° $\frac{1}{2}$, et par conséquent dans la limite prescrite. L'angle AEC est un angle droit, et ce n'est pas sans raison ; c'est afin que les deux saillants soient défendus avec efficacité par les flancs opposés. Ces flancs ont 28^m,50 de longueur.

10. Cette défense latérale ou de flanc, que chaque saillant reçoit ainsi d'une partie voisine, se nomme *flanquement* ; et quand on dit qu'une ligne en flanque une autre, cela signifie que les feux de la première sont employés à la

défense de la seconde. Or, la meilleure disposition à donner à deux lignes qui se flanquent mutuellement est de
les construire perpendiculaires l'une à l'autre, de faire leur
angle de défense droit ou légèrement obtus, parce qu'ainsi
que nous l'avons déjà dit, le soldat tire toujours droit devant lui ; d'où résulte que si cet angle était aigu, une partie des feux d'un flanc serait dirigée sur le flanc opposé,
ce qui pourrait occasionner des accidents fâcheux, et serait, dans tous les cas, une dépense de mousqueterie en
pure perte ; si, au contraire, l'angle est trop obtus, les
saillants sont mal défendus, parce que les feux croisent
trop loin la capitale.

Nous poserons donc pour seconde règle générale :

SECONDE RÈGLE.

*Les lignes qui se flanquent doivent être perpendiculaires
entre elles.*

C'est avec un petit nombre de règles semblables aux
précédentes que l'ingénieur se guide dans ses tracés ; nous
en établirons cinq dans le courant de cet ouvrage.

De la Redoute.

11. La *redoute* est un ouvrage fermé, pouvant se défendre par lui-même en quelque lieu qu'il soit placé, et
dont les faces ne reçoivent aucun flanquement ; sa forme
est ordinairement celle d'un quadrilatère.

En terrain horizontal, il est naturel de faire la redoute
carrée, parce qu'il n'y a pas de raison pour donner à une
de ses faces plus de longueur qu'aux autres, et de ne pas
faire tous ses angles égaux. Il n'en est pas de même sur
un site accidenté, où l'on est le plus souvent forcé d'altérer

plus ou moins la forme régulière, pour suivre les ondulations du terrain.

Sur le milieu d'un des côtés DC (fig. 5) on laisse une ouverture EF pour communiquer de l'extérieur à l'intérieur de la redoute ; et, pour que cette ouverture ne permette pas à l'ennemi de battre dans l'intérieur de l'ouvrage, on élève un massif de terre GH, façonné en parapet dirigé du côté du dehors. On donne à ce massif, ou masque, le nom de *traverse*.

Le principal défaut des redoutes carrées ou quadrangulaires est d'offrir à l'assaillant quatre secteurs privés de feux, et de favoriser ainsi son attaque sur quatre points différents ; or, c'est un très-grand défaut en fortification qu'une disposition qui met dans le cas d'avoir à répondre à plusieurs attaques simultanées d'un ennemi supérieur en force.

On a voulu remédier à ce défaut en donnant aux redoutes une forme circulaire ; mais on n'a fait que remplacer un défaut par un autre défaut. Une redoute circulaire, qui d'ailleurs renfermerait un plus grand espace intérieur sous le même contour, et offrirait un avantage sous ce point de vue, ne peut se plier au terrain qu'avec peine ; sa grande symétrie fait qu'elle offre partout le même degré de résistance, et qu'elle disperse ses feux d'une manière égale et inefficace sur le plateau ou l'avenue qu'il faudrait battre de préférence, et sur les parties où l'ennemi ne peut se présenter que difficilement, et où par conséquent il n'est pas nécessaire de diriger beaucoup de feux. La redoute angulaire, au contraire, peut avoir ses faces principales dirigées contre les points les plus importants à défendre ; elle est plus facile à tracer, et s'accommode sans peine aux accidents du terrain ; la redoute circulaire offre d'ailleurs une assez grande difficulté d'exécution, ce qui empêchera toujours de l'employer à la guerre. On pourra tout au plus la mettre en usage dans la fortification permanente, où tous les moyens de construction sont à la disposition de l'ingénieur. On obviera en grande partie au défaut des secteurs privés de feux, en employant, comme nous l'avons déjà fait pour le redan et la lunette, le pan coupé, auquel on donnera 6 mètres de longueur.

12. Nous venons de dire que la redoute circulaire aurait sur la redoute carrée l'avantage de renfermer un plus grand espace sous un même contour; c'en serait un sans doute si sa construction rapide, et avec les seuls moyens qu'on peut avoir à l'armée, était une chose possible.

Il n'en est pas des ouvrages fermés comme des lunettes ou des redans; dans les premiers, qui doivent quelquefois renfermer une garnison pendant plusieurs jours, il faut nécessairement proportionner le nombre des défenseurs à l'espace intérieur. Il est, en effet, bien évident qu'un homme occupant à peu près un mètre sur le bord du parapet, une redoute qui n'aurait que dix mètres de côté n'aurait pas assez d'espace intérieur pour que les quarante hommes qu'il serait possible de placer sur le pourtour de cette redoute pour la défendre pussent s'y loger. Le côté de la redoute est donc susceptible d'un *minimum* qu'il s'agit de trouver.

Pour faire ce petit calcul, nous donnerons à la redoute la forme carrée, et nous prendrons comme fait d'expérience qu'un défenseur occupe un mètre courant de parapet, et qu'il faut au moins trois mètres carrés pour loger deux hommes.

Si donc le nombre des défenseurs d'une redoute est n, sa surface intérieure devra être au moins $\frac{3n}{2}$ mètres carrés, et si nous nommons x son côté, $4x$ sera son contour, et

x-7 le côté du carré intérieur, c'est-à-dire du carré compris entre les pieds des talus des banquettes. Le nombre 7, qu'on retranche de x, est l'espace occupé par les deux banquettes opposées et leurs talus. Enfin, l'espace plan intérieur, qui est le seul logeable, sera $(x\text{-}7)^2$. On aura donc pour déterminer x et n les deux équations suivantes :

$$4\,x = n \qquad (x\text{-}7)^2 = \tfrac{3n}{2}$$

d'où l'on tire $\qquad x = 17 \qquad\qquad n = 68.$

Ainsi la plus petite redoute qui puisse être défendue par un seul rang de fusiliers aura 17 mètres de côté, et pourra contenir une garnison de 68 hommes.

Si l'on veut que la redoute soit défendue par deux rangs de soldats, il faut rélargir la banquette de $0^m,50$, et l'on a à résoudre les équations suivantes :

$$8\,x = n \qquad (x\text{-}8)^2 = \tfrac{3n}{2}$$

d'où $\qquad\qquad x = 25 \qquad\qquad n = 200$

Des calculs semblables aux précédents assignent 22 mètres et 32 mètres pour la longueur des côtés des redoutes, qui doivent contenir en outre une réserve égale au tiers de la garnison, dans les deux cas examinés ci-dessus. Les nombres d'hommes relatifs à ces deux cas sont 132 et 384.

13. Les calculs précédents ne sont pas nécessaires à faire toutes les fois qu'il est question d'établir une redoute ; le plus souvent on n'en a pas le temps, et ce n'est pas au moment d'agir qu'on doit prendre le crayon pour calculer. Il faut seulement se rappeler les résultats précédents pour ne pas rester au-dessous des limites.

S'il s'agit, par exemple, de construire une redoute pour 100 hommes, on voit qu'on ne les pourra placer que sur un seul rang, puisque la plus petite redoute dont les parapets puissent être garnis convenablement par deux rangs de défenseurs doit renfermer 200 hommes au moins ; il suffira donc de prendre le quart de 100, pour avoir la longueur du côté de la redoute qu'il est question de construire : ce sera 25. En élevant au carré le nombre 18, qui est 25 moins 7, on aura pour l'espace logeable 324 mètres carrés ; or, à la rigueur, il n'en faudrait que 150 : on peut donc faire la redoute plus petite. On essaiera de former une réserve de 20 hommes, et de ne placer que 80 hommes le long du parapet ; l'espace logeable sera alors 13 au carré, c'est-à-dire 169, ou 19 mètres de plus qu'il n'est indispensablement nécessaire : ce résultat est donc satisfaisant.

Qu'il soit question, pour second exemple, de construire une redoute pour 350 hommes. Je vois de suite que je puis disposer les défenseurs sur deux rangs, puisque la plus petite redoute, défendue de cette manière, ne contient que 200 hommes ; je vois de plus que je puis former une réserve, mais moindre que le tiers, car la plus petite redoute qui soit défendue par deux rangs et une réserve du tiers renferme 384 hommes. Je forme donc à première vue une réserve de 90 hommes, et, par une espèce de calcul de fausse position, je vais vérifier si cet arrangement est bon. Il reste 260 hommes à placer autour du parapet sur deux rangs ; ainsi, en divisant ce nombre par 8, on a 32 mètres pour le côté de la redoute. L'espace logeable est 24 élevé au carré, ou 576 mètres. Or, à un mètre et demi par homme, il n'en faudrait que 525 : donc la disposition proposée est acceptable.

14. On n'a point égard, dans ces calculs, à l'espace qu'occupe la traverse ; c'est qu'on suppose, comme cela doit être, que tous les soldats ne dorment pas à la fois, et

qu'une partie est de garde sur les banquettes. Néanmoins, il vaut mieux donner un mètre ou deux de plus aux côtés de la redoute, que de courir le risque de se trouver trop à l'étroit. C'est pour cette raison, et parce que les éclats d'obus sont excessivement dangereux dans les petits ouvrages, qu'il faut porter à **20** mètres le *minimum* des redoutes carrées, quoique le calcul donne **17** mètres pour le côté de la plus petite.

15. S'il doit y avoir du canon dans la redoute, son contour doit s'augmenter de 5 mètres par pièce, et sa surface intérieure de

 60 mètres carrés pour chaque pièce de **12**
 50 »   »   de **8**
 40 »   »   de **4**
 40 ʟ pour chaque obusier.

Ces données et celles qui précèdent suffisent pour trouver, dans tous les cas, quelle est la plus petite redoute qui puisse être défendue par un ou deux rangs de soldats, avec ou sans réserve du tiers, et qui puisse contenir en même temps un certain nombre de bouches à feu.

16. Nous avons vu dans le n° **13** le parti qu'on peut tirer, au moment du besoin, des résultats du calcul ; c'est ce qui nous a engagé à présenter le tableau suivant, offrant les plus petites dimensions d'une redoute dans les différents cas qui peuvent se présenter, en ne supposant toutefois que des pièces de **8** dans l'armement.

TABLEAU DES MINIMA.

DÉSIGNATION DES REDOUTES.		NOMBRES des bouches à feu.	LONGUEURS des côtés ou valeurs de x.	NOMBRES d'hommes ou valeurs de n.
REDOUTES DÉFENDUES PAR UN SEUL RANG.			m.	h.
	Sans réserve	0	17 *porté à 20*	68
		1	20	75
		2	22	78
		3	24	81
		4	26	84
	Avec réserve du tiers.	0	22	132
		1	24	136
		2	26	141
		3	28	144
		4	29	146
REDOUTES DÉFENDUES PAR DEUX RANGS.			m.	h.
	Sans réserve	0	25	200
		1	27	211
		2	29	222
		3	31	233
		4	32	236
	Avec réserve du tiers.	0	32	384
		1	33	388
		2	35	405
		3	36	409
		4	38	426

Ce tableau fait voir qu'une redoute de guerre ne doit pas avoir plus de 40 mètres de côté, parce qu'au delà de cette limite on aurait un espace intérieur superflu; de même qu'il ne faut pas lui donner moins de 20 mètres, si on ne veut pas y être trop à l'étroit. Ainsi, quand on aura un ouvrage à construire sur un espace plus grand que celui dont nous venons de parler, il faudra que cet ouvrage ait une autre forme que le carré, et nous profiterons de cette latitude pour donner au tracé une forme qui fasse disparaître, ou du moins qui atténue le défaut que nous avons remarqué dans les ouvrages précédents, celui d'avoir des fossés sans défense; lequel tracé fournira en même temps le moyen de porter des feux sur les saillants, et fera disparaître le défaut des secteurs privés de feux.

Les ouvrages qui remplissent ces conditions, plus vastes et plus importants que les redoutes, fermés comme elles et se défendant par eux-mêmes, s'appellent *forts* ou *fortins*.

17. On trouve dans les traités de fortification les tracés de plusieurs fortins dont on ne peut faire nul usage, vu leur peu de simplicité. Nous nous contenterons donc de parler du *fort à étoile* et du *fort bastionné*, qui sont à peu près les seuls qu'on emploie à la guerre.

Quoique les forts étoilés et même les forts bastionnés aient presque toujours dans l'application une forme irrégulière, occasionnée par l'irrégularité même du terrain sur lequel on les construit, cependant nous indiquerons ici leur tracé en plaine, comme un type dont il faudra s'éloigner le moins qu'on pourra, quand on sera forcé de l'altérer pour se plier aux ondulations du sol.

L'on fait quelquefois des redoutes d'une très-grande capacité et de forme plus ou moins irrégulière, dans l'intention de couronner un plateau ou une position qu'on veut défendre avec une troupe assez considérable ; mais ces grandes redoutes peuvent se comparer aux fortins dont nous allons parler : elles n'en diffèrent qu'en ce qu'elles n'ont point de flanquement.

Les Anglais, dans les guerres de la Péninsule de 1808 à 1812, ont fait un fréquent usage de ces redoutes irrégulières. La nature du terrain en déterminait la forme. En général elles couronnaient des sommités.

Des Forts étoilés.

18. Le *fort étoilé* se construit sur le triangle et sur le carré ; dans le premier cas il a six pointes, et dans le second il en a huit.

Le premier, le *fort à six pointes* (fig. 6), se construit sur un triangle équilatéral ABC de 90 mètres de côté, en partageant chacun des côtés en parties égales, et en construisant sur la partie du milieu un triangle équilatéral tel que DEF.

Par cette disposition, le saillant E est défendu par les feux des lignes AD et BF, et les saillants A et B reçoivent à leur tour une défense des faces DE et EF ; en sorte que le défaut des secteurs privés de feux est bien affaibli, sinon anéanti.

Le fort étoilé dont nous venons d'indiquer le tracé pèche un peu par le flanquement ; l'angle EFB étant obtus, les feux qui partent de F n'arrivent pas précisément sur le point E, en sorte que ce point ne peut être défendu que par des feux obliques, difficiles à obtenir des soldats. Cependant ce léger défaut est inévitable, parce que si l'on voulait faire les lignes EF et ED perpendiculaires aux lignes BF et AD, l'angle E, qui est actuellement de 60°, et par conséquent à la limite fixée par la première règle générale établie au n° 7, passerait au-dessous de cette limite, et par cela seul deviendrait inadmissible.

Il va sans dire que le fort étoilé doit avoir une entrée *mn*. On place cette entrée dans un rentrant, parce que les rentrants sont les parties les moins attaquables, comme étant protégées de très-près par des feux croisés, et se trouvant les plus éloignées de l'ennemi.

Derrière la porte *mn* on élève une traverse *pq* pour en masquer l'ouverture et la défendre par des feux directs.

Du Fort à huit pointes.

19. Le *fort à huit pointes* se construit sur un carré ABCD de 90 mètres de côté (fig. 7). Chacun des côtés de ce carré est divisé en trois parties égales, et sur la division du milieu on construit un triangle équilatéral EFG, de même que pour le fort à six pointes.

La longueur de 90 mètres est un *maximum*; on peut la réduire jusqu'à 45, nombre approchant de la limite supérieure des redoutes carrées et moitié du précédent. Ainsi les deux nombres 90 et 45 sont les limites entre lesquelles on peut tracer le fort à huit pointes par les procédés dont nous venons de parler; de même que 40 et 20 sont les deux limites entre lesquelles on peut construire une redoute carrée, comme le tableau du n° 16 le fait voir. Les limites 90 et 45 servent également pour les forts à six pointes.

De même que dans le fort à six pointes, les angles saillants sont flanqués un peu obliquement; mais ce défaut n'est pas tellement capital, que, pour le corriger, il faille entrer dans des constructions qui s'éloignent de la simplicité si nécessaire dans les ouvrages de campagne, qu'on est appelé presque toujours à tracer rapidement et souvent sans autre secours que celui du simple coup d'œil. Nous ne dirons donc rien de ces perfectionnements dans le tracé, perfectionnements qui ne deviennent sensibles que sur le papier, et qui ne sauraient prolonger la défense d'une seule minute.

Il faut s'éloigner, répétons-le, de l'esprit de minutie, si contraire aux belles conceptions militaires, qui n'a jamais que des vues étroites, et perd de vue l'ensemble pour courir après des détails de peu d'importance.

L'entrée *mn* se fera dans un rentrant, comme pour le fort à six pointes, en ayant soin toujours de la masquer par une traverse *pq*.

Remarquons un léger avantage du fort à huit pointes sur celui à six, c'est que les quatre angles A, B, C, D offrent plus de solidité que les quatre autres, parce qu'ils sont plus ouverts, tandis que dans le fort à six pointes tous les angles sont au *minimum*. Mais un avantage plus véritable, et qui doit faire préférer le fort à huit pointes, c'est que sa capacité intérieure est plus considérable même à développement égal.

20. Il se peut qu'au lieu de construire le fort à huit pointes sur le carré inscrit, on se propose de le tracer au moyen du carré extérieur. Alors on emploiera le tracé suivant, moins simple que celui que nous venons de détailler, mais cependant très-exécutable sur le terrain, et surtout nécessaire aux officiers dont le coup d'œil est peu exercé, et qui veulent être sûrs que leur tracé ne sortira pas du terrain dont ils peuvent disposer.

Le carré circonscrit ABCD (fig. 8) doit avoir 120 mètres de côté pour que le fort ait à peu près les mêmes dimensions que celui dont nous avons indiqué le tracé dans le numéro précédent.

On mène les deux diagonales AD et BC, et l'on joint par des droites EF les milieux F et E des côtés du carré. On partage ensuite AO en trois parties égales, et le premier point de division M indique l'angle saillant d'une des pointes de l'étoile, et les deux points F et E les mêmes angles des deux pointes voisines; il ne reste plus qu'à avoir la direction des faces de ces pointes. Pour cela, on prendra la moitié de MO, que l'on portera de O en P; puis on joindra PF et PE. Enfin, ou prendra MO, que l'on portera sur PF et PE à partir du point P; et on joindra MX et MY. En répétant cette opération sur les quatre angles du carré primitif le fort sera tracé.

La longueur de 120 mètres, que nous avons assignée au côté AB, est la plus grande qu'il convienne de lui donner, parce qu'au delà on obtiendrait pour les faces du fort étoilé des lignes plus grandes que celles que nous avons indiquées pour *maximum* dans le numéro précédent, et, de même que dans ce numéro, nous prendrons 60, moitié de 120, pour la limite inférieure. Ainsi, on pourra construire le fort à huit pointes par le moyen du carré extérieur, en donnant aux côtés de ce carré une longueur comprise entre les deux limites 120 et 60 mètres.

Il est à remarquer que le tracé que nous venons de décrire laisse dans le carré ABCD un grand espace perdu, tel que le fort n'en occupe guère que la moitié. Cet inconvénient a fait chercher un autre tracé pour employer plus utilement un espace donné ABCD, lequel eût en même temps l'avantage de porter les saillants de l'ouvrage aux angles du polygone. On y a surtout été conduit par la nécessité de mieux défendre les fossés qu'ils ne le sont dans les forts à étoile. Il est, en effet, facile de voir que, dans chacun des angles rentrants de ces forts, l'ennemi peut trouver au fond du fossé un abri sûr contre les coups des défenseurs. Ces angles, ainsi privés de défense, se nomment *angles morts*. Le tracé du fort bastionné les fait éviter ; aussi ce tracé est-il à juste titre regardé comme le plus parfait.

Du Fort bastionné.

21. Le fort bastionné, considéré comme ouvrage de campagne, ne doit être construit que sur le carré et le pentagone.

Soit donc AB (fig. 9) un de ces côtés : voici les opérations à faire sur ce côté, ainsi que sur tous les autres, opérations qui seront indépendantes de la valeur numérique de AB, c'est-à-dire qu'elles seront les mêmes, quelle que soit AB. Cette indépendance, qu'on a dû remarquer dans le tracé du fort à étoile, offre un grand avantage pour plier l'ouvrage au terrain, et faire varier la longueur de ses côtés, suivant le besoin.

Sur le milieu C du côté AB on élève une perpendiculaire CD égale au $^1/_8$ du côté AB, si le fort doit être carré ; ou au $^1/_7$, s'il doit être pentagonal. On mène les lignes AD et BD, sur lesquelles on porte, à partir des points A et B, deux fois la longueur de CD ; et, des points E et F ainsi obtenus, on abaisse des perpendiculaires EG, FH sur les lignes AD et BD prolongées. Enfin on réunit par une droite les deux points G et H, et le tracé est achevé.

Répétant la même opération sur les autres côtés du polygone, on aura autant de parties saillantes semblables à GEAIK qu'il y a d'angles dans le polygone. Ces parties saillantes, qui affectent la forme des lunettes, sont ce que les ingénieurs nomment des *bastions*.

L'ensemble des lignes que nous venons d'indiquer

forme ce qu'on appelle particulièrement un *front de fortification*, quoique ce nom convienne également aux tracés
que nous avons déjà indiqués, et qui, comme celui-ci, ne
font que se répéter sur les différents côtés du fortin.

22. Si l'on plaçait en avant du front bastionné une lunette *mnopq*, flanquée par ce front, et dont les fossés dé-
bouchassent dans ceux du fort, cette lunette, destinée à
couvrir une communication, prendrait le nom de *demi-
lune*. On fait rarement des demi-lunes dans les forts de
campagne; on en fait presque toujours, au contraire, dans
les fronts bastionnés des places de guerre; elles jouissent,
dans ce cas, de propriétés éminemment défensives.

23. Il résulte évidemment de la disposition précédente
qu'il n'est aucun point en avant du front AB qui ne soit
vu et battu efficacement; et, si les dimensions de ce front
ne sont pas trop petites, le relief des parapets n'empêchera pas la ligne GE de découvrir le fond du fossé de D
en H, et la ligne FH de battre la partie GD du même
fossé; et ces lignes découvriront encore mieux les fossés
en AE et BF. En sorte que, dans le fossé tout aussi bien
qu'au dehors, il n'est aucun point qu'on ne puisse battre.

24. Nous avons dit que pour le carré la perpendiculaire CD devait être égale au $^1/_8$ du côté extérieur AB, et
que dans le pentagone elle en est le $^1/_7$. La raison de
cette différence consiste dans l'ouverture qu'il convient de
donner aux angles A et B, ouverture qui, comme nous le
savons, ne doit pas être moindre que 60°. Or, on resterait en-dessous de cette limite, si, dans le fort bastionné
de forme carrée, on donnait à la perpendiculaire CD le

septième du côté AB, comme on le fait quand le fort est pentagonal.

Les lignes EG et FH sont perpendiculaires aux lignes BG et AH, pour se conformer à la seconde règle générale que nous avons donnée dans le n° 10, règle qui prescrit de faire perpendiculaires entre elles les lignes qui se flanquent.

25. Les différentes lignes du tracé que nous venons d'indiquer ont reçu des premiers ingénieurs des noms que l'usage a consacrés, et qu'il est nécessaire de connaître.

La ligne AB se nomme le *côté extérieur du polygone*, ou simplement *ligne extérieure*.

CD est la *perpendiculaire*.

AH et BG les *lignes de défense*.

AE et BE les *faces*.

EG et FH les *flancs*.

GH la *courtine*.

Les angles ont aussi leurs noms particuliers :

A et B sont les *angles saillants* ou angles *flanqués*.

E et F les *angles d'épaule*.

G et H les *angles de courtine*.

26. Il nous reste à dire quelle est la longueur que l'on donne au côté extérieur AB.

Cette longueur ne doit pas être moindre que 100 mètres ni dépasser 200, c'est-à-dire qu'on peut donner au côté extérieur toutes les longueurs entre 100 et 200, ce qui offre une très-grande latitude, et rend le tracé du fort bastionné applicable à presque tous les terrains.

27. Il semblerait que, puisque le tracé du front bastionné est le meilleur de tous, on dût l'employer à la place de celui des forts à étoile; mais dans les limites étroites où ces forts peuvent être construits, le front bastionné ne laisserait pas une capacité intérieure suffisante, et quand on voudrait rester au-dessous de la limite inférieure que nous venons d'assigner, le fossé vers le milieu de la courtine cesserait d'être vu à cause du relief du parapet, et le fort bastionné ne vaudrait guère mieux alors que celui à étoile; d'autant plus que dans ce cas les flancs auraient si peu de longueur, que la plus grande partie en serait obstruée par le parapet de la courtine. Voilà donc la limite inférieure motivée; quant à la limite supérieure, elle est fixée par la portée des armes dont l'infanterie se sert habituellement, c'est-à-dire par la bonne portée du fusil de munition. Il est visible, en effet, que le flanc HF devant défendre le saillant **A**, doit en être à une petite portée de mousquet ou à une distance moindre que **180** mètres, portée à laquelle on peut encore ajuster. Or, à la limite supérieure, la ligne de défense **AH** a environ **150** mètres; donc il n'est pas convenable de la dépasser. Et nous suivons ici dans l'établissement de cette limite une troisième règle générale qui doit diriger l'ingénieur dans ses dispositions, règle qui trouve naturellement sa place en cet endroit; la voici :

TROISIÈME RÈGLE.

Les lignes qui ont à défendre un saillant ne doivent pas en être tellement éloignées que les coups qui partent de ces lignes ne dépassent largement les saillants pour atteindre l'ennemi avant qu'il y arrive.

28. Les forts à étoile et les forts bastionnés, principalement ces derniers, ne peuvent être employés que pour les postes importants, pour les positions centrales servant de pivots ou d'appuis aux grandes manœuvres des armées.

La construction de ces forts doit être solide et approcher de celle des *fortifications mixtes*, c'est-à-dire de celles qui, sans être construites en maçonnerie comme les fortifications permanentes, sont cependant destinées à rester sur pied plusieurs campagnes.

Non-seulement les fortins assureront, comme nous venons de le dire, des positions importantes, mais ils serviront aussi à conserver des dépôts de tout genre; leur grande capacité intérieure les rend capables d'un emploi aussi important. Il faut donc qu'ils soient bien conditionnés pour être à l'abri d'une attaque de vive force, et contraindre l'ennemi à une marche régulière pour s'en emparer, marche lente, pénible, à laquelle on ne se décide que quand on ne peut pas faire autrement, et qui est le plus beau témoignage en faveur d'un ouvrage de campagne. Une redoute qui reçoit les honneurs d'une attaque régulière, ou qui contraint l'ennemi à de grands développements de forces, devient célèbre dans les annales militaires.

La belle défense de la redoute de Montenotte, en **1796**, a commencé la réputation militaire du général Rampon.

SECTION SECONDE.

Tracé des ouvrages considérés collectivement.

29. Nous avons considéré isolément, dans la section précédente, les différents ouvrages usités à la guerre; nous allons les prendre dans celle-ci collectivement, en faisant toujours abstraction de leur hauteur ou relief, pour ne parler que de leur projection horizontale ou de leur tracé, ce qui est la même chose.

Plusieurs ouvrages réunis et concourant à un même but forment ce qu'on nomme généralement des *lignes*.

Les lignes se distinguent, quant à leur disposition, en *lignes continues* et *lignes à intervalles*; et quant à leur emploi, en lignes de *frontières*, lignes de *camps*, lignes de *siéges*, et lignes de *batailles*.

30. Les militaires ont été longtemps partagés d'opinion sur la préférence à donner à l'un des deux systèmes de lignes. Les uns se montraient partisans des lignes continues; d'autres, au contraire, jugeaient les lignes à intervalles bien supérieures aux premières. On s'accorde actuellement à employer les lignes continues toutes les fois qu'il s'agit de fermer un passage, plutôt que de s'opposer à une attaque vigoureuse; et, dans le cas contraire, on préfère les lignes à intervalles, parce que les ouvrages détachés dont elles sont composées, pouvant être plus perfectionnés et mieux défendus, offrent des points solides autour desquels les troupes peuvent manœuvrer, et conserver ainsi, dans un état de défensive, tous les avantages moraux que procure l'offensive, avantages qui résultent de l'opinion qu'ont les troupes de leur supériorité, quand elles marchent à l'ennemi, ou qu'elles manœuvrent hardiment en sa présence.

31. On voit, d'après cela, que les lignes continues conviennent aux frontières, et celles à intervalles aux camps et aux champs de bataille. Quant aux lignes de siéges, elles peuvent être continues ou à intervalles, suivant qu'el-

les ont plus spécialement pour objet d'arrêter des convois ou de résister à une armée de secours. Au reste, dans ce cas même, la préférence doit être donnée à celle des deux lignes qui peut être achevée le plus promptement et défendue avec le moins de monde. Sous ce double point de vue, la ligne à intervalles l'emportera presque toujours.

Enfin, une ligne d'un grand développement pourra être formée, en partie à la manière des lignes continues, et en partie à la manière des lignes à intervalles ; c'en est assez pour sentir la nécessité de faire connaître les différents tracés adoptés pour ces lignes.

§ Ier.

Des Lignes continues.

32. Nous avons dit que les lignes continues conviennent particulièrement aux frontières découvertes, où il est question d'arrêter les fourrageurs et les partis ennemis qui viendraient mettre le pays à contribution, enlever le bétail, faire des prisonniers, incendier les villages, les forêts et les moissons. Les lignes ne sont là que comme les murs autour des jardins, pour arrêter les voleurs ; il faut donc les faire avec le moins de développement possible, c'est-à-dire s'approcher, autant que le terrain peut le permettre, de la ligne droite.

Cette seule considération, contraire au troisième principe posé dans le n° 2, fait voir qu'on ne doit attendre de ces lignes de frontières qu'une défense très-médiocre ; et cela se sent parfaitement, puisque l'ennemi, pouvant menacer à la fois plusieurs points et se porter sur l'un ou sur l'autre avec la même vélocité que vous, il ne vous reste d'autre moyen de lui résister que de lui opposer des

forces égales, et alors le but de la fortification est man-
qué. Et quand vous auriez des forces disponibles suffisantes, l'ennemi conservera toujours sur vous l'avantage de
l'initiative; il faut que vous suiviez tous ses mouvements,
que vous vous prépariez à soutenir toutes ses attaques,
vraies ou simulées; il faut que vous cherchiez à le deviner,
ce qui n'est pas toujours facile, et souvent, pendant que
vous vous concentrez sur un point qu'il feint d'attaquer, il
enlève le retranchement sur un autre point que vous avez
dégarni, et une ligne continue une fois percée est presque
toujours une ligne perdue.

Feuquières, dans le chapitre 78ᵉ de ses Mémoires, cite
plusieurs exemples de lignes de frontières, ou qu'il a été
impossible de défendre, ou qui ont été forcées quand on a
essayé d'y attendre l'ennemi. Il rappelle, en particulier, les
fameuses lignes de Weissenburg, qui couvraient la basse
Alsace entre cette ville et celle de Lauterburg, sur une
étendue de vingt kilomètres. Villars se garda bien d'y
attendre l'ennemi; il prit en arrière une position de flanc
qui empêcha celui-ci de pénétrer en Alsace après qu'il eut
forcé les lignes. Séparé de ses magasins de Landau par les
retranchements, l'ennemi dut les repasser sans avoir rien
fait; et c'est en ce sens que les retranchements furent
utiles.

33. D'après ce que nous venons de dire, un simple
fossé en ligne droite, avec un parapet en arrière, pourrait
suffire. Cependant on flanque cette ligne par des redans,
qui sont autant de petits postes où se placent les gardes,
et desquels on découvre le fond du grand fossé. Ces redans font que l'on peut tirer quelque parti de la ligne pour
la défendre, moyennant des forces suffisantes. On opère
alors derrière cette ligne, comme on ferait derrière un

ravin ou un ruisseau, pour en empêcher le passage. Le tracé que nous allons donner pour ces lignes de frontières est celui qu'a constamment employé le célèbre Vauban.

Les lignes artificielles, fussent-elles aussi gigantesques que les murailles de la Chine, ne valent jamais les lignes naturelles et géographiques, telles que les rivières, les épaisses forêts, les chaînes de montagnes ; ce sont là les limites naturelles des États ; et si les peuples, ou plutôt les souverains, étaient dans la sincère intention de vivre continuellement en paix, ils feraient de bonne grâce des concessions de territoire, afin de se donner pour limites réciproques les fleuves et les chaînes de montagnes. Mais il est bien rare que dans des traités on agisse de bonne foi ; on cherche toujours à se conserver les avantages de l'offensive, et l'on croirait que c'est en traitant de la paix que l'on médite ses projets d'invasion.

Des Lignes à redans.

34. Vauban, comme nous venons de le dire, fortifiait la ligne continue par des redans placés de distance en distance. Nous adopterons ce tracé pour les lignes de frontières, comme étant le plus simple de tous ceux qu'on peut donner.

Les redans sont espacés de 240 mètres : ils ont 30 mètres de demi-gorge et 44 mètres de capitale.

Si l'on cherchait la force dans cette espèce de ligne, le tracé de Vauban ne vaudrait rien, puisque les angles B et C (fig. 10) ne seraient défendus que par des feux obliques partant de la courtine AD, ou bien par des feux de très-peu de valeur partant des redans voisins placés, contre notre troisième règle générale, au delà de la bonne portée du mousquet. Mais, encore une fois, les lignes de frontières sont bien moins destinées à procurer les avantages d'une vigoureuse résistance, qu'à empêcher les partis ennemis d'entrer dans le pays ; ce qui fait que dans leur construction on doit encore plus viser à l'économie qu'à la force.

De distance en distance on pratique des passages étroits pour la communication habituelle avec l'extérieur.

Ces passages doivent être couverts par une *flèche* ou redan extérieur, de mêmes dimensions que ceux de la ligne, et laissant des passages de **10** mètres de largeur entre les extrémités de leurs branches et le fossé de la courtine. On profite de l'établissement de ce redan intermédiaire pour espacer un peu plus ceux entre lesquels la porte doit être établie. On peut les mettre à **300** ou **320** mètres de distance l'un de l'autre.

35. Si une ligne continue n'était jamais destinée qu'à fermer une frontière, nous n'indiquerions pas d'autre tracé que le précédent. Mais il arrive quelquefois qu'une même ligne doit remplir le double but de fermer tout passage à des convois, et de résister à une attaque de vive force ; alors la ligne continue qu'il convient d'employer doit présenter un meilleur tracé que le précédent, et celui de tous qui est à préférer est le tracé bastionné ; mais comme il exige un grand développement, on ne peut pas toujours l'employer ; il est rarement en proportion avec les moyens dont on dispose quand on est appelé par les circonstances à faire quelque portion de ligne continue. Il convient donc de connaître les tracés qui peuvent le suppléer quoique imparfaitement.

36. La première modification qui se présente pour rendre le tracé de Vauban capable d'une meilleure résistance, c'est de rapprocher les redans jusqu'à la distance de **160** mètres, parce qu'alors les saillants seront à bonne portée des lignes qui doivent les défendre : n° **27**.

Ainsi, la *ligne à redans*, quand elle sera destinée à soutenir une attaque, ne différera de la ligne de Vauban, essentiellement propre aux frontières, que par le moindre espacement des redans.

De la Ligne à queue d'hironde.

37. Une seconde manière de corriger la ligne de Vauban est de briser la courtine **BD** (fig. **11**) en forme de redan **BCD** très-ouvert au sommet, tout en conservant entre les deux sommets **A** et **E** la distance de **240** mètres. La ligne à redans, ainsi modifiée, prend le nom de ligne à *queue d'hironde*. Cette ligne, quoique meilleure que celle de Vauban, relativement à la force de résistance, est loin d'être parfaite. Les trois angles **A**, **C**, **E**, se trouvant avoir au dehors une saillie égale, sont également insultables, et c'est là, à ce qu'il nous semble, un assez grand désavantage ; une ligne trop symétrique est faible partout, puisqu'il faut partout la surveiller également ; et sous ce point de vue la ligne de Vauban serait préférable, la courtine **AD** étant moins attaquable que les saillants. La ligne à queue d'hironde, sur une étendue de **240** mètres, présente trois points d'attaque, et celle de Vauban n'en présente que deux.

Les saillants sont les points d'attaque, parce qu'ils se trouvent plus rapprochés de l'ennemi, qu'ils ne sont point défendus par des feux directs, qu'ils ont devant eux des secteurs privés de feux, et que la défense qu'ils reçoivent des parties latérales est souvent insuffisante à cause de l'obliquité du tir. De plus, les parties saillantes sont facilement enveloppées et écrasées par les feux convergents de l'ennemi.

Un moyen de détruire le vice qui résulte d'une trop grande uniformité, serait de porter plus en avant le saillant du grand redan, en donnant à ses faces des directions BO et DO (fig. 12), perpendiculaires sur les lignes AB et DE, qui auraient pris une position plus oblique que dans le tracé précédent, quand leur capitale n'aurait eu que 30 mètres au lieu de 44. Alors on n'aura plus que deux points d'attaque O sur une étendue de 240 mètres, et ces saillants seront défendus efficacement par des feux de flanc. Le tracé à queue d'hironde, ainsi modifié, donne 84 mètres de capitale au grand redan.

De la Ligne tenaillée.

38. La *ligne tenaillée* ne diffère de la ligne à queue d'hironde, qu'en ce que les redans ont plus de saillie, plus de gorge, et qu'ils sont égaux. La capitale de ces redans est de 70 mètres, leur demi-gorge de 100 mètres.

Il résulte de ce tracé les mêmes défauts que nous avons remarqués dans le précédent; les trois angles A, B, C (fig. 13) ayant une égale saillie, sont également attaquables. Cependant, dans la ligne tenaillée, les trois saillants sont sur une étendue de 400 mètres, tandis que dans la ligne à queue d'hironde ordinaire, ils n'occupent qu'un espace de 240 mètres.

Un autre défaut majeur, qui est commun à ce tracé et aux précédents, c'est d'offrir de longues branches à l'enfilade du canon; l'usage introduit par Vauban de tirer à petites charges pour faire bondir plusieurs fois le projectile sur la longueur des faces des ouvrages, rend ce défaut capital; et nous verrons par la suite qu'il faut toujours, en traçant un ouvrage, faire en sorte que le prolongement des faces soit dirigé sur quelque partie de la campagne où l'établissement des batteries à *ricochet* soit impossible, ou du moins très-difficile. Sans cette attention, l'ennemi, qui veut attaquer vos ouvrages. place son canon sur le prolongement de leurs longues branches, pour détruire l'artillerie qui peut s'y trouver, renverser les palissades, s'il y en a, chasser les défenseurs, et s'avancer ensuite en colonne, à la faveur du désordre qu'il a produit, marcher rapidement sur les capitales, sauter dans les fossés s'ils ne sont pas très-profonds, ou y descendre à la faveur d'une rampe qu'il pratique sur le moment, en jetant des fascines au pied de la contrescarpe. Une fois qu'il a pénétré dans le fossé, il est à l'abri des feux de l'ouvrage même; il n'a plus à craindre que les feux latéraux. Il donne l'assaut à l'escarpe que son canon a labourée et rendue gravissable; en s'aidant des pieds et des mains il arrive sur le parapet, saute dans l'ouvrage et s'en rend maître.

C'est parce que toutes les faces sont ricochables, que la ligne tenaillée me semble la plus mauvaise en terrain libre.

De la Ligne à crémaillère.

39. La *crémaillère* est composée de faces et de flancs perpendiculaires entre eux. Les faces AB (fig. 14) ont 100 mètres de longueur, et les flancs 25, en supposant toujours, comme nous l'avons fait jusqu'à présent, que la ligne est tracée sur un terrain horizontal; en terrain irrégulier, toutes ces longueurs peuvent varier considérablement, parce que, sur un pareil terrain, la première loi à suivre est de se conformer à ses inégalités.

Pour tracer la ligne à crémaillère d'une manière commode, on prend sur la ligne AC, longue de 100 mètres, la partie DC égale à 4 mètres, et l'on élève sur AC la perpendiculaire DB de 25 mètres de longueur; après cela, on mène les lignes BC et AB, dont la première aura un peu plus de 25 mètres, et la seconde un peu moins de 100.

Si les lignes précédentes étaient vicieuses parce qu'elles étaient également attaquables partout, celle-ci l'est bien autant, et toutes ses faces sont ricochables, du moins quand elles ne sont pas dirigées sur quelque partie inaccessible à l'ennemi. La ligne à crémaillère est cependant très-bonne quand il s'agit de réunir entre eux deux ouvrages principaux A et B (fig. 15), placés à une trop grande distance l'un de l'autre pour qu'ils puissent se prêter un secours mutuel. Alors, sur le milieu C de cette longue courtine, la crémaillère doit changer de direction, c'est-à-dire que ses flancs, qui d'abord faisaient feu de gauche à droite, tireront ensuite de droite à gauche, d'où résultera un feu croisé très-efficace sur le milieu de la courtine, qui suffirait pour le défendre lors même que les ouvrages A et B auraient peine à atteindre jusque-là.

La courtine AB, ainsi construite en crémaillère, forme donc un rentrant redoutable dont les crochets protègent très-bien les ouvrages latéraux; et ceux-ci, à leur tour, doublent la force de cette courtine, en empêchant l'ennemi de prendre le prolongement des faces.

De la Ligne à redans bastionnée.

40. Voici le meilleur tracé connu jusqu'à présent, c'est celui de la *ligne à redans bastionnée*, lorsqu'il n'est question, répétons-le, de ne construire qu'une portion de ligne continue; car pour une ligne d'un grand développement le plus simple est le meilleur.

Aux deux extrémités d'un côté de 400 mètres de longueur, on élève à ce côté des perpendiculaires AP et BQ (fig. 16). On prend sur ces perpendiculaires des parties AD, BE égales à 50 mètres, et sur leurs prolongements, des parties DP et EQ de 30 mètres. Par les points D et E on mène des parallèles DG et EH à la ligne AB, et de 60 mètres de longueur. Après cela, on mène les lignes AG, BH : ce sont les faces des redans. On élève ensuite au milieu de AB une perpendiculaire IC de 50 mètres de longueur, et l'on joint le point C avec les points P et Q ; on prend sur ces lignes les parties CM et CN égales à AG. Puis, afin d'obtenir des flancs assez rapprochés des saillants pour que ces saillants en reçoivent une bonne défense, on abaisse des points G, M, N, H des perpendiculaires sur les lignes de défense, et l'on joint les flancs par de petites courtines. Tel est, après le tracé à bastions ordinaire, celui qui réunit le plus d'avantages, tracé qui était enseigné à l'École du Génie établie à Metz, mais qui a contre lui un peu trop de complication, et de ne pouvoir pas être employé sur toute espèce de terrain.

Le tracé à redans bastionné a, sous un certain point de vue, de l'avantage sur le tracé bastionné ordinaire. Supposons deux fronts sur les lignes AC et BC de la figure précédente, tracés par les principes du n° 21 ; il arrivera que les redans du tracé qui nous occupe auront plus de capacité que les bastions de l'autre tracé, et que le flanc Mm aura plus de longueur dans le premier que dans le second, ce qui est très-convenable, puisque c'est ce flanc qui défend le point d'attaque ; et, au contraire, le flanc Gg sera plus petit dans le tracé à redans que dans le tracé bastionné, ce qui est encore convenable, puisque ce flanc dirige ses feux sur un point qui n'est pas très-exposé.

Le tracé à redans bastionné sera donc, en pays plat, le

meilleur à employer : je dis en pays plat, parce que mal-
heureusement ce tracé est donné en nombres, et, par cela
seul, est peu propre à être employé sur un sol accidenté.

41. Le tracé précédent, celui de la ligne à crémaillère
établie entre deux ouvrages principaux, et celui de la ligne
à queue d'hironde avec les modifications que nous y avons
apportées, jouissent de l'avantage notable de ne pouvoir
être attaqués que par des saillants assez espacés pour être
en petit nombre, et par conséquent faciles à garder. Dans
la construction de l'ouvrage, on peut porter tous ses soins
sur ces parties importantes, et augmenter leur force par
tous les moyens connus à la guerre, et dont nous parlerons par la suite.

42. L'avantage que nous venons de remarquer est si
important, que nous poserons pour quatrième règle générale :

QUATRIÈME RÈGLE.

Que *les ouvrages d'un certain développement doivent
toujours offrir des saillants et des rentrants bien prononcés,
en moindre nombre possible, tout en conservant dans leur
disposition générale la forme convexe au dehors.*

Remarquons que cette forme convexe, qu'il convient
de donner aux lignes, comme aux ouvrages de moindre
développement, paraît détruire en partie l'effet des rentrants, parce que la courtine se porte en dehors par la
courbure, en sorte qu'il semble y avoir une espèce de con-
tradiction dans l'énoncé de notre quatrième règle. Mais si
nous faisons attention qu'entre deux saillants la courtine
se trace comme s'ils étaient liés par une ligne droite, nous
verrons que l'effet de la courbure ne s'y fait pas sentir.

La meilleure objection à faire contre la forme convexe au dehors, que nous prescrivons pour les lignes aussi bien que pour toute espèce d'ouvrages, c'est qu'elle rend moins efficace, au moment d'une attaque, la protection des ouvrages latéraux, qu'elle ne le serait si la forme générale du tracé était une ligne droite, ou même une courbe concave au dehors. Nous répondrons à l'objection en disant que quand nous parlons d'une forme convexe au dehors, nous n'entendons point seulement une forme courbe, mais aussi une forme polygonale ; en sorte que sur chacun des côtés du polygone, nos retranchements jouiront des avantages attachés à la disposition en ligne droite. Et cette disposition, bien loin d'être contraire à nos principes, n'est qu'une application en grand de la quatrième règle que nous venons de poser. Les angles du polygone général forment les saillants du grand ouvrage, et ses côtés en forment les rentrants, ce qui n'empêche pas que, sur chacun de ses côtés, on ne suive la même règle pour le tracé des différents ouvrages qui le composent. Et cette règle, si générale qu'elle s'applique également aux fronts en particulier et à l'ensemble de plusieurs fronts, s'étend aux frontières défendues par des forteresses, et même aux ordres de bataille : il faut toujours des saillants et des rentrants, des parties faibles et des parties fortes, pour porter sur les premières toute son attention, et se reposer pour les autres sur leur force naturelle. C'est de Vauban que nous tenons ce grand principe, qu'il a mis en application d'une manière si heureuse en perfectionnant les fortifications de Strasbourg. Il en a fait un vaste triangle qui n'offre ainsi que trois points d'attaque, tandis que ses longs côtés jouissent de tous les avantages de la fortification en ligne droite ; aux trois angles, et principalement sur le plus aigu, son génie a su multiplier les obstacles, et faire ainsi, avec une grande économie de moyens, une forteresse capable de la plus longue résistance.

Il paraît que l'ingénieur Fabre eut la même idée avant Vauban, et qu'il proposa de fortifier, au lieu des polygones d'un grand nombre de côtés, des carrés de même développement pour se procurer de longues lignes droites, et n'avoir que quatre points à bien consolider.

43. Il est un cas où le retranchement en entier peut être tracé en ligne droite et même en forme concave au dehors; c'est celui où il n'a pas plus de 2 à 3000 mètres d'étendue, et où ses deux ailes sont appuyées à des obstacles infranchissables, comme mers, lacs, marais, rochers escarpés, etc. J'ai dit qu'ils ne devaient pas être d'une trop grande étendue, parce que, dans ce cas, la forme droite ou concave ne nous procurerait aucun avantage sous le rapport de la mobilité, ou même nous serait désavantageuse, en sorte que nous pécherions contre un de nos premiers principes; mais si l'étendue est médiocre et dans les limites assignées, on a l'œil partout, et les surprises de l'ennemi ne sont plus à craindre.

Les obstacles naturels qui assurent les ailes et empêchent que l'ennemi ne tourne le retranchement, le font jouir à la fois de tous les avantages des ouvrages fermés, sous le point de vue de la mobilité qu'ils assurent aux défenseurs, et de ceux des ouvrages disposés en ligne droite, qui sont capables de la plus forte résistance.

§ II.

Des changements de direction dans les Lignes continues.

44. Quand les lignes sont de forme polygonale, les angles saillants que forment leurs différents côtés sont, comme nous l'avons dit, des parties faibles sur lesquelles il faut porter son attention.

Le plus souvent l'angle sera obtus, et il n'y aura autre chose à faire que de le flanquer par des ouvrages latéraux A et B (fig. 17), tels que redans ou demi-bastions. Mais si cet angle est aigu, comme dans la fig. 18, on le tenaillera pour lui donner la forme ABC, et cette tenaille sera flanquée par les ouvrages latéraux E et F.

Au lieu de tenailler l'angle saillant, on peut, quand la position est importante, couper l'angle aigu par un front bastionné, comme l'indique la fig. 19. Et si l'angle O de la ligne est essentiel à occuper, on y placera une lunette qui devra tirer sa défense des ouvrages en arrière; il faudra en conséquence que les saillants A et B du front bastionné débordent les prolongements OM et ON des faces de la lunette, de quantités suffisantes pour que cette lunette en soit efficacement soutenue. On ne peut rien fixer sur les dimensions à donner à ces ouvrages, parce qu'elles doivent varier avec l'ouverture de l'angle O. C'est à l'officier d'arrêter ces dimensions dans les différents cas qui peuvent se présenter.

§ III.

Des Lignes à intervalles.

45. Les lignes à intervalles jouissent, comme nous l'avons déjà dit, de l'immense avantage de soutenir le moral du soldat, en facilitant les manœuvres et les retours offensifs.

Ces lignes, composées d'ouvrages détachés, placés à une distance telle les uns des autres qu'ils puissent se prêter un mutuel secours, et construits d'autant plus solidement qu'il y en aura moins à faire, ces lignes, disons-nous, offrent des points de sûreté, en arrière desquels on peut attendre, dans une attitude menaçante, le moment favorable pour tomber en masse sur l'ennemi qui présente une partie faible. On est maître de refuser le combat sur le terrain qu'a choisi l'ennemi, ou de l'accepter au moment où cela peut être avantageux. On se tient sur une défensive toujours menaçante, et l'on est assuré d'une protection puissante, ainsi que d'un refuge dans le cas d'une chance malheureuse.

Tous ces avantages, une ligne continue ne les procure pas. Si elle empêche l'ennemi de pouvoir jamais nous atteindre, elle lui procure le même avantage contre nos entreprises; car ce n'est point en débouchant par des portes étroites, qu'il observe et sur lesquelles il a constamment des batteries dirigées, que nous irons le surprendre et le culbuter.

Un rempart continu engage le soldat à se blottir contre le talus intérieur, et cet état de crainte que lui inspirent de trop grandes précautions et des retranchements trop étendus, signes de la faiblesse, anéantit son courage; il ne pense plus à se battre quand il peut se cacher, et le même homme qui en rase campagne affronterait tous les périls, est épouvanté du boulet qui vient se perdre dans le parapet qui le couvre, ou de celui qui siffle dans l'air à une grande distance. Tel est le cœur humain.

46. On ne fait point assez de compte de ce que peut, dans une défense, le moral des troupes, toujours soutenu par des actions de vigueur faites à propos, sous la protection des ouvrages qui les protégent et les rassurent contre une défaite. C'est ainsi qu'en 1794 le général Jourdan gagna la célèbre bataille de Fleurus, et que les Russes, en

1807, firent une si belle résistance dans la forte position d'Heilsberg. Ce furent de semblables ouvrages qui sauvèrent le roi de Prusse, lorsque, coupé de ses communications et entouré des armées russe et autrichienne, il prit le parti de fortifier son camp près de Schweidnitz; il y employa les lignes à intervalles; ce fut un modèle en ce genre : les ennemis n'osèrent point l'attaquer.

Les manœuvres sont le principal moyen de vaincre l'ennemi, et ce n'est point derrière une ligne continue qu'on peut opérer des mouvements hardis. Dans une ligne à intervalles, au contraire, les *courtines mobiles* que forment les troupes entre les ouvrages, peuvent à chaque instant changer de forme, s'avancer, se retirer en arrière, se serrer en colonne, chercher l'ennemi, le poursuivre ou l'éviter suivant le besoin. Il est vrai que ces courtines mobiles étant à découvert sont exposées au canon; mais on sait que l'artillerie répond ordinairement à l'artillerie, et la nôtre est placée dans les ouvrages ou derrière les épaulements construits exprès; et d'ailleurs on manœuvre pour éviter les coups de l'ennemi, et les moindres plis du terrain peuvent couvrir les soldats.

47. Quoi qu'il en soit, voici le tracé ordinaire des lignes à intervalles : sur une première ligne, formant en général un polygone ou une courbe convexe au dehors, on établit à 300 mètres les uns des autres les saillants **A**, **B**, **C**, etc. (fig. **20**) de lunettes semblables à celle décrite au n° **8**, ou du moins ayant à peu près les mêmes dimensions. Leurs faces seront dirigées sur les points **D** et **E** d'une droite menée, parallèlement à la première, à **150** mètres de distance. Ces mêmes points **D**, **E**, etc., situés vers le milieu des espaces **AB**, **BC**, etc., indiquent l'emplacement de petites redoutes destinées à flanquer les lu-

nettes avancées et à protéger leurs gorges; sans cette précaution, celles-ci ne vaudraient rien, puisque, étant ouvertes, l'ennemi pourrait les tourner et s'en emparer; mais, protégées comme elles le sont, il ne tentera pas aussi facilement une opération tellement hasardeuse.

48. On voit, d'après ce que nous venons de dire, que c'est dans les redoutes D et E que le canon doit être placé, plutôt que dans les lunettes A, B, C; d'autant plus que l'ennemi peut trop facilement prendre les prolongements des faces de ces lunettes, et réduire leur artillerie au silence. Il convient d'ailleurs que ces points de sûreté soient intacts au moment du besoin; et le meilleur moyen pour qu'ils puissent rester habitables est de n'y point mettre d'artillerie, parce que l'ennemi dirigera de préférence son canon sur les redoutes D et E qui la renfermeront; en conséquence, nous donnerons aux parapets de ces redoutes plus d'épaisseur, et nous dirigerons leurs faces sur les saillants A, B, C des lunettes avancées, pour que leurs prolongements ne puissent pas être saisis. Si les lunettes n'avaient pour se défendre que leurs feux propres, les flanquements réciproques seraient peut-être illusoires, ou moins efficaces qu'on ne le suppose; parce qu'au moment de l'attaque, le sentiment de la conservation individuelle fait que chacun ne pense qu'à sa défense propre et directe. La protection, pour être efficace, doit donc se tirer essentiellement des ouvrages placés en arrière, et non susceptibles d'être attaqués en même temps.

49. Quoique les lunettes ne doivent pas contenir habituellement du canon, il faut cependant disposer à leurs saillants des plates-formes qui permettent d'y en placer au besoin: cela peut être très-utile au moment d'une affaire;

nous verrons par la suite comment on prépare le terrain pour cela.

Cette disposition rentre dans les idées du général du génie baron Rogniat. Il veut, dans ses *Considérations sur l'art de la guerre,* qu'on place l'artillerie hors des lunettes, derrière des épaulements élevés, en guise de courtines, aux points d'intersection des lignes de défense, position où elle sera parfaitement protégée et défendue par le feu de la mousqueterie des lunettes latérales. Nous reviendrons sur les idées du général quand nous parlerons des campements.

On met en première ligne des ouvrages ouverts, et non des redoutes, afin que si l'ennemi s'en empare il ne puisse pas s'en servir contre les premiers possesseurs, et qu'il ne trouve aucun abri dans leur intérieur.

50. On peut, en supposant, comme nous l'avons fait jusqu'à présent, un terrain horizontal, donner à la ligne composée d'ouvrages détachés une forme avantageuse et économique, en supprimant toute la seconde ligne de redoutes, pour la remplacer par un ouvrage central balayant les intervalles de toutes les lunettes (fig. **21**), et battant en plein leur intérieur. Nous avons, dans l'année **1815**, suivi à la lettre cette disposition dans le tracé de la ligne de Montessuy, en avant de Lyon, toutefois, après l'avoir appropriée aux localités.

Sur un arc dont le rayon serait d'environ **900** mètres, et qu'on estimera à vue sur le terrain, mais que sur le papier on tracera réellement, on établira les saillants **A** des lunettes espacés de **300** mètres, et au milieu **O** du rayon AC sera un ouvrage capital, tel qu'un fort à six ou huit pointes, devant renfermer de la grosse artillerie. Ce fortin, muni d'une bonne garnison, doublera la valeur du système de lunettes, en prévenant les surprises par la gorge ; bien entendu que les ailes de la ligne seront fortement appuyées, pour que l'ennemi ne puisse pas tourner la position ; ces ailes pourront être soutenues par de bons ouvrages, ou joindre des obstacles naturels. Les redoutes **D**, destinées à fortifier les ailes, n'auront du côté de l'intérieur de la ligne que des parapets très-minces, pour que le canon de l'ouvrage central **O** puisse les culbuter, si l'ennemi vient à s'en emparer.

Au point de rencontre des lignes de défense on élèvera des épaulements **P**, destinés à couvrir l'artillerie de campagne, que l'on pourra placer à ces endroits au moment du besoin, pour flanquer les lunettes **A**. Ces épaulements n'auront qu'un mètre de hauteur, pour que le canon puisse tirer par-dessus, en sorte que leur construction n'exigera qu'un très-petit travail ; et cependant ils seront d'un très-grand secours.

Remarquons que, dans la disposition actuelle, mieux que dans celle du numéro précédent, les lunettes de première ligne ont leurs intérieurs vus et battus par les ouvrages en arrière.

51. Si le terrain que la ligne doit couvrir a plus de 1800 mètres de longueur, il faudra, suivant l'étendue de l'espace à occuper, employer un ou plusieurs arcs semblables au précédent, soutenus en arrière par un fort bastionné ; mais alors on doit profiter de cette circonstance pour ne faire dans les rentrants, formés par la rencontre des différents arcs, que des ouvrages de fort peu d'importance, tels que de simples redans, parce que ces parties sont fortes de leur nature.

On sent bien que la disposition que nous venons d'indiquer ne peut être appliquée qu'à un champ de bataille préparé de longue main, et que les localités la feront varier de mille manières différentes ; mais c'est l'esprit de la chose, plutôt que la chose elle-même, qu'il faut saisir, afin de ne pas pécher contre les principes, quand on est forcé par les circonstances locales à s'éloigner des formes régulières.

CHAPITRE SECOND.

Principes généraux relatifs au relief.

52. Un bon relief n'est pas moins important pour la valeur d'un retranchement, qu'une disposition horizontale habilement combinée.

Nous avons dit, dans le n° 3, qu'on a fixé à $2^m,50$ la hauteur du parapet. Cette hauteur est telle qu'un homme à cheval ne peut pas voir dans le retranchement.

Quoique la hauteur de $2^m,50$ soit celle qu'il convient de donner au parapet d'un retranchement, on en fait cependant très-souvent qui ont une hauteur moindre. Un parapet de 2 mètres, par exemple, est encore bon, surtout si l'on n'a pas à craindre les feux de la cavalerie. Des retranchements construits à la hâte pour mettre à couvert un détachement, une grand'garde, etc., n'ont quelquefois que $1^m,50$ d'élévation. Mais, dans ce cas, la hauteur du parapet n'étant pas suffisante pour couvrir un homme de taille ordinaire, il faut creuser en arrière une espèce de petit fossé, avec les terres duquel on fait la banquette, et dont la profondeur au-dessous du sol est de $0^m,50$. On pourra se tenir debout dans cette tranchée, sans craindre les coups du dehors.

53. Puisqu'un bon parapet en terrain horizontal doit avoir $2^m,50$ de relief, nous supposerons toujours cette hauteur à nos profils, et nous n'aurons plus qu'à faire varier l'épaisseur, suivant les différentes armes auxquelles les parapets auront à résister. Or, l'expérience a fait connaître qu'une balle de fusil, lancée à bonne portée, s'enfonce dans une terre ordinaire, remuée et bien battue, de $0^m,30$ à $0^m,40$; qu'un boulet de   4 s'enfonce de $1^m,30$

Id.	de 8	de	2,00
Id.	de 12	de	3,50
Id.	de 16	de	4,00
Id.	de 24	de	4,50

Il faut donc donner aux parapets qui doivent résister à ces différents projectiles :

Pour la balle de fusil	$1^m,00$
Pour le boulet de 4	2,00
Pour le boulet de 8	3,00
Pour le boulet de 12	4,00
Pour le boulet de 16	5,00
Pour le boulet de 24	6,00

On ne conduit point aux armées des pièces de 16 et de 24, aussi la plus grande épaisseur que l'on soit appelé à donner aux parapets des ouvrages de campagne est-elle de 4 mètres.

54. Quelle que soit l'épaisseur du parapet, il faut toujours que le déblai du fossé soit proportionné au remblai de ce parapet ; car c'est toujours avec les terres qui proviennent de l'excavation du fossé, que l'on construit le massif des ouvrages. Il suit de là que la largeur et la profondeur des fossés doivent varier avec la hauteur et l'épaisseur des parapets.

Avant de fixer ces dimensions pour les différents cas, nous devons dire que les moyens qu'on a à la guerre pour confectionner les retranchements, ne permettent pas de donner plus de 4 mètres de profondeur aux fossés, et pour que ces mêmes fossés aient quelque valeur, ils ne doivent pas avoir moins de 2 mètres de profondeur. Ainsi, dans tout ouvrage de campagne, construit seulement avec la pelle et la pioche, la hauteur du fossé sera comprise entre 2 et 4 mètres, ou atteindra ces deux nombres qui lui serviront de limites.

55. Pour parvenir à calculer la profondeur et la largeur du fossé d'un ouvrage, relatives aux dimensions du profil arrêté pour le parapet de cet ouvrage, il faut faire attention que les terres remuées ont un *foisonnement*, c'est-à-dire qu'elles ont un plus grand volume après leur déplacement qu'elles n'avaient auparavant.

Cela posé, soit S la surface du profil, exprimée en quantités toutes connues ; S' celle du profil du fossé, exprimée au moyen de la largeur vers le haut, et de la profondeur, qui sont des quantités inconnues. Soit C le contour connu que parcourrait le centre de gravité du profil, si l'on faisait mouvoir ce profil le long de la ligne couvrante ; C' le même contour relatif au profil du déblai, et exprimé en fonction des inconnues, la largeur et la profondeur du fossé ; soit enfin $\frac{1}{m}$ le foisonnement des terres, foisonnement qui est ordinairement entre $\frac{1}{10}$ et $\frac{1}{12}$ du volume total.

Nous aurons, en nous rappelant que le solide formé par le mouvement d'une figure le long d'une ligne, est égal à la surface de la figure mobile, multiplié par l'espace qu'aura parcouru le centre de gravité ; nous aurons, dis-je, entre nos deux inconnues la seule relation suivante :

$$CS = C'S' + \frac{C'S'}{m}$$

dans laquelle le premier membre est tout connu, et le second est une certaine fonction des inconnues, fonction dépendante de la forme de l'ouvrage et du profil du fossé. Il suit de là qu'il faut nécessairement se donner une des dimensions du fossé, pour déterminer l'autre par cette équation. C'est ordinairement la profondeur que l'on regarde comme connue, parce que cette quantité est contenue entre des limites assez étroites.

Le tableau suivant, qui fait connaître les largeurs et les profondeurs des fossés, relativement aux différents profils des parapets, a été calculé d'après ces principes.

Dans les fossés de ces profils, on suppose que l'escarpe et la contrescarpe ont leurs talus au tiers.

La plongée est au quart dans les quatre premiers, et au cinquième dans les quatre derniers.

TABLEAU des profils des ouvrages de campagne.

Nos	QUANTITÉS DONNÉES.			QUANTITÉS INCONNUES.
	HAUTEURS des parapets.	ÉPAISSEURS des parapets.	PROFONDEURS des fossés.	LARGEURS des fossés.
1	2^m 50	1^m 00	2^m 00	3^m 85
2	*id.*	2 00	*id.*	4 75
3	*id.*	3 00	2 50	4 44
4	*id.*	4 00	3 00	4 03
5	2 00	1 00	2 00	2 54
6	*id.*	2 00	*id.*	3 15
7	*id.*	3 00	*id.*	3 60
8	*id.*	4 00	*id.*	4 30

56. On voit, par le tableau précédent, que les profils 5 et 6 ont un fossé extrêmement étroit. Il faudra, pour le rélargir, donner aux talus d'escarpe et de contrescarpe, une pente plus douce qu'on ne l'a supposée, les construire, par exemple, à 45 degrés ; mais, quoi qu'on fasse, ces profils seront toujours mauvais et ne conviendront nullement à des ouvrages de quelque importance.

Les calculs des profils, tels que nous venons de les indiquer, ne pourraient point être faits sur le terrain au moment du besoin ; il faudra donc que l'officier ait sous les yeux le tableau précédent, qu'il aura inscrit sur son carnet, ou qu'il se contente de l'approximation suivante, qui est plus que suffisante dans ces sortes de choses : il divisera la surface S de son profil de parapet par la profondeur qu'il veut donner au fossé. Si, par exemple, ce fossé doit avoir 2 mètres de profondeur, et si la surface du profil est 12 mètres carrés, la largeur cherchée sera 6 mètres, largeur en haut du fossé.

Ce procédé, très-expéditif, suppose que le fossé est creusé carrément sans talus, qu'il n'y a pas de foisonnement, et que le fossé n'a pas plus de développement que le parapet, ce qui est contraire à la vérité. Mais le fossé doit être creusé en talus, ce qui diminue la surface de son profil, et cette diminution de surface compense en partie le foisonnement et l'excès de développement, ce qui fait que le résultat est assez exact pour la pratique.

57. Quoique nous n'ayons donné à nos profils que 2 mètres et 2^m,50 de relief, cela n'empêche pas que, dans différentes circonstances, on ne leur donne encore moins que cela ; mais alors les ouvrages ainsi construits n'ont que fort peu de valeur, et dans aucun cas les parapets ne doivent avoir moins de 1^m,50 de relief au-dessus de la campagne, parce qu'avec moins de hauteur ils ne couvriraient plus ; et encore faut-il dans ce cas, comme nous l'avons déjà dit, creuser le terre-plein de $0^m,50$, pour qu'on puisse sans crainte se tenir debout dans le retranchement ; il faut aussi abaisser la berme au-dessous du sol, pour que l'ennemi, monté dessus, ne plonge pas dans l'ouvrage.

La limite inférieure pour le relief des ouvrages de campagne est donc $1^m,50$, du moins pour les ouvrages dont nous avons parlé jusqu'à présent ; car on fait quelquefois à la guerre, et en particulier dans les travaux des siéges, des retranchements longs et étroits, auxquels on donne le nom de *tranchées*, dont le parapet n'a que $1^m,00$ de hauteur, et dont le terre-plein est creusé de $1^m,00$ dans le terrain. Ces ouvrages n'ont point de fossé, et ce sont les terres provenant de l'excavation du terre-plein, qui fournissent le massif du parapet. Le peu de largeur de ces ouvrages fait qu'on y est assez bien couvert. Les tranchées devant satisfaire à d'autres conditions que les retranchements ordinaires, conditions que nous ferons connaître par la suite, il n'est pas étonnant de leur voir affecter des formes différentes.

58. Il semble, au premier coup d'œil, que le relief ne doit pas avoir de limite supérieure, quand on proportionne la largeur du fossé à ce relief. Cependant, comme nos moyens sont bornés, et que ce n'est qu'à force de bras qu'on élève les retranchements, cette limite se déduit naturellement de la distance à laquelle un homme peut lancer de bas en haut une pelletée de terre ; cette distance est de 4 mètres au plus : tel est aussi le *maximum* de relief des ouvrages de campagnes proprement dits.

La limite que nous avons assignée à la profondeur des fossés est basée sur le même fait d'expérience.

Lorsque les parapets ont ainsi une hauteur plus grande que la hauteur ordinaire, il est quelquefois impossible que leur plongée soit dirigée sur le bord de la contrescarpe. Il faut alors relever cette contrescarpe par des terres dirigées en pente douce vers la campagne, et suivant le prolongement de la plongée du parapet : ce relèvement s'appelle un *glacis* (fig. 22). Il faut qu'il soit assez haut pour que l'ennemi ne puisse pas se dérober aux coups qui partent de l'ouvrage ; mais toujours doit-il rester au moins de $1^m,50$ au-dessous du parapet, afin qu'il ne procure pas à l'ennemi la faculté de plonger dans le retranchement.

CHAPITRE TROISIÈME.

Détails de construction.

SECTION PREMIÈRE.

Main-d'œuvre.

Profilement.

59. Après avoir fait connaître la disposition horizontale et les dimensions verticales des ouvrages usités dans la fortification de campagne, nous devons dire un mot des moyens employés pour les mettre à exécution, et décrire leurs accessoires.

Quand un ouvrage est tracé sur le terrain, c'est-à-dire lorsqu'on a planté de forts piquets à tous les angles, et creusé à la pioche d'une manière bien visible les lignes qui les joignent, il faut, sur chaque ligne, élever deux profils qui dessineront dans l'espace la forme du parapet et indiqueront aux ouvriers les endroits où ils doivent jeter leurs terres.

Si la face de l'ouvrage est un peu longue, deux profils ne suffiront pas; il faut alors en élever un troisième sur l'alignement des deux premiers.

Ces profils se font, quand il est possible, avec des lattes de sapin; on peut alors leur donner toute la perfection désirable, et représenter très-exactement la forme du parapet.

On plante d'abord à la masse deux forts piquets à tête carrée A et B (fig. 23), marquant la largeur du parapet; on cloue solidement contre le premier une tringle AC, d'une longueur égale à la hauteur que doit avoir le parapet; on cloue de même, sur le piquet B, une tringle indéfinie BD; et ensuite, à l'extrémité C de la première, on en cloue une autre transversale, à laquelle on donne, au moyen du quart de cercle, du niveau de maçon, ou du simple coup d'œil, la pente que l'on juge convenable, et on la fixe au point D, dans cette position. On scie la tringle BD de longueur, et l'on place la quatrième DE sous l'angle de 45°, en la clouant à l'angle D et au piquet carré E. On construit de même ce qui est relatif à la banquette, comme l'indique la figure.

60. On peut économiser les profils en les construisant sur les angles, parce qu'alors un même profil sert pour deux faces. Ces profils d'angle, ou *profils obliques*, ont de plus l'avantage, sur les *profils carrés*, de mieux dessiner le parapet de l'ouvrage, ce qui facilite sa construction, et empêche les faux mouvements de terre.

Pour construire ces profils obliques, il faut un peu d'habitude. Après en avoir élevé un premier carrément sur l'une des faces, on détermine sur l'angle le point où les projections des crêtes extérieures doivent se rencontrer; ce qui se fait en menant à la distance convenable, au moyen de cordeaux, sur les deux faces qui forment l'angle, des parallèles aux crêtes intérieures déjà tracées à la pioche. A ce point de rencontre on plante une tringle indéfinie, de même qu'on doit en avoir planté une de hauteur à l'angle de la ligne de feu; à l'extrémité de celle-ci on en cloue une troisième transversale, pour former la plongée sur l'angle; on la fait tourner autour du clou unique qui doit la lier à la tringle verticale, jusqu'à ce qu'elle se *dégauchisse* avec celle qui marque la plongée sur le profil carré; ou, en d'autres termes, on met ces deux tringles dans un même plan.

On en fait de même pour le talus extérieur et pour la banquette; on dégauchit leurs tringles avec les tringles correspondantes du profil carré.

Actuellement, au moyen de ce profil sur l'angle, on déterminera le suivant, et ainsi de proche en proche par le procédé du dégauchissement.

Il est cependant convenable d'établir, sur le milieu de chaque face, des profils carrés pour vérifier les profils obliques, parce qu'il est assez facile qu'il se glisse des erreurs dans ceux-ci.

61. Très-souvent on n'aura pas de tringles à sa disposition; il faut alors se contenter de planter des branches grossièrement façonnées pour marquer les hauteurs; et si l'on a de petites cordes, on pourra marquer les talus et les plongées, en réunissant par ces petites cordes les extrémités des perches. Au reste, quand on est dénué de tout secours, il est rarement nécessaire de bien modeler le parapet; l'essentiel est de se couvrir, et il suffit, pour cela, d'un bon relief, ce qui peut se faire même sans aucun profil.

Tous les profils étant construits, on connaît l'espace que le parapet doit occuper, et l'on peut tracer à la pioche la ligne d'escarpe à $0^m,50$ en dehors du pied des profils; puis à la distance convenable la ligne de contrescarpe.

62. Dans tous les ouvrages dont nous avons indiqué le tracé on fait ordinairement le fossé de même largeur partout, pourvu toutefois que le parapet ait aussi partout la même largeur et la même hauteur; il convient cependant de diminuer la largeur des fossés vis-à-vis des saillants, et de les faire plus larges vis-à-vis des rentrants, parce qu'aux parties saillantes les fossés ont plus de développement que les parapets, tandis que vers les parties rentrantes c'est le contraire; d'où résulte que d'une part on a trop de terre pour la construction du parapet, et que d'autre part on en manque, si dans le tracé de la contrescarpe on n'a pas eu l'attention que nous venons d'indiquer.

Ainsi donc la contrescarpe, dans les ouvrages à flanquements, ne sera point parallèle à l'escarpe, mais s'en rapprochera davantage vers les saillants. La quantité de rétrécissement ne saurait s'indiquer; sa détermination tient au coup d'œil de l'officier. Il vaut mieux dans ce cas pécher en trop que d'avoir un excédant de terre qui embarrasserait, ou qu'on se verrait forcé de porter avec peine à d'assez grandes distances; ce qui d'ailleurs ne peut se faire qu'à la brouette: et, à la guerre, on ne se sert ordinairement que de la pelle et de la pioche.

Le tableau du n° 55 n'indiquera donc que la largeur moyenne du fossé, celle qu'il convient de lui donner au milieu des faces.

63. Il est rare que l'officier ait le temps de profiler l'ouvrage avant que les ouvriers soient mis au travail; ordinairement on les lui donne avant que l'ouvrage soit tracé, et c'est lui-même qui les conduit sur les lieux. Pendant qu'ils se reposent, il détermine lestement son tracé par des piquets d'angle; dès qu'il a fixé approximativement le milieu du fossé, il y place les ouvriers, en leur indiquant à quelle profondeur ils peuvent d'abord creuser sur une largeur moindre que la largeur présumée du fossé. Pendant que les ouvriers remplissent cette tâche, l'officier revient à son tracé ; il construit ses profils, fait son petit calcul pour connaître la largeur du fossé, et en trace finalement à la pioche l'escarpe et la contrescarpe. Il doit avoir soin d'arrondir en arc de cercle la contrescarpe sur les saillants, en prenant pour rayon la largeur du fossé, et pour centre l'angle saillant de l'escarpe.

64. Le tracé de la contrescarpe dans le front bastionné exige quelques détails particuliers. On le fait de deux manières : ou bien on lui fait suivre (fig. 24) les sinuosités de l'escarpe, toujours en se conformant à ce qui vient d'être dit, c'est-à-dire en faisant le fossé plus large dans les parties rentrantes ; ou bien les contrescarpes des deux faces sont tirées en ligne droite (fig. 25) pour aller se rencontrer vis-à-vis le milieu de la courtine, auquel cas tout l'espace qui se trouve entre les flancs de la courtine est déblayé ; ce qui exige une main-d'œuvre considérable, et ne convient par conséquent qu'aux ouvrages de fortification mixte, faits avec tous les secours qu'on peut tirer de quelque ville voisine.

Dans le premier cas, qui seul convient aux ouvrages construits rapidement, il existe des angles morts dans les fossés des faces, près des angles d'épaule. Pour remédier à cet inconvénient, on peut prolonger en rampe le fossé de chaque face vers le flanc du bastion voisin, comme l'indique la fig. 24, et donner à cette rampe une pente telle que le flanc puisse découvrir le fond du fossé : cette disposition est d'autant mieux entendue que le déblai des rampes supplée à ce qui manque presque toujours vers l'angle de courtine, où le développement du parapet surpasse de beaucoup celui du fossé.

On pourrait craindre que ces rampes n'affaiblissent l'ouvrage, en donnant à l'ennemi la facilité de descendre dans le fossé; mais dans les ouvrages de campagne proprement dits, comme l'est celui que nous supposons, le fossé n'est pas un obstacle assez grand pour qu'on n'y puisse pas sauter de prime abord; ainsi, que les rampes existent ou qu'elles n'existent pas, il n'en sera ni plus ni moins à cet égard; elles ne compromettent donc en rien la sûreté de l'ouvrage, d'autant plus que, pour les aller chercher, il faut présenter le dos aux feux des flancs.

Disposition des ateliers.

65. Bien disposer les ouvriers pour qu'ils ne s'embarrassent pas les uns les autres, et pour que le travail chemine avec ordre, est une chose très-essentielle.

On partage l'ouvrage en ateliers de trois mètres de longueur, mesurés sur la ligne du milieu du fossé. Dans chaque atelier on place cinq ouvriers, dont un est armé d'une pioche, et les quatre autres de pelles. Deux pelleteurs sont à côte du piocheur, et les deux autres forment un relai sur l'emplacement de la berme, pour jeter les terres plus loin. Outre ces cinq ouvriers, il en faut un sixième pour distribuer les terres dans le massif du parapet, les damer et faire les talus extérieurs : cet ouvrier a le nom de *régaleur*; il manie indistinctement la pelle et la dame.

D'après cela, il faut six hommes par atelier, ou deux hommes par mètre courant de la ligne milieu du fossé. Outre ces ouvriers, des sapeurs, des canonniers ou d'autres soldats intelligents, sont chargés des revêtements et des ouvrages délicats. Un caporal piqueur a la surveillance de cinq ateliers, et un sergent piqueur celle de la redoute entière.

66. On s'enfonce dans le fossé par couches d'un demi-mètre de hauteur, et en ménageant des gradins le long des talus. Ces gradins sont nécessaires pour la conduite du travail, pour descendre dans le fossé et en ressortir, pour empêcher les ouvriers de trop enlever, et pour fixer approximativement la pente des talus par le rapport donné entre la largeur et la hauteur de ces gradins.

Quand le massif est déblayé, on recoupe les gradins à la pioche d'abord, et ensuite au louchet ou pelle droite, quand l'ouvrage doit être fait proprement.

On doit soigneusement conserver les bonnes terres pour en former les talus des parapets ; souvent même est-on obligé de les aller chercher au delà du fossé, car toute espèce de terre n'est pas bonne pour se serrer et devenir compacte sous les coups de la dame. Les terres qu'on emploie aux constructions en pisé sont essentiellement propres aux talus ; il faut qu'elles soient en même temps grasses et mêlées de gros sable.

Pour les ouvrages construits très-rapidement, il est impossible de s'astreindre à mettre les bonnes terres en dépôt ; on se dépêche, au contraire, de former le massif du parapet avec tout ce qu'on trouve dans le fossé, et de cette manière la couche de terre végétale, qui est ordinairement la meilleure, se trouve recouverte par les couches inférieures : si ces dernières sont trop graveleuses et font craindre les éclats, il faut enlever dans le terre-plein la couche de terre végétale, pour en faire une chemise au parapet. Au reste, quand on choisit l'emplacement des ouvrages, on évite autant qu'on le peut les terrains rocailleux qui ne sont recouverts que d'une légère couche de bonne terre.

67. Dès le commencement du travail, il faut pourvoir au moyen d'écoulement des eaux, qui, sans cette précaution, croupiraient dans les terre-pleins et les rendraient inhabitables.

Quand l'ouvrage que l'on construit est ouvert à la gorge, on dirige une rigole vers cette gorge, et l'on donne au terre-plein à droite et à gauche une pente légère vers la rigole. Mais quand l'ouvrage est fermé, il faut pratiquer un petit acqueduc en pierres plates, ou en planches, sous le parapet, à l'endroit le plus bas du terre-plein, en ayant soin de prolonger cette espèce de tuyau au delà de l'escarpe, pour que les eaux ne la sillonnent pas. On peut encore, dans ce cas, et si les terres sont légères, creuser au milieu de l'ouvrage un puits de deux à trois mètres de profondeur, où les eaux viendront se réunir, et d'où elles s'infiltreront dans les terres et graviers.

68. Il faut, autant qu'on le peut, donner l'ouvrage à l'entreprise, surtout quand il est question de grands travaux, comme ceux de fortification mixte. Des ouvriers à la journée mettent trois fois autant de temps à faire le même ouvrage. Ainsi, il faut toujours préférer de payer une somme, même exagérée, à des ouvriers qui prendraient l'ouvrage à la tâche, que de les laisser travailler au jour le jour, à un prix très-bas. Une fois que le marché est conclu, on est tranquille, on sait à quoi s'en tenir, on est sûr que le travail sera bientôt terminé, et l'on n'a plus d'autres soins à avoir que de surveiller l'exécution. On doit prendre garde qu'un ouvrage à la tâche risque toujours d'être mal fait, par cela seul que les entrepreneurs ont tout l'intérêt possible à le terminer promptement.

La fixation des prix de la main-d'œuvre exige quelques essais préliminaires, car ils doivent varier suivant le prix des journées, suivant la qualité et la nature de l'ouvrage. Pour arriver à une juste estimation, on fait travailler séparément quelques bons ouvriers qu'on paie bien, et l'on note soigneusement ce qu'ils ont enlevé de terre dans un temps donné ; on fait alors des propositions avec connaissance de cause.

69. Mais quand on veut faire une estimation préalable, on compte que, dans un terrain ordinaire, chaque ouvrier travaillant à la pelle peut jeter, à la distance de deux à quatre mètres, 10 mètres cubes environ dans une journée de dix heures, ou un mètre cube par heure. L'expérience a d'ailleurs appris que, dans le même terrain, un piocheur peut abattre une quantité double, et fournir ainsi à deux pelleteurs ; en sorte que les trois ensemble déplacent 20 mètres cubes dans la journée.

Quand il y a un relai de deux pelleteurs sur la berme, comme cela doit se faire pour la plus prompte exécution de l'ouvrage, le travail indiqué se répartit entre cinq hommes et peut s'évaluer, en définitive, à *quatre* mètres cubes par homme. Il ne convient pas de compter sur plus que cela dans l'exécution des ouvrages de campagne : si, par exemple, il y a dans un ouvrage à construire 200 ouvriers, disposés comme il vient d'être dit, ils jetteront environ 800 mètres cubes de terre dans le massif du parapet.

On est quelquefois obligé, par la grandeur de l'ouvrage, d'ajouter encore un relai de deux pelleteurs à chaque atelier. Cela réduit le travail effectué dans la journée à environ *trois* mètres par homme.

Ces notions suffiront pour fixer le prix du mètre cube de déblai. Ainsi, le prix de la journée d'ouvrier étant de 1 fr. 50, le mètre se payerait 50 c. dans le second cas, et 38 c. dans le premier. Les régaleurs et piqueurs seraient payés en sus.

SECTION SECONDE.

Construction des revêtements.

§ Ier.

Revêtements du Parapet.

70. Nous avons dit, dans le n° 3, que le talus intérieur du parapet doit être aussi roide que possible, pour faciliter l'approche du parapet, et que, pour $1^m,30$ de hauteur, nous ne lui donnerions que $0^m,30$ de base ; des terres remuées ne resteraient pas sous un pareil talus ; pour les y maintenir, on les fortifie par un revêtement, qui se fait ordinairement en fascines ou en gazons.

Du Revêtement en fascines.

71. Le revêtement en fascines est le plus solide et le plus militaire ; il est assez vite exécuté, et il a une apparence de force qui rassure.

Les fascines du revêtement doivent être fortes et bien liées, faites de menus branchages. On leur donne ordinairement deux mètres de longueur et $0^m,22$ de diamètre ; on les lie fortement de cinq harts, une au milieu, une à chaque extrémité, et les deux autres dans les intervalles. Il faut, pour faire les fascines, que les ouvriers établissent trois chevalets avec des piquets croisés et fortement enfoncés en terre ; ils placent sur ces chevalets les branches effeuillées avec soin, en mettant alternativement le gros bout à l'une et à l'autre des extrémités. Pour placer les harts, ils doivent avoir une corde un peu plus longue que la circonférence de la fascine, et liée par ses deux extrémités à deux leviers, qui servent à serrer fortement les branchages en les embrassant de la corde, et en appuyant sur les deux leviers, qui se trouvent ainsi croisés, et agissent dans des sens opposés. Chaque fois qu'on place une hart, il faut serrer, comme nous venons de le dire, la fascine à côté de la ligature.

On doit avoir l'attention de placer tous les nœuds des harts du même côté, pour qu'on les puisse tous cacher dans le parapet quand on mettra les fascines en œuvre.

Enfin, la fascine sera sciée carrément par ses deux extrémités et à la longueur requise.

Les piquets nécessaires pour l'établissement des chevalets ont 1^m,70 de longueur et 0^m,08 à 0^m,10 de grosseur. On les enfonce de 0^m,60 sous l'angle de quarante-cinq degrés, les trous étant faits à 1^m,30 de distance de centre à centre. On lie les deux piquets, à l'endroit où ils se croisent, avec des cordes ou de bonnes harts. Si l'on manque de piquets droits et assez longs pour faire des chevalets, on peut les suppléer en plantant dans le sol, et à 0^m,30 de distance, deux files de petits piquets, entre lesquels on pourra, faute de mieux, placer les branches pour faire les fascines.

72. Si l'on a de grandes branches, on doit faire les fascines plus longues que nous ne l'avons dit ; il faut alors les confectionner aussi longues qu'on le peut, c'est-à-dire de quatre, de cinq et même de six mètres; car il y a beaucoup d'avantages, pour la solidité du revêtement, à diminuer le nombre des joints. Ces grandes fascines, qui reçoivent le nom de *saucissons,* doivent avoir plus d'épaisseur que les fascines ordinaires. On leur donne de 0^m,25 à 0^m,30 de diamètre, suivant leur longueur ; c'est-à-dire que les saucissons de trois à quatre mètres auront $0,^m25$ de grosseur, et ceux de cinq à six auront $0^m,30$: leurs liens sont fixés à $0^m,35$ de distance; et, si le temps le permet, on coupe en sifflet l'extrémité des branches, pour que deux saucissons, placés bout à bout, puissent, au moyen de quelques coups de masse appliqués à leur extrémité, mordre l'un sur l'autre, et consolider le joint.

Les chevalets nécessaires à la construction de ces grands saucissons doivent être placés de mètre en mètre, exactement à la même hauteur et bien alignés; sans cette dernière précaution, le saucisson ne serait pas droit, et serait très-difficile à mettre en œuvre, du moins pour faire un revêtement un peu propre.

Trois ouvriers réunis pour ce genre de travail peuvent faire un grand saucisson dans deux heures, ou quatre fascines dans le même temps, les bois étant coupés à leur portée; et comme il faut deux hommes pour préparer les bois, on compte que chaque atelier est de cinq hommes. Deux hommes effeuillent les branches et coupent ou tressent les petits bois; deux les placent sur les chevalets et les serrent, le cinquième prépare les liens. Ces cinq hommes réunis font le saucisson en deux heures. Ils consomment pour cela trois à quatre cents rameaux.

73. Le revêtement se fait à mesure que le parapet s'élève. On enterre à moitié la première fascine dans la banquette, et on la fixe par trois piquets enfoncés à la masse; ces piquets ont un mètre de longueur.

On pose ensuite la seconde fascine (ou pour mieux dire, la seconde rangée de fascines), un peu en retraite pour se conformer au talus, en ayant soin de larder chaque fascine de trois piquets, dont les deux extrêmes sont plantés dans les fascines inférieures et dans le sens du talus; et le troisième perpendiculairement à ce talus, pour faire liaison avec les terres. Les Autrichiens remplacent ce dernier piquet par une ancre ou hart, qui embrasse la fascine et va s'attacher par son autre extrémité à un piquet planté dans le massif des terres, et qui en est ensuite recouvert; ils donnent, par ce moyen, une grande solidité au revêtement.

Les joints des fascines d'un rang se placent sur les pleins des fascines inférieures, comme les pierres dans les bâtiments; et dans les angles, les fascines s'enchevêtrent de manière à éviter la solution de continuité.

Quand on a placé sept rangs de fascines ou six rangs de saucissons, on est à peu près à la hauteur de la crête; alors, pour achever, on recouvre le dernier rang avec des gazons posés de plat, l'herbe en haut, et faisant liaison avec les terres du parapet. Un atelier de trois sapeurs fait **25** mètres carrés de revêtement de fascines en un jour de travail, ou $2^m,5$ par heure, la journée étant de dix heures.

Du Revêtement en clayonnage.

74. Le revêtement en clayonnage se fait en plantant de forts piquets dans la direction du talus, et en entrelaçant ensuite des branches flexibles autour de ces piquets. Ces mêmes branches, à la partie supérieure du revêtement, sont liées aux têtes des piquets, pour que le clayonnage ne se défasse pas.

Les piquets sont espacés de $0^m,35$ à $0^m,40$, suivant leur grosseur. Ils doivent avoir en longueur $0^m,65$ de plus que la hauteur du revêtement, pour qu'on puisse les enfoncer en terre de cette quantité. Il faut au moins cela pour que le revêtement soit solide. De plus, on retient le clayonnage, de distance en distance, par de fortes harts attachées à des piquets plantés dans l'intérieur du parapet.

Un sapeur fait **20** à **25** mètres carrés de ce revêtement en un jour, tous les bois étant apportés à pié-d'œuvre. Cela revient à **2** mètres par heure.

Du Revêtement en gazons.

75. La troisième espèce de revêtement se fait avec des gazons auxquels on donne la forme d'un rectangle, ayant $0^m,30$ à $0^m,40$ de longueur, sur $0^m,20$ de largeur, et $0^m,10$ d'épaisseur.

Les gazons doivent se tailler dans des prairies bien fournies d'herbe et fauchées à ras. On les place par boutisses et panneresses, plein sur vide, et l'herbe en dessous. Cette dernière attention est nécessaire pour poser les gazons bien à plat, et pour pouvoir les recouper, les équarrir au louchet ou avec la hache à main. Chaque gazon doit être piqué de deux ou trois chevilles, afin d'être lié aux gazons qui sont dessous. Pour faire bonne liaison, il faut avoir soin de n'élever le revêtement qu'au fur et à mesure que le parapet s'élève, et de bien damer les terres contre lesquelles il s'appuie.

Quand le revêtement est achevé, on le recoupe à l'extérieur pour dresser le talus ; à cet effet on se sert de louchets bien tranchants, et dont le manche est long et droit. Le tranchant du louchet doit être biais, pour couper plus facilement les racines des gazons.

Le revêtement en gazons est susceptible de la plus grande perfection ; aussi l'emploie-t-on de préférence dans les ouvrages où l'on veut déployer un certain luxe d'exécution.

Un homme peut poser **12** mètres carrés de gazons par

jour de dix heures de travail, lorsqu'il a les gazons sous la main. Un servant lui amène et lui remet les gazons. Il faut ensuite le temps nécessaire pour recouper et dresser le talus. En sorte qu'en définitive on ne peut pas évaluer à plus de 10 mètres le travail journalier de la pose, ou un mètre par heure.

Il faut 50 gazons par mètre carré de revêtement. On compte en outre un dixième pour le déchet.

76. Pour lever les gazons dans la prairie, on commence par tracer des lignes en long et en large, de manière à former des compartiments de la grandeur voulue pour les gazons. On se sert, pour cela, d'un louchet à manche court, bien tranchant par le bout et sur le côté, ou d'une pelle carrée appropriée à cet usage. Un homme vigoureux appuie sur le manche, comme le laboureur sur la charrue, tandis que quatre ou six hommes, attelés en galère à une corde dont l'extrémité, formée en boucle, est fixée à la douille de l'instrument, tirent le louchet et coupent le gazon.

Quand les compartiments sont tracés, les ouvriers s'arment chacun d'une pioche très-large, et s'en servent pour enlever, de deux ou trois coups, chaque gazon, en ayant soin de ne leur laisser que l'épaisseur qui comprend toutes les racines. On peut encore employer pour cela une pelle large, plate et tranchante, à manche recourbé ; deux hommes la tirent au moyen d'une corde, pendant qu'un troisième en dirige le manche.

Un sapeur, aidé de deux hommes, doit lever 1200 à 1400 gazons par jour.

Ainsi deux ateliers fourniront les gazons nécessaires au travail de cinq sapeurs (au moins), employés au revêtement.

On doit lever un millier de gazons dans un are de bon

pré ou dans cent mètres carrés ; c'est dix gazons par mètre y compris les déchets.

77. Souvent on n'a ni bois, ni prairies dans le voisinage des ouvrages, alors on ne peut faire ni fascines, ni gazons. Il faut, dans ce cas, chercher des planches dans les maisons les plus prochaines, dût-on en détruire les planchers, et se servir de ces bois pour en construire, *grosso modo*, une manière de revêtement.

Si l'on manque encore de ce moyen, on cherchera à faire une espèce de pisé avec la terre la plus liante qu'on puisse trouver ; on y mêlera de la paille hâchée ou de la bourre ; on l'arrosera et l'on parviendra ainsi, en damant bien, à donner au talus à peu près la roideur exigée.

On ne fera, dans aucun cas, le revêtement en maçonnerie ou en pierres sèches. Les éclats que les boulets font sauter de ces revêtements, sont plus à craindre que les boulets mêmes, parce que, prenant toute espèce de direction, on ne saurait s'en garantir.

§ II.

Revêtement d'escarpe.

78. Le talus intérieur du parapet n'est pas le seul que l'on soit appelé à revêtir ; le talus d'escarpe a aussi quelquefois besoin de l'être ; par exemple, dans le cas où les terres trop légères ne peuvent pas se soutenir sous le talus du tiers, et que l'ouvrage est important.

Le revêtement d'escarpe peut se faire en fascines ou en troncs d'arbres posés horizontalement ; mais ces deux espèces de revêtements fournissent des moyens d'escalade ;

ils offrent à l'assiégeant une espèce d'escalier qu'il peut monter avec assez de facilité. On doit leur préférer le revêtement en troncs d'arbres, plantés jointifs et debout, avec un léger talus. Mais le meilleur de tous est le revêtement en charpente, composé de madriers soutenus par des châssis formant queue dans l'intérieur des terres (fig. 26). Ces châssis ont la forme d'un triangle ; la semelle en fait la base, le montant la hauteur, et la lierne l'hypothénuse. Ces différentes pièces sont assemblées à tenons et mortaises.

On ne saurait employer un revêtement préférable quand on a du bois et du temps.

79. On peut rendre cette construction un peu plus simple, en mettant en haut la queue du châssis, et en le disposant comme l'indique la figure 27. Mais on doit avoir soin de planter le piquet de retenue assez avant sous le parapet, pour qu'il ne soit pas entraîné lui-même par la chute des terres. Il faudrait, à la rigueur, qu'il fût en dehors du prisme d'éboulement déterminé par la ligne à 45° qui passe par le pied de l'escarpe.

Il faut dire, au désavantage du premier revêtement en charpente, que les tranchées qu'on est obligé de faire dans l'escarpe pour placer les châssis, sont un assez grand inconvénient, à cause des doubles mouvements de terre que cela nécessite. On ne peut, en effet, achever le parapet qu'après le revêtement, parce que les tranchées l'endommageraient ; il faut donc que les terres soient d'abord mises en tas à quelque distance de la berme, pour en former ensuite le parapet. Cela montre assez que le revêtement d'escarpe ne peut s'employer que dans la fortification mixte, et non dans la fortification de campagne proprement dite.

Dans ce cas, il sera souvent convenable de commencer par construire une escarpe en terre et en talus, pour se mettre promptement en mesure de défense; puis on établira la charpente en entaillant le pied de l'escarpe, et on remplira de terre le vide qui reste entre le talus primitif et le coffrage du revêtement. Il ne restera plus qu'à épaissir le parapet extérieurement, pour diminuer la largeur de la banquette artificielle qu'on a créée : les terres nécessaires se prendront sur la contrescarpe, en rélargissement du fossé.

80. Il est encore un autre moyen d'empêcher l'escalade, moyen dont on peut tirer un très-grand parti pour la défense du fossé : c'est de faire le talus d'escarpe à terres coulantes, ce qui lui donne le plus de solidité possible, et de planter au pied de ce talus un rang de troncs d'arbres jointifs, ou de longues et grosses palissades, qui offriront à l'ennemi un obstacle qu'il ne détruira qu'avec beaucoup de peine, surtout si, après avoir ménagé un petit intervalle entre le pied du talus et la file de troncs d'arbres, ce qui donne le moyen de circuler par derrière ; si, dis-je, on perce entre les troncs d'arbres des trous ou créneaux, de mètre en mètre, au moyen desquels on puisse voir de près le fond du fossé, et qui permettent d'y passer le fusil pour faire feu.

Ces arbres jointifs, ainsi percés de créneaux, forment ce qu'on appelle une *palanque.* Les Turcs sont dans l'usage de fortifier leurs camps avec de simples palanques (fig. 35) construites en gros rondins de $0^m,30$ de diamètre, et de $3^m,50$ à 4 mètres de longueur, enterrés d'un mètre. Ces palanques sont d'une bonne défense ; le canon y fait peu de mal : on les a éprouvées à Dresde, et nous sommes convaincus que dans les pays boisés, une forte palanque peut quelquefois remplacer avec succès une enceinte ter-rassée.

Les Anglais ont construit de semblables revêtements d'escarpe dans les redoutes qu'ils élevèrent en 1813 sur la montagne de la *Couronne,* aux Pyrénées. Leurs ingé-nieurs estiment que ce revêtement en troncs d'arbres join-tifs, lorsqu'il est bien couvert des feux directs, vaut pres-que un revêtement en maçonnerie.

SECTION TROISIÈME.

Accessoires des Retranchements.

§ Ier.

Barbettes, Bonnettes et Traverses.

Des Barbettes.

81. Quand on place du canon dans les ouvrages de campagne, il faut éviter, autant que possible, d'ouvrir le parapet pour mettre ce canon en batterie, parce que ces ouvertures, qu'on nomme *embrasures,* sont des parties faibles; ce sont des espèces d'entonnoirs qui reçoivent tous les projectiles de l'ennemi, et qui facilitent l'assaut. De plus, les embrasures, à cause de leur peu de largeur, ne permettent pas de tirer dans toutes les directions. Il faut donc les employer le moins qu'on peut, et placer le canon de manière à pouvoir faire feu par-dessus le para-pet. Le massif de terre destiné à procurer à la pièce l'ex-haussement nécessaire, s'appelle *barbette.* Son sol doit être à $1^m,20$ au-dessous de la crête du parapet, et sa gran-deur dépend du nombre de pièces qu'on y veut placer.

Une pièce de campagne exige, avec son attirail, un espace d'au moins 5 mètres de large et 6 de long. Ainsi, la surface supérieure de la barbette qui ne doit recevoir qu'une pièce, est un rectangle de 5 mètres de petit côté, parallèle au parapet, et de 6 à 7 mètres de grand côté, perpendiculaire à ce même parapet. La portion du talus intérieur qui correspond à la barbette et dont la hauteur ordinaire est, comme il vient d'être dit, de 1^m,20, s'appelle *genouillère.*

82. On établit des rampes pour monter sur les barbettes ; et pour la hauteur ordinaire à laquelle ces rampes doivent atteindre, on a coutume de leur donner un sixième de pente, c'est-à-dire que pour un mètre de hauteur elles ont six mètres de base, et proportionnellement pour des hauteurs plus petites ou plus grandes ; pourvu que ces hauteurs ne dépassent pas trois mètres, ce qui, en effet, ne doit jamais arriver dans les ouvrages de campagne.

Les rampes ont 2^m,50 à 3 mètres de largeur, pour que les roues des canons puissent facilement s'y reposer. Ces mêmes rampes doivent conduire le plus directement possible ; il faut, en conséquence, les diriger perpendiculairement à un des côtés de la barbette, et les placer sur celui qui fait face à la porte de l'ouvrage.

83. Quelquefois on construit deux rampes pour une même barbette, et c'est un avantage pour la circulation ; on les fait alors parallèles aux faces de l'ouvrage. Telles sont celles que représente la fig. 28, qui donne tous les détails et toutes les dimensions d'une barbette pour trois pièces, située au saillant d'un ouvrage, emplacement ordinaire des pièces à barbettes, parce que de là elles peuvent battre la campagne dans toutes les directions. Cepen-

dant elles s'y trouvent exposées aux feux convergents de l'ennemi, en sorte qu'il faut les retirer quand ses feux deviennent trop vifs.

Entre les trois rectangles nécessaires à l'emplacement des trois pièces, il y a des espaces libres dont la grandeur varie avec l'ouverture de l'angle saillant : ces espaces sont utiles pour empiler les boulets.

Nous avons supposé, dans cette figure, qu'une pièce occupe 6 mètres en largeur, quoique 5 mètres lui suffisent; et cela afin de nous procurer l'aisance des mouvements et la faculté de nous mettre, autant que possible, à couvert, par les moyens dont nous allons parler.

Des Bonnettes et des Traverses.

84. Pour détruire en partie l'effet des feux convergents, dirigés contre les pièces en barbette, on élève sur le parapet, à côté de ces pièces, un bourrelet de $0^m,50$ de hauteur, et aussi large qu'on peut le faire. Quelquefois le bourrelet a plus de $0^m,50$ de hauteur; nous en avons fait de 1 mètre, pour couvrir plusieurs pièces à la fois. On donne à cet exhaussement du parapet le nom de *bonnette*. Mais si la bonnette préserve de l'enfilade, elle empêche aussi le tir sur la face où elle est construite, en sorte qu'on ne peut pas toujours l'employer.

Ce qu'il y a de mieux à faire pour bien couvrir le canon quand on est obligé de le placer dans les ouvrages, c'est d'élever à côté et joignant le parapet, une *traverse* de 2 mètres de hauteur au moins.

Pour que cette traverse occupe le moins d'espace possible, on la fait en gabions remplis de terre, placés sur trois ou quatre files, et sur deux de hauteur; on couronne ces gabions d'un rang de fascines.

85. Les *gabions* sont de grands paniers de forme cylindrique, ouverts aux deux bouts, et dont les dimensions varient suivant l'emploi auquel on les destine. Les gabions des traverses, et, en général, ceux employés dans les retranchements, doivent avoir $1^m,15$ de hauteur, et 1 mètre de diamètre extérieur.

Pour construire un de ces gabions, on trace sur le terrain un cercle de $0^m,45$ de rayon ; on plante sur la circonférence de ce cercle, et à des distances égales, treize piquets verticaux de $1^m,30$ de longueur. On clayonne ensuite autour de ces piquets, sur une hauteur de $1^m,15$; on serre à coups de maillets les branches les unes contre les autres ; on coupe les brins qui débordent, et l'on arrête les tours supérieurs et inférieurs par des harts. Il faut avoir grand soin de tenir le haut des piquets toujours à même distance, pour procurer au gabion la forme cylindrique : un ouvrier doit avoir constamment l'œil à cela.

Quand on place les gabions, on met leurs pointes en haut, pour qu'elles fassent liaison avec les fascines dont on les recouvre presque toujours. Si l'on met deux rangs de gabions les uns sur les autres, il faut, pour pouvoir placer les seconds, scier les pointes des premiers, ou bien placer ceux-ci à la renverse, et enfoncer avec la masse leurs pointes dans le terrain.

86. On construit ordinairement des traverses devant les portes des ouvrages. Destinées qu'elles sont à résister, comme le parapet, aux projectiles de l'ennemi, elles doivent avoir le même profil, avec banquette pour tirer par l'ouverture. Et pour que ces traverses, toujours incommodes dans l'intérieur des ouvrages, occupent le moins de place possible, on revêt leurs faces latérales, et on leur donne un rapide talus.

Outre les traverses dont nous venons de parler, il y en a encore d'une autre espèce, plus importantes que les premières, introduites par la nécessité où l'on se trouve souvent de se préserver des vues d'une hauteur voisine, de se *défiler*, en terme de l'art. Nous parlerons de ces traverses au chapitre du défilement, pour fixer leur relief, leur forme et leur position. Pour le moment, il nous suffit de prévenir que l'on sera souvent obligé, en terrain irrégulier, d'élever, dans les ouvrages, des massifs considérables, qui quelquefois les barreront en entier ; il faudra donc pratiquer, dans ces traverses, des passages pour communiquer d'une partie du retranchement à l'autre, et des magasins de munitions, pour utiliser, autant que possible, ces masses inertes et embarrassantes.

§ II.

Passages, Ponts de communication et Magasins.

Des Passages.

87. Les *passages* se font en perçant la traverse et en soutenant les terres par des châssis et des bois de coffrage, ou simplement par des fascines formant le ciel du passage, posées en travers sur des revêtements également en fascines, qui en soutiennent les côtés.

Cette charpente ou ce fascinage, suffisamment indiqués par les fig. **29** et **30**, s'élèvent en même temps que la traverse.

Les fascines du ciel doivent être plus fortes et plus longues que les fascines ordinaires : elles auront $3^m,60$ de longueur totale, et $0^m,35$ de diamètre. On met dessus une couche de terre bien damée, de $0^m,30$ à $0^m,50$ d'épaisseur. Il n'en faut pas davantage, parce que les fascines n'en supporteraient pas le poids.

Le passage doit avoir **2** mètres de largeur par le bas, pour que le canon puisse y rouler ; nous disons par le bas, parce que, dans le cas où les terres sont soutenues par des fascines, il faut donner aux pieds-droits au moins $0^m,30$ de talus.

La hauteur du passage doit être de **2** mètres.

Les châssis employés dans la construction du passage, quand on le fait en bois, sont composés de deux montants, d'un chapeau et d'une semelle, assemblés à mi-bois et de $0^m,15$ d'équarrissage. On les espace d'un mètre, d'axe en axe.

88. Les passages qui donnent entrée dans les ouvrages se font ordinairement à ciel ouvert, au travers du parapet, dans les endroits les moins exposés; et pour que ces ouvertures, si nuisibles à la défense, offrent le moins de jour possible aux vues et aux coups de l'ennemi, on tient aussi raides qu'on le peut leurs côtés, par le moyen d'un bon revêtement, et en ne donnant à la voie que la largeur strictement nécessaire pour le passage du canon.

Ces portes se ferment ordinairement par une barrière ou par un cheval de frise, dont nous ferons connaître la construction quand nous parlerons des fermetures.

Des Ponts de communication.

89. Laisser au travers du fossé un massif de terre pour communiquer du dehors au dedans de l'ouvrage, serait très-dangereux; il faut que cette communication se fasse au moyen d'un pont amovible.

Ce pont, si le fossé n'a pas plus de **4** mètres de largeur, se fera tout simplement avec cinq poutrelles mises en travers du fossé, et recouvertes de madriers. Au moment du besoin, on enlève les madriers et les poutrelles, et l'on peut se servir de ces bois pour barricader l'entrée, si elle ne se trouvait pas déjà fermée par une barrière ou un cheval de frise.

Quand le fossé a plus de 4 mètres de largeur, on place un chevalet au milieu, pour supporter les poutrelles du pont.

La hauteur du chevalet dépend de la profondeur du fossé (fig. 31); la longueur de la *traversière* ou pièce supérieure, est de 3 mètres; les jambes doivent s'écarter par le bas, pour donner au chevalet plus d'assiette; on les lie entre elles par des traverses disposées en croix de Saint-André.

Cinq poutrelles de $0^m,15$ sur $0^m,20$ d'équarrissage, reposent sur le chevalet, et supportent des madriers de $0^m,08$ d'épaisseur. Ces madriers sont cloués sur les poutrelles, et unis entre eux par deux longrines latérales ou *garde-grèves*, poutrelles qui sont, de plus, destinées à prévenir les accidents, en empêchant les roues des voitures de se porter trop au bord.

Quelquefois le pont qu'on devra construire aura plus de 8 mètres de long; alors il faudra plusieurs chevalets, qu'on aura soin de ne pas espacer les uns des autres de plus de 4 mètres.

Des Magasins de munitions.

90. Outre les passages voûtés, construits sous les traverses pour les communications, on y pratique encore des magasins dans lesquels on puisse mettre quelques munitions de guerre à l'abri de la pluie et des projectiles incen-

diaires. Quelquefois aussi, et c'est ce qu'on peut faire de mieux, pour mettre à profit le massif des grandes traverses, on y construit des logements, des espèces de casemates en charpente, où le soldat peut goûter le repos qui doit lui rendre des forces épuisées par un travail pénible et continuel, ou par des combats fréquents.

Ces magasins et ces logements, usités en fortification mixte, se font, comme les passages en charpente, avec des châssis et des bois de coffrage pour soutenir les terres.

91. Si l'on manque des bois nécessaires pour faire de petits magasins à poudre, on peut y suppléer par des caisses enterrées, dont un des côtés, découvert à l'extérieur, peut s'ouvrir et se fermer en guise de porte que l'on tient fermée par une serrure, quand on peut s'en procurer une, ou par de simples liens, si la serrure manque. Une sentinelle doit être continuellement là pour empêcher de s'en approcher et prévenir les accidents.

Ce moyen nous a parfaitement réussi ; nous avons fait de petits magasins à poudre, en enterrant dans des traverses de grandes caisses dont le couvert servait de porte, moyennant des charnières en cuir que nous y avons adaptées. Ces caisses avaient été fortifiées de quelques traverses bien clouées, pour les rendre capables de supporter le poids des terres. Quand il n'y a pas de traverses dans le retranchement, on peut établir les petits magasins sous les barbettes ou dans les parapets.

§ III.

Des Embrasures.

92. Quoique nous ayons dit qu'il faille éviter, autant que possible, de faire des embrasures dans les ouvrages

de campagne; et que les détails de leur construction soient du ressort de l'officier d'artillerie, il convient cependant que l'ingénieur connaisse leur tracé.

On les emploie pour le tir assujetti à une direction déterminée, par exemple, quand il est question de battre une route, un pont, une avenue quelconque.

La plongée de l'embrasure s'établit à la hauteur de la volée de la pièce qu'on veut y mettre en batterie; c'est ordinairement à $1^m,20$ au-dessus du terre-plein, et l'on donne, comme dans les batteries à barbette, le nom de *genouillère* à la portion du talus intérieur qui forme cette hauteur. Pour couvrir le mieux possible la pièce et les canonniers, on fait les côtés de l'ouverture intérieure de l'embrasure verticaux, et l'on ne donne à cette ouverture que $0^m,50$ de largeur; l'embrasure va ensuite en s'évasant, de manière que, sous la crête extérieure du parapet, elle ait une largeur AB (fig. **32**), égale à la moitié de l'épaisseur du parapet; et à cet endroit les *joues* de l'embrasure, ou les faces latérales, ont un talus de 45°; en sorte que les *saucissons*, avec lesquels on les revêt, après avoir été placés les uns sur les autres, ne se recouvrent plus que de moitié sous la crête extérieure, et forment ainsi une surface gauche très-solide.

Pour tracer l'embrasure biaise, on porte sur sa directrice CH, à partir de la crête intérieure du parapet, une longueur CD, égale à la largeur du parapet, et là on élève une perpendiculaire à la directrice, sur laquelle on porte à droite et à gauche, en DE et DF, le quart de CD, ce qui fixe la largeur de l'embrasure en cet endroit. Le reste s'achève comme dans l'embrasure droite.

La figure **32** fait voir ces deux embrasures avec les projections de toutes leurs lignes, pour un parapet de 4 mètres d'épaisseur.

Quand il y a plusieurs embrasures consécutives, on donne le nom de *merlons* aux portions de parapet comprises entre les embrasures.

§ IV.

Des Créneaux.

93. Il est un accessoire dont on ne fait usage qu'au moment où l'on se prépare à la défense. Je veux parler des créneaux dont on couvre les parapets pour faire feu sans se découvrir. Ces créneaux se font ordinairement avec des sacs remplis de terre et disposés trois par trois, deux pour former les joues du créneau, et un troisième en travers et par-dessus, en ne laissant que ce qu'il faut d'ouverture pour passer le fusil. Les créneaux s'établissent de mètre en mètre ; leurs intervalles peuvent être garnis de sacs à terre, si l'on en a en suffisance.

Les *sacs à terre*, mesurés vides, ont $0^m,70$ de long et $0^m,50$ de large. On les fait de bonne toile et on les munit d'une cordelette pour les fermer. Un approvisionnement de sacs à terre est toujours utile aux armées. Les Anglais en font un grand usage.

94. On fait quelquefois les créneaux de couronnement avec des gazons ; on leur donne alors une forme régulière, c'est-à-dire celle d'une embrasure légèrement évasée au dehors, et l'on fait les merlons de $0^m,50$ de hauteur, et autant d'épaisseur. Le bourrelet général qui en résulte prend le nom de *surtout*.

Le surtout pourrait être remplacé par des troncs de sapins, qu'on roulerait sur l'ennemi au moment où il voudrait donner l'assaut. Ces sapins seraient disposés de

manière à laisser assez de jour pour qu'on pût tirer par-
dessous, et qu'avec des leviers on pût aisément les déplacer et les lancer dans le fossé.

§ V.

Des Fermetures, des Barrières et du Cheval de frise.

Des Fermetures.

95. Quand un ouvrage fermé est fait, que ses communications avec l'extérieur sont établies, il faut prévenir les
surprises par de bonnes fermetures.

Ces fermetures consistent ordinairement en barrières et
en chevaux de frises.

Des Barrières.

96. La barrière pour fermer une redoute ne peut avoir
qu'un battant, parce que le passage n'a ordinairement que
deux mètres de large. Il faut que cette barrière ait au moins
deux mètres de hauteur. Elle est composée de deux montants, de deux entretoises et d'une *guette* ou pièce transversale biaise, servant à lier entre elles six bonnes palissades équarries de $0^m,11$ et $0^m,11$. Les montants, les entretoises et la guette ont $0^m,15$ sur $0^m,11$ d'équarrissage.
Les entretoises et la guette s'assemblent à mi-bois avec les
palissades, et chaque assemblage est chevillé.

De bonnes pentures en fer de $1^m,30$ de longueur,
$0^m,08$ de largeur, sont clouées sur les entretoises, et servent à placer la porte sur ses gonds, et à consolider les
assemblages des entretoises avec les palissades.

La porte roule entre deux poteaux enfoncés d'un mètre
en terre, et liés entre eux par une semelle placée à fleur

de terre. On creuse dans les poteaux une *feuillure* pour la battue de la porte. Sur l'un des poteaux sont plantés les gonds, et l'autre porte le verrou qui doit fermer la porte.

Les poteaux ont 0^m,30 d'équarrissage, ainsi que la semelle ou seuil.

Il va sans dire que la porte doit s'ouvrir en dedans.

97. Puisque nous parlons des barrières, nous ferons connaître la construction de celles que l'on peut être appelé à faire à l'endroit d'un passage fréquenté, par exemple, sur une grande route, quand un retranchement la traverse et qu'on veut s'en ménager la libre circulation, ce qui arrive presque toujours lorsque l'on fortifie les environs d'une ville où plusieurs routes viennent aboutir.

Ces barrières, plus larges que les premières, ont au moins 3 mètres d'ouverture ; elles sont formées de deux battants réunis par un *fléau*, et s'appuyant contre le seuil.

Pour donner plus de solidité aux poteaux qui supportent la barrière, on les soutient par le bas avec des jambes de force, qui s'assemblent sur le seuil et sur des *patins* ou pièces horizontales, qui croisent le seuil sous les poteaux montants, et leur donnent du pied.

Tous les charpentiers connaissent parfaitement bien ces détails, et sont en état de faire ces barrières sans autre explication.

Du Cheval de frise.

98. Le *cheval de frise* est tout simplement une pièce de bois d'une longueur égale à l'ouverture de la porte, de 0^m,30 de diamètre, et traversée de plusieurs perches aiguisées, ou *lances*, longues de 2 mètres, et 0^m,05 de grosseur. On les place en croix, de manière qu'il y en ait

toujours deux rangs dirigés du côté de l'ennemi, et un vertical.

Une des extrémités du cheval de frise tourne autour d'un pivot; l'autre est supportée par une roulette qui facilite son mouvement. Cette extrémité vient s'appliquer contre un montant où elle est fixée par une chaîne.

Il vaudrait peut-être mieux que les lances du cheval de frise présentassent toujours trois rangs de pointes à l'ennemi, comme nous l'avons fait dans la fig. 33. Alors la lance horizontale empêche l'approche du corps du cheval de frise, et rend plus difficile la tentative de le rompre. Mais la pièce principale se trouvant fort affaiblie par le grand nombre de trous dont elle serait percée, il faudrait alors substituer aux lances de bois des baguettes de fer de 15 à 16 millimètres de grosseur, et de $1^m,70$, seulement, de longueur.

Les lances doivent, en tout cas, être assez serrées pour qu'on ne puisse pas s'introduire entre elles. Il ne faut pas que l'intervalle soit de plus de $0^m,15$.

Nous venons de faire connaître tous les détails dans lesquels il faut entrer, lorsqu'on est chargé de la construction d'un retranchement. Nous allons actuellement nous occuper des moyens d'en augmenter la force et de les rendre capables d'une plus longue résistance.

CHAPITRE QUATRIÈME.

Moyens d'accroître la force des ouvrages de campagne.

———

SECTION PREMIÈRE.

Obstacles.

99. Nous avons vu que la plupart des ouvrages de campagne ont des fossés de fort peu de valeur, que l'on doit considérer plutôt comme une excavation nécessaire à la construction du parapet, que comme un moyen efficace d'arrêter l'ennemi ; car si les fossés n'ont que deux mètres de profondeur, et l'on ne saurait leur en donner davantage dans les ouvrages faits à la hâte, il est bien facile de sauter dedans, même avec la charge du sac et du fusil. Les angles morts des fossés, où l'ennemi est parfaitement en sûreté, quand il y est une fois arrivé, lui donnent le loisir de respirer et de se reformer. Il convient donc de hérisser d'obstacles la route qu'il doit parcourir pour arriver jusque-là. Or, comme les parties les plus faibles sont les saillants, c'est sur les saillants que l'attaque se dirige ordinairement ; c'est donc là qu'il faut multiplier les obstacles, c'est là qu'il faut employer toutes les ressources de l'art pour retarder les pas de son ennemi, le mettre en désordre, et le tenir longtemps sous la bonne portée des feux du retranchement.

Des Abatis.

100. Le meilleur de tous les obstacles naturels est un *abatis*, formé de bonnes branches entrelacées, dépouillées de leurs feuilles et menus rameaux, aiguisées et présentant au-dehors un grand nombre de pointes (fig. 34). Ces branches sont fixées en terre par le gros bout, et on les couvre des vues du dehors par un exhaussement du terrain ou *avant-glacis*, dont la pente est dirigée vers la crête du parapet; les terres nécessaires se tirent d'une excavation faite en arrière, suivant le prolongement du glacis, et dans laquelle s'établit l'abatis, qui, de la sorte, ne masque en aucune manière les feux de l'ouvrage, et ne peut que bien difficilement être dérangé.

Rien n'empêche que l'avant-glacis ne soit à même hauteur que le glacis, cependant on le fait presque toujours plus bas. Au reste, il serait inutile de fixer les dimensions de ces remblais, que l'ingénieur peut faire varier à son gré, pourvu qu'il se tienne dans les limites que nous avons prescrites, et que son abatis soit bien couvert.

Il faut que le glacis ait une pente fort douce, pour que l'abatis se trouve aussi loin que possible de la contrescarpe. Car l'obstacle ainsi placé, pourvu qu'il soit toujours sous la bonne portée du fusil, a bien plus de valeur que s'il était contigu à la contrescarpe. Les troupes attaquantes y épuiseront leur ardeur, et il leur sera bien difficile de se remettre en ordre pour tenter d'enlever l'ouvrage par un nouvel effort. Si, au contraire, l'abatis est très-rapproché, l'ouvrage et l'abatis sont enlevés du même coup.

101. Si l'on n'a pas le temps de former un avant-glacis, on établit l'abatis à découvert; mais on le forme de plusieurs rangées d'arbres se recouvrant, en partie, l'une l'autre. On met la ligne intérieure de l'abatis à **25** ou **30** mètres en avant de la contrescarpe.

L'abatis est de tous les obstacles le plus militaire et le plus promptement exécutable. Il n'est que bien imparfaitement remplacé par le cheval de frise, qui coûte beaucoup de peine à construire, et que nous rejetons comme obstacle, pour ne lui laisser d'autre fonction que celle de barricade ou de fermeture.

Des Trous de loup.

102. Quand on a le temps, on peut construire autour de la contrescarpe, et principalement sur les saillants, des creux rangés en quinconce. Ces creux, de forme conique, plus étroits par le bas que par le haut, ont reçu le nom de *trous de loup* ou *puits militaires*. On leur donne 2 mètres de largeur en haut, $0^m,60$ de largeur en bas, et $1^m,50$ de profondeur, ou seulement $1^m,20$ si les terres se soutiennent difficilement ; leur espacement est de $3^m,50$ de milieu en milieu ; on peut même les rapprocher à 3 mètres, si les terres se tiennent bien, et cela n'en vaut que mieux.

On se sert, pour les tracer, d'un cordeau plié en triangle équilatéral, dont les côtés ont 7 mètres de longueur, marqués d'un nœud dans le milieu. On promène ce triangle sur une parallèle à la contrescarpe. Les sommets et les milieux marquent la place des centres des trous de loup.

On plante quelquefois un pal acéré dans chaque trou, pour le rendre plus dangereux à l'ennemi ; mais on fait aussi des trous de loup sans cela.

Les trous de loup sont un excellent moyen, et fréquemment employé à la guerre pour arrêter les colonnes d'attaque et rompre les rangs des assaillants. Les terres relevées

dans les intervalles, rendent le terrain extrêmement irrégulier, et empêchent la formation de toute espèce d'ordre
d'attaque.

Des Inondations.

103. Si l'ouvrage est construit près d'un ruisseau, on
cherchera à en retenir les eaux, pour les accumuler sur un
ou plusieurs côtés du retranchement : on *tendra ainsi une
inondation.*

Quand on peut remplir d'eau les fossés, on a un moyen
excellent de défense qu'il ne faut pas négliger, puisqu'il remédie complétement au défaut des angles morts. Ce remède
a cependant aussi ses inconvénients : en hiver les eaux
peuvent se geler; alors le passage du fossé est très-facile,
et l'ouvrage en grand danger d'être pris de vive force.

Le seul moyen d'obvier à cet inconvénient est de casser
la glace soir et matin, et de répandre de l'eau sur les parapets, pour que, gelée, elle rende les talus glissants et l'escalade plus difficile.

104. Lorsque l'inondation n'est pas profonde, il faut
creuser et disposer en échiquier des fossés de 4 mètres de
longueur, 2 de largeur et 1 de profondeur. Ces fossés ou
criques seront, dans la flaque d'eau, un excellent moyen de
rendre mal assurés et dangereux les pas de l'assaillant. Les
terres fournies par le déblai des criques doivent être éparpillées aux environs, pour ne pas former de petits îlots qui
faciliteraient le passage.

Il va sans dire qu'avant de faire les digues nécessaires
pour tendre une inondation, on doit s'assurer que la nature
des terres permet ce moyen de défense, qui devient impraticable dans les terrains trop légers, sujets aux infiltrations.

Il l'est également dans les pays fortement accidentés, où les ruisseaux ont ordinairement beaucoup de pente. C'est un moyen de défense qui ne s'emploiera que rarement en Suisse.

105. Quand un ruisseau traverse une ligne, l'inondation, que l'on est maître de tendre, en employant le parapet même du retranchement ou son glacis pour soutenir les eaux, est un des meilleurs moyens de défense que l'on puisse employer, parce que la saillie que fait l'inondation dans la campagne force l'ennemi à faire de grands détours quand il veut passer de la partie droite à la partie gauche de la ligne. Cette inondation permet de donner à l'ensemble des ouvrages la forme droite ou même concave, la plus favorable quand on en vient aux prises, sans perdre l'avantage de la forme convexe au dehors, qui assure la supériorité des mouvements. Mais pour que ces avantages se fassent sentir, il faut que l'inondation soit d'un grand développement.

106. Il s'en faut bien qu'une inondation tendue parallèlement à une ligne jouisse des mêmes avantages. Si elle arrête l'ennemi, elle vous tient vous-mêmes cernés dans vos propres ouvrages, et vous force à développer des moyens de conservation autour des digues qui soutiennent les eaux, afin que l'ennemi ne puisse pas les rompre. Et cette inondation *parallèle* ne vous permet pas, comme la précédente, que l'on pourrait, par opposition, appeler *perpendiculaire;* ne vous permet pas, dis-je, de vous écarter dans le tracé de la ligne, de la forme convexe, pour suivre la forme rectiligne ou concave.

Une inondation perpendiculaire devant un grand retranchement joue le même rôle qu'un lac devant une ar-

mée qui en occupe l'extrémité ; elle est surtout avantageuse à une troupe assez forte pour entreprendre sur
l'ennemi par des sorties et des retours offensifs. L'inondation parallèle, au contraire, conviendra mieux à une troupe
qui est contrainte par sa faiblesse à se tenir sur une défensive absolue.

Ce serait peut-être ici la place de la description des digues au moyen desquelles on parvient à tendre des inondations ; mais pour ne pas perdre de vue l'objet de cette
section, nous renverrons ailleurs cette description. (Voy.
le chap. VII, section **2**).

Des petits Piquets.

107. Quand on a des bois à sa portée, le meilleur
usage à en faire est, comme nous l'avons dit, d'établir
promptement une ligne d'abatis derrière un avant-glacis ;
cependant on peut encore tirer un bon parti des menues
branches qui ne doivent pas entrer dans l'abatis, en plantant sur tout le glacis de petits piquets faits avec ces branches, aiguisés et débordant le terrain de $0^m,22$ à $0^m,33$.
Ces petits piquets sont encore assez bons pour mettre le
désordre dans les rangs des attaquants. Si le terrain sur
lequel le retranchement est assis se trouve couvert de vignes ou de broussailles, les vignes laissées intactes, et les
broussailles coupées à la hauteur des petits piquets, les
remplaceront très-avantageusement. On peut encore, pour
suppléer ces piquets, employer des herses de laboureurs,
qu'on enterre en ne laissant sortir que les pointes. Cela
est bon dans les endroits restreints, les lieux resserrés dont
on veut interdire le passage.

Des Chausse-trapes.

108. Les *chausse-trapes*, en usage autrefois, ces espèces de clous à quatre pointes, qui, de quelque manière qu'on les retourne, en présentent toujours une, n'étaient bonnes que pour empêcher la cavalerie de s'avancer par une avenue déterminée, tel qu'un pont, une rue, une chaussée ; on peut encore s'en servir pour le même usage, si l'on en trouve sous sa main, ou les remplacer par des fonds de bouteilles cassées, qui feront à peu près le même effet.

Des Palissades et des Fraises.

109. Outre les moyens peu coûteux dont nous venons de parler, on emploie encore les *palissades* et les *fraises*, pour procurer aux ouvrages un surcroît de force.

La meilleure position des palissades, celle qu'on leur assigne le plus communément, est au pied de la contrescarpe, parce que c'est là qu'elles sont le mieux dérobées aux coups de l'ennemi, et qu'elles l'embarrassent le plus quand il veut sauter dans le fossé. Si les palissades devaient être plantées jointives pour former une palanque destinée à défendre le fossé, il faudrait, au contraire, les placer au pied de l'escarpe ; mais quand la palissade n'est employée que comme obstacle, ce qui est le cas le plus fréquent, il faut la placer, comme nous venons de le dire, au pied de la contrescarpe.

Les *palis*, ou palissades, se font avec de grosses branches refendues ou débitées à la scie, en deux ou quatre pièces, de manière à ce qu'elles aient au moins 0^m,20 d'épaisseur sur chaque face. Leur longueur est de 3 mètres. On les aiguise par le bout. Les rondins remplacent parfaitement les palissades débitées.

Pour placer les palissades on creuse une tranchée de 1 mètre de profondeur, aussi étroite qu'on le peut, et l'on y range les bois verticalement, en ne les espaçant que de $0^m,10$. On dame bien la terre autour des palissades, pour les consolider par le pied, et on les relie à leur partie supérieure avec un liteau de $0^m,06$ sur $0^m,10$. Chaque palissade est chevillée sur ce liteau. Il serait mieux encore de fixer les palissades par le bas sur un second liteau, qui serait enterré, et qui, liant ensemble tous les palis, empêcherait qu'on en pût arracher un seul sans renverser tous les autres.

Quand une palissade doit rester longtemps en place, il faut avoir soin de charbonner son extrémité inférieure, pour la rendre moins altérable par l'humidité de la terre.

Les palissades de chêne sont les meilleures.

Il vaut autant ne rien faire que de planter des palissades dont les dimensions ne seraient pas assez fortes; la résistance qu'elles offriraient ne serait point en rapport avec la dépense qu'elles auraient occasionnée et le temps qu'on aurait mis à les ajuster.

110. Les *fraises* ne sont autre chose que des palissades horizontales, ou légèrement inclinées à l'horizon, la pointe en bas.

Les fraises se placent ordinairement au sommet de l'escarpe; c'est alors une raison d'élever un glacis autour de l'ouvrage pour couvrir la fraise, et malgré cette précaution l'ennemi l'a bientôt ruinée par son canon, en la prenant d'enfilade. C'est cependant un avantage très-considérable que de le forcer à cette opération, parce que, pendant

qu'il s'occupe à cela, on peut lui répondre avec supériorité par des coups de plein fouet.

Les palis de la fraise doivent être serrés autant que
possible, pour ne pas donner prise à l'action de la hache
ou de la scie ; il faut les incliner vers le bas, pour que les
grenades qu'on peut jeter de l'ouvrage ne s'arrêtent pas
sur la fraise, et roulent dans le fossé.

Les palis des fraises doivent avoir au moins 3^m,50 de
longueur, afin que, débordant l'escarpe de 1^m,50, repo-
sant de 0^m,50 sur la berme, elles soient encore engagées
de 1^m,50 dans les terres du parapet. On les cheville à un
coussinet ou liteau horizontal placé sur la berme ; et pour
les bien lier entre elles, on recouvre leurs extrémités supérieures par un second liteau, qui offre une très-grande
résistance contre tout effort qui tendrait à faire basculer la
palissade, vu que, pour le soulever, il faut ébranler en
même temps les terres du parapet dans lesquelles il est engagé.

111. Vers les saillants, la fraise doit faire l'éventail. A
cet effet, on serre les palis vers l'intérieur et on les écarte
extérieurement, en commençant à une certaine distance
du saillant. On gagne encore de la place pour le biais, en
délardant les palis de manière à les rapprocher autant que
possible, sans trop les affaiblir. C'est une affaire de coup
d'œil dont s'acquittent fort bien les sapeurs charpentiers.

112. Peut-être la fraise serait-elle mieux placée à
un mètre au-dessous de la berme ; cela la mettrait d'autant
mieux à l'abri du ricochet ; mais alors le fossé devrait avoir
au moins 3 mètres de profondeur, parce qu'il faut que la
fraise soit au moins à 2 mètres au-dessus du fond du fossé,

pour qu'on ne puisse pas aisément l'atteindre. Cette disposition n'est point usitée.

Quand on place une fraise, le parapet est ordinairement achevé ou presque achevé ; il faut alors l'entamer vers le bas ; et, quand les talus sont faits avec soin, il est pénible de les gâter. C'est un très-grand inconvénient qu'on ne pourrait prévenir qu'en préparant les palissades avant de commencer l'ouvrage, et en les plaçant à mesure qu'on travaillerait au talus extérieur du parapet, ce qui est à peu près inexécutable. Le meilleur est d'achever l'ouvrage sans polir le talus extérieur, parce qu'alors il n'y aura pas beaucoup de peine perdue quand on l'entamera pour placer les palis de la fraise.

113. Les Anglais ont quelquefois établi une fraise de contrescarpe, notamment dans les principaux ouvrages de leurs fameuses lignes de Torres-Vedras, construites par lord Wellington pour couvrir Lisbonne, dans la campagne de **1810.** Leurs ingénieurs estiment cette méthode excellente, quand les fossés sont larges et profonds. La fraise se pose un peu inclinée vers le bas et sur le terrain naturel ; on la recouvre d'un glacis de $0^m,60$ au moins de hauteur, qu'on revêt intérieurement pour le soutenir à la même inclinaison que la contrescarpe.

Sans faire un usage complet de ce genre de fraise, on pourrait, en certaines occasions, l'employer partiellement dans les arrondissements de contrescarpe. Ce serait, par exemple, le cas, lorsqu'on n'aurait ni le bois, ni le temps nécessaires, pour établir une fraise tout le long de la berme, puisque ainsi on renforcerait toujours un peu la partie faible.

Des Fougasses.

114. Un excellent moyen, peut-être de tous le plus efficace, d'arrêter l'impétuosité de l'assaillant, mais que l'on ne peut pas toujours mettre en usage, ce sont les *fougasses*, ou petits fourneaux de mine, construits sous le glacis.

Quand l'assiégeant est instruit que l'ouvrage est pourvu de fougasses (et il faut faire en sorte qu'il le sache), il devient extrêmement circonspect et timide. Des soldats qui ont vu jouer une de ces mines se croient partout sur des volcans; et des dangers cachés qu'ils ne peuvent prévenir font sur eux une impression beaucoup plus forte que des périls bien autrement à craindre, qu'ils affrontent gaîment en plein jour et à découvert. Les effets que la défense par les mines produit sur le moral, sont peut-être ce que l'assiégé peut trouver de plus favorable pour lui, et très-certainement c'est ce que la défense souterraine présente de plus avantageux.

Ceci montre assez que pour atteindre le but qu'on se propose, il n'est point nécessaire d'une disposition de fougasses très-compliquée; on se contentera donc de placer sur chaque saillant deux ou trois fougasses que l'on puisse faire jouer isolément.

115. Pour établir une fougasse, on enterre de 2 mètres environ sous le glacis, une caisse dans laquelle sont enfermés quatre obus ou une vingtaine de livres de poudre. A cette caisse communique un auget ou tuyau fait en planches de sapin, également enterré et destiné à porter le feu dans la caisse. Pour le placer, on creuse une tranchée étroite, à la profondeur nécessaire ; on le met dans le fond.

et après qu'on l'a chargé, on le recouvre de terre qu'on pilonne avec beaucoup de soin.

L'auget descend le long de la contrescarpe, passe au fond du fossé, et remonte à travers les terres du parapet dans l'intérieur du fort. Nous disons du fort, parce que ce n'est qu'à des ouvrages un peu considérables que sont applicables ces moyens de défense; l'appareil qu'ils exigent empêche de les mettre à profit pour les simples redoutes et les lunettes, du moins dans les circonstances ordinaires.

On place quelquefois l'auget le long de la contrescarpe, et on le fait arriver à la gorge de l'ouvrage. D'autres fois il traverse le fossé, supporté par un ou deux chevalets ; mais cette disposition l'expose à être dérangé par le moindre choc. Le plus souvent, on se contente de le faire arriver dans le fossé par le plus court chemin.

On renferme dans l'auget un sac de toile, long, très-étroit, goudronné et rempli de poudre. Ce sac ou *saucisson* a une de ses extrémités dans la caisse aux poudres, et l'autre à l'issue de l'auget.

Pour faire jouer la mine, on met le feu au saucisson, qui le communique aux poudres de la caisse.

Si la caisse aux poudres doit rester longtemps sous terre, il faut avoir la précaution de la goudronner pour la rendre imperméable à l'humidité ; on en fait autant à l'auget qui contient le saucisson.

116. On a proposé de faire mettre le feu à la fougasse par l'ennemi lui-même, en plaçant sous ses pas un tuyau fragile rempli de phosphore, lequel, rompu par le choc, mettrait le feu à l'amorce qui se trouverait dessous. Ce moyen, extrêmement commode, ne serait pas sans danger pour celui même qui en userait; je ne sache pas qu'on

l'ait jamais employé. Il vaut mieux se servir d'une batterie à percussion, qu'on fait jouer depuis l'intérieur de l'ouvrage ou depuis le fossé, au moyen d'un fil de fer.

Mais ce qui est meilleur encore, c'est de mettre le feu au moyen d'une petite fusée qui parcourra l'auget aussitôt qu'on l'aura allumée. Dans ce cas on supprime le saucisson et l'on arrondit les coudes de l'auget pour que la fusée puisse passer : il suffit qu'ils aient $0^m,30$ de rayon ou deux fois la longueur de la fusée. Le mieux est de faire ces coudes en fer-blanc.

Au moyen de deux fusées pareilles on peut mettre le feu à la fougasse depuis l'intérieur du retranchement : la première, traverse le fossé le long d'un fil de fer tendu et auquel elle est suspendue par deux anneaux ; elle va allumer un petit tas de poudre placé à l'entrée de l'auget avec la seconde fusée, et celle-ci porte le feu dans la boîte aux poudres.

La *fusée porte-feu* n'a que $0^m,16$ de longueur et 2 centimètres de grosseur ; sa tête est terminée par un petit chapiteau en bois arrondi, et percé pour que la composition jette le feu en avant.

117. On emploie aussi une autre espèce de fougasses, dont l'effet est tout entier en avant, en sorte qu'on peut y mettre le feu de très-près, à cinq ou six mètres du foyer. On leur donne le nom de *fougasses-pierriers*, parce qu'elles lancent une grande quantité de pierres.

Elles offrent le grand avantage de pouvoir être construites à couvert dans l'intérieur des retranchements, lorsque la capacité de ceux-ci le permet. Tirant sous l'angle d'environ 45° leurs projectiles passent par-dessus le parapet et le fossé, et n'atteignent pas moins les assaillants sur le terrain en avant du glacis. Ce ne sera donc que lorsqu'on ne pourra pas faire autrement, qu'on les établira au delà du fossé. Tout comme aussi on en pourra construire en dehors et en dedans pour les faire jouer successivement[1].

118. Pour faire ces fougasses, on creuse dans le terrain une ouverture qui s'évase vers l'extérieur à la manière des embrasures. Elle a $1^m,00$ de largeur du côté de l'ouvrage, et $4^m,70$ vers la campagne. Sa plus grande profondeur est de $1^m,80$, et c'est vers le point où elle est le plus étroite. De là le fond va en s'élargissant et en se relevant avec une pente de trois de base pour un de hauteur, ce qui lui donne une longueur de $5^m,50$. L'emplacement des poudres est plat et rectangulaire, de $1^m,00$ sur $0^m,70$. Les côtés s'élèvent en talus léger de $0^m,30$ pour toute la hauteur, et la face postérieure est en surplomb de la même quantité pour mieux déterminer en avant l'effet de la mine. Il faut soutenir cette face par de bons gazons ou des planches.

Les terres de l'excavation sont arrangées en bourrelet sur le derrière et sur les côtés de l'ouverture.

On met dans le fond une trentaine de livres de poudre; on place au-dessus et sous l'angle de 45° un fort plateau de $1^m,00$ en carré et composé de planches recroisées. On arrange sur ce plateau environ 2 mètres cubes de cailloux qui seront lancés, par l'explosion de la poudre, à une distance moyenne de 80 mètres, et couvriront un espace de plus de mille mètres carrés.

119. On peut arranger les choses de telle sorte que la charge ne soit introduite que peu d'instants avant de faire

---

[1] Déjà en 1659, les Polonais avaient imaginé de lancer par ce moyen, d'énormes pierres dont le poids allait jusqu'à 800 livres.

jouer la mine, ce qui est un avantage dans les terrains humides. Il faut pour cela creuser à $3^m,00$ en arrière de la fougasse un petit puits de $0^m,80$ de profondeur et établir entre ce puits et la chambre aux poudres, un canal de communication, lequel aura la pente de 1 sur 3.

Le canal est formé de quatre planches laissant entre elles un vide de 0,25 en carré.

On introduit la poudre par ce canal, après avoir adapté à la caisse ou au sac qui la renferme un saucisson de $4^m,00$ de longueur. Après cela on remplit le canal avec des gazons ou des sac à terre en mettant le saucisson dans un des angles ; on comble le puits en ayant soin de relever le bout du saucisson et de l'amener à l'endroit où le feu doit être mis.

SECTION SECONDE.

Défense du fossé.

120. L'ennemi qui est parvenu à franchir tous les obstacles qu'on lui a opposés, trouve dans le fossé de la plupart des ouvrages employés en campagne un abri où il peut reprendre haleine, se préparer à l'assaut, et où il n'a à craindre que les grenades qu'on lui jetterait du haut du parapet.

Les grenades, que d'ailleurs on n'a pas toujours à sa disposition, ne suffisent pas pour défendre le fossé d'une manière bien efficace ; on y supplée autant qu'on le peut par les moyens que nous allons indiquer.

Des Palanques.

121. S'il s'agit d'une lunette, on peut planter une palanque ou de fortes palissades au travers du fossé, sur les angles d'épaule. Ces fortes palissades laissant entre elles de petites ouvertures ou créneaux, permettront de défendre à coup de fusil les fossés des faces, et leurs feux se croiseront au saillant. La fig. 35 représente une de ces palanques, conforme à ce qui est dit au n° **80.**

Dans le cas que nous venons de considérer, il faut pouvoir descendre dans le fossé des flancs, et pour cela pratiquer à leurs extrémités des rampes ou des escaliers en terre. Cette disposition suppose que la lunette n'est point attaquable par la gorge, ni même par le flanc; mais, nous l'avons déjà dit, une lunette doit toujours être soutenue en arrière pour qu'elle soit de quelque valeur: ainsi, l'attaque se dirige sur le saillant, et la défense du fossé par le moyen des palanques sur les flancs est quelquefois admissible.

122. Remarquons une chose au désavantage de cette disposition : c'est que la défense du fossé étant en quelque sorte indépendante de celle de la lunette, il en résulte une méfiance réciproque, extrêmement nuisible à une bonne résistance. Et c'est là un vice général de nos meilleures fortifications; les pièces qui les composent se défendent mutuellement; il faut qu'au moment du danger chacun s'oublie soi-même, pour ainsi dire, et ne pense qu'à son voisin; cet effort est contre nature, d'où il suit que les flanquements ont souvent bien moins d'effet qu'on aurait lieu d'en attendre, et qu'il ne faut pas trop compter dessus dans le cas d'une surprise.

123. La défense du fossé au moyen des palanques peut encore être directe, c'est-à-dire qu'on établit la palanque au pied de l'escarpe dans toute la longueur du fossé, en ménageant entre le talus des terres et la palanque une petite banquette élevée d'environ 1^m,00 au-dessus du fond du fossé.

Les palanques, dans les parties rentrantes, seront toujours un bon moyen de défense, en supposant même qu'elles n'existent pas sur les faces des ouvrages.

Des Caponnières.

124. Dans les redoutes carrées les palanques simples, dont nous venons de parler, ne peuvent pas être mises en usage, parce que ces palanques ne couvrent que d'un côté. On emploie alors la palanque double, qu'on établit également au fond du fossé à deux angles saillants opposés, de manière à pouvoir balayer ce fossé.

Pour ne pas être plongé entre les palanques et se garantir des coups d'en haut, on les recouvre de madriers ou de fascines, que l'on a soin de charger de terre ou de fumier, afin de prévenir l'incendie. Cette espèce de galerie couverte, de 2 mètres de hauteur, 2 mètres de largeur, crénelée sur les deux côtés, prend le nom de *Caponnière*.

Pour arriver de la redoute dans la caponnière, il faut pratiquer sous le parapet un passage souterrain, une *poterne*, construite comme nous l'avons indiqué au n° 87, de 1 mètre de largeur, et dont le débouché extérieur soit couvert par la caponnière.

Cette caponnière ne peut pas aller joindre la contrescarpe, parce qu'alors elle fournirait à l'assiégeant un véritable pont dont il pourrait se servir pour traverser le fossé. En conséquence, on entaille la contrescarpe pour isoler la tête de la caponnière, et l'on pratique dans le fossé, parallèlement aux faces de la caponnière, deux autres petits fossés qui en empêchent l'approche. On peut armer ces petits fossés d'une palissade , pour qu'il soit plus difficile de les franchir ; et comme dernière ressource on cherchera à se procurer vers l'escarpe de la redoute quelque flanquement pour la caponnière, au moyen d'une palanque ou d'une palissade jointive.

Le peu de largeur des fossés ordinaires et la grande quantité de bois nécessaire à la construction des caponnières rendent leur usage extrêmement rare ; c'est un moyen de défense qu'on ne peut employer que dans le cas où l'on a beaucoup de temps devant soi , et où les forêts ne sont pas éloignées.

Des Galeries à feux de revers.

125. On fait encore quelquefois, au pied de la contrescarpe et dans le massif des terres, des galeries en charpente, crénelées, et voyant de revers les fossés de l'ouvrage. On communique du retranchement à ces galeries à *feux de revers* par des galeries souterraines s'enfonçant au-dessous du niveau du fond du fossé. Si la difficulté d'exécution et le manque de moyens empêchent souvent de faire des caponnières, c'est bien autre chose pour les galeries à feux de revers, qui exigent un approvisionnement considérable de bois : ce sont des appareils qui ne peuvent entrer que dans les fortifications mixtes.

Dans les nombreux ouvrages des lignes de Torres-Vedras, en avant de Lisbonne, il n'y en avait qu'un seul de défendu par ce moyen. Cet ouvrage, parmi les cent cinquante-deux redoutes ou fortins dont les lignes étaient formées, se trouvait sur un terrain assez consistant pour permettre d'y creuser des galeries sans étais, et qui par conséquent facilitait considérablement la construction dont il s'agit et en diminuait aussi beaucoup la dépense.

126. Ce que nous venons d'indiquer pour la défense du fossé n'exclut pas les obstacles de tout genre que l'on y pourrait accumuler. A notre avis, ce qu'il y aurait de mieux serait de préparer de gros quartiers de roche que l'on porterait sur le parapet au moment où l'ennemi, arrivant en force sur la contrescarpe, cesse son feu et ne pense plus qu'aux moyens d'escalade. On ferait rouler ces quartiers avec peu d'effort, et certainement ils feraient beaucoup de mal en tombant sur une foule d'hommes pressés les uns contre les autres. Il est vrai qu'il faudrait monter sur le parapet, et l'on n'a pas trop cet usage; c'est cependant le véritable moyen de tirer tout le parti possible de la position, et de mettre de son côté tous les avantages physiques. Quelle immense supériorité n'a pas celui qui attend de pied ferme, et avec la plus grande liberté de mouvement, son ennemi qui gravit avec peine une pente roide, et qui ne peut pas faire usage de ses armes! Cette supériorité est telle qu'on ne conçoit pas comment une redoute défendue de cette manière pourrait être enlevée tant qu'il y resterait une cinquantaine de braves. Si, au lieu de cela, on veut rester derrière son parapet, les rôles changent; on abandonne à son ennemi l'avantage de la position, et il est alors aussi inutile que dangereux de chercher à lui résister.

127. Un moyen plus facile encore, serait de disposer sur la plongée du parapet des troncs de sapin de $3^m,00$ de longueur. Ces troncs, posés sur des coins, seraient retenus par des cordes que l'on couperait au moment où l'ennemi serait dans le fossé. Ce serait alors, quand le désordre est parmi les attaquants, qu'on monterait sur le parapet pour les recevoir à coups de baïonnette. Jusque-là, les défenseurs auraient fait usage du feu par le vide qui reste entre les troncs et le parapet. Ce moyen est surtout applicable dans des localités, comme il y en a tant en Suisse, où les troncs de sapin sont communs et où l'artillerie ne peut pas y agir.

SECTION TROISIÈME.

Réduits intérieurs.

128. Le plus sûr moyen de soutenir le courage des défenseurs, et par conséquent d'accroître la force d'un ouvrage, est de leur faciliter la retraite dans le cas où ils viendraient à être forcés, de leur procurer un dernier refuge où ils puissent obtenir une capitulation d'autant plus honorable qu'ils auront prolongé plus longtemps la défense de l'ouvrage principal. Ces *réduits intérieurs,* qui d'ailleurs ne peuvent être construits que dans les ouvrages d'une certaine étendue, doivent être disposées de manière qu'il n'y ait aucun point dans l'intérieur de l'ouvrage principal qu'ils ne découvrent bien, et sur lequel ils ne puissent porter des feux. Si, comme dans les grandes redoutes ou fortins, ils doivent, en dernier résultat, servir d'asile à tous les défenseurs, il faut que leur capacité soit proportionnée au nombre d'hommes qui auront à s'y loger, sans cependant gêner la défense capitale, problème quelquefois bien difficile à résoudre.

129. La meilleure manière de faire les réduits de sûreté est de les construire couverts et assez bas pour que le parapet de l'ouvrage principal les préserve entièrement des coups du dehors, et que sous leur abri les soldats puissent reposer tranquillement sans craindre les feux courbes de l'ennemi, plus inquiétants et plus dangereux que les feux directs. Ces réduits ou *casernes défensives*, faits ordinairement en poutres jointives percées de créneaux, doivent être recouverts par de bonnes poutrelles placées tant plein que vide, sur lesquelles on met un ou deux rangs de fascines ou de madriers jointifs, et par-dessus le tout environ un mètre de terre. Pour donner le moins de prise possible aux projectiles incendiaires, on entoure le réduit d'un petit fossé de deux mètres en tous sens, et les terres qui en proviennent sont placées contre les faces jusqu'à la hauteur des créneaux. Ce petit fossé empêche aussi que l'ennemi ne puisse emboucher les créneaux.

130. Les casernes défensives ou *block-haus* n'auront que $2^m,20$ de hauteur dans œuvre, et leur largeur sera de 6 mètres, de manière à pouvoir placer deux lits de camp le long des côtés, et conserver encore pour la circulation 2 mètres de vide dans le milieu.

La grandeur de ces block-haus dans le sens longitudinal dépend de la grandeur de l'ouvrage principal. Il faut se ménager dans leur intérieur l'espace nécessaire pour contenir un ou deux jours de vivres et quelques munitions de guerre. Les vivres pourront se placer sur des planches suspendues au ciel du block-haus, et les munitions de guerre dans un ou deux tonneaux placés en terre à l'un des angles du réduit. Au reste, toutes ces dispositions intérieures se modifient suivant le besoin, et les localités dictent souvent d'une manière impérieuse tel arrangement qui n'aurait rien valu dans une autre circonstance; c'est ce qui fait qu'il est impossible d'assigner d'une manière invariable la forme et les dimensions des ouvrages de toute nature qu'on est appelé à construire à l'armée ; on ne peut que donner des types qu'on doit chercher à imiter autant que les circonstances le permettent, et qu'il est rarement permis de copier servilement.

131. Dans les ouvrages d'une très-grande étendue, le réduit peut se faire en terre, à la manière des retranchements ordinaires, c'est-à-dire avec parapet et fossé en avant. Mais alors il faut de toute nécessité donner à ce réduit quelque relief ou *commandement* sur le parapet de l'ouvrage principal, non pas, comme on pourrait le croire, pour se procurer l'avantage d'un double rang de feux, avantage complétement illusoire à cause des dangers qu'il entraîne, mais afin que l'ennemi, placé sur ce parapet, ne puisse pas plonger dans le réduit. Il faudrait donc à la rigueur que celui-ci eût sur l'ouvrage extérieur un commandement de $2^m,00$. Mais non-seulement, avec ce commandement, le réduit aurait au-dessus du sol une hauteur de $4^m,50$, et dépasserait la limite de 4 mètres fixée dans le n° 58 ; mais encore ce réduit ne découvrirait qu'avec peine le bord de sa contrescarpe, et satisferait mal à la condition de bien voir tout l'intérieur de l'ouvrage principal. Pour prendre un milieu entre ces deux convenances également nécessaires à remplir, nous fixerons à un mètre le commandement du réduit sur l'ouvrage extérieur, et cette espèce de capitulation avec les principes fait voir assez clairement qu'un réduit découvert ne vaut pas un block-haus. Dans ces réduits élevés, on peut remplacer le talus de la banquette par des gradins, afin que l'espace intérieur soit moins diminué.

132. Souvent on disposera de quelque bâtiment déjà

existant, tel qu'un moulin à vent, une tour, une ferme, pour en faire le réduit d'un ouvrage de fortification en l'appropriant aussi bien que possible à la défense de l'intérieur. Dans tous les cas ce bâtiment sera fort utile pour abriter les soldats chargés de la garde du poste.

On peut aussi construire certains ouvrages un peu considérables de telle sorte que les parties les plus accessibles soient séparées du reste. Afin, tout à la fois, que si une de ces parties est prise, la terreur ne se propage pas dans toute la garnison, et que les autres puissent servir de refuge. Le fort triangulaire de Torres-Vedras présentait cette particularité. Chacun de ses trois bastions était séparé du tout par un fossé et un parapet à sa gorge.

Des chemins couverts.

133. On a proposé, et quelques militaires croient encore cette disposition avantageuse, d'envelopper les ouvrages importants d'un autre ouvrage plus bas que le premier et sans fossé, dont le parapet serait tout simplement un glacis plus élevé que ceux dont nous avons déjà parlé. Cette espèce de ceinture du retranchement, à laquelle on donne le nom de *chemin couvert,* et qu'indique la fig. 36e, prolongerait considérablement la défense, à ce que prétendent ses partisans, à cause de la grande protection qu'il tirerait de l'ouvrage en arrière, ouvrage qui serait alors un véritable réduit, et un réduit auquel ils donnent une part active au moment de l'attaque. Mais ces prétendus avantages n'existent pas : d'abord, il est impossible, sans un danger imminent pour ceux qui se trouvent dans le chemin couvert, de faire feu de l'ouvrage en arrière; et si les feux ne peuvent pas être simultanés, autant vaut-il défendre la contrescarpe depuis l'ouvrage en arrière que de s'exposer, en se portant au delà pour le même objet, à être pris ou massacré par l'ennemi. Bien plus, les attaques des ouvrages de campagne se faisant toujours avec beaucoup de vigueur et avec des forces supérieures, les assaillants pénétreraient aisément dans le chemin couvert, puisqu'aucun fossé ne les arrêterait ; ils pourraient ensuite entrer dans l'ouvrage pêle-mêle avec les défenseurs qui y chercheraient un refuge, si toutefois ceux-ci n'avaient pas d'abord prudemment abandonné le poste, auquel cas encore le chemin couvert serait au moins inutile ; et, quelque hypothèse qu'on fasse, les défenseurs du chemin couvert produiront toujours en se retirant une impression désavantageuse sur ceux de l'ouvrage en arrière, et amèneront certainement le désordre.

Les chemins couverts forcent à des reliefs considérables pour l'ouvrage principal, et par cela seul ils ne peuvent pas être généralement employés, quand bien même ils jouiraient de grands avantages défensifs.

134. Nous croyons donc que les chemins couverts doivent être proscrits des ouvrages de campagne, et que, s'il est des cas où l'on puisse les tolérer, ce n'est que lorsqu'il s'agit de couvrir une porte pratiquée sur la courtine d'un front bastionné ; le chemin couvert cesse dans ce cas d'être général et parallèle à la contrescarpe ; on ne le fait que devant la porte, et on lui donne une forme arrondie ; il remplace alors la demi-lune, et prend le nom de *place d'armes*. Cette place d'armes est peu sujette aux inconvénients que nous venons de signaler, parce qu'elle a peu d'étendue, qu'elle est dans un rentrant, et que les bastions voisins la défendent efficacement par des feux latéraux.

135. Dans les forteresses, au contraire, le chemin couvert est indispensable, parce qu'il donne la facilité de circuler tout autour de la place sans être vu du dehors, chose nécessaire pour éviter les surprises, qui deviennent faciles quand les ouvrages extérieurs sont très-multipliés. C'est dans le chemin couvert que les troupes destinées à opérer une sortie se rassemblent et s'organisent. C'est dans le chemin couvert que les secours se jettent lorsqu'ils arrivent; car les ponts qui servent aux communications habituelles sont rompus, et ce n'est que par les défilés des chemins couverts et des fossés que ces troupes de secours entrent ordinairement dans la place.

Aucune des conditions énoncées ci-dessus n'est nécessaire pour les ouvrages de campagne, car ils sont ordinairement d'une forme si simple et d'un développement si borné, que la surveillance ne se fait que du dedans; ils ne renferment pas des forces suffisantes pour opérer des sorties contre un ennemi presque toujours infiniment supérieur; et quand des secours leur arrivent, ce ne sont pas de petits détachements qui aient besoin de se jeter furtivement dans l'ouvrage, ce sont toujours des corps suffisants pour chasser l'ennemi; quelquefois c'est l'armée tout entière.

Si donc nous avons proscrit les chemins couverts des ouvrages de campagne parce qu'ils sont dangereux et compromettent la sûreté du retranchement, nous devons le faire encore pour cause d'inutilité.

Des Tambours.

136. Il arrivera souvent que les réduits intérieurs se réduiront à une simple palanque ou même à une simple palissade, dont on bouche les intervalles par des rondins de 1^m,30 de longueur hors de terre ; alors les terres d'un petit fossé serviront à faire une banquette qui permettra de tirer de plus haut que l'ennemi. Ces petits réduits ou *tambours*, quoique bien faibles par eux-mêmes, sont cependant bons à employer quand on ne peut pas faire mieux ; ils ont, comme des réduits mieux conditionnés, l'avantage de fortifier le moral du soldat et de l'engager à une résistance plus opiniâtre.

On peut en quelque sorte, et au moment du besoin, suppléer le réduit, lorsque celui-ci manque complétement, par un carré fait au milieu de l'ouvrage, avec les troupes de la réserve.

Enfin, on peut quelquefois tirer parti des traverses de défilement, pour les faire servir de réduits intérieurs. C'est avec le secours des traverses intérieures que les Anglais, au siége de Toulon, défendirent avec tant d'acharnement le fortin auquel les Français donnèrent le nom de *petit Gibraltar*. Ce ne fut qu'après quatre assauts successifs que ceux-ci parvinrent à se maintenir dans le fort, et qu'ils triomphèrent du sang-froid et de l'opiniâtreté de leurs adversaires.

CHAPITRE CINQUIÈME.

De la fortification pliée au terrain, et du défilement.

SECTION PREMIÈRE.

De la fortification pliée au terrain.

137. Jusqu'à présent nous n'avons supposé aucune hauteur dans les environs de nos ouvrages; nous les avons au contraire construits sur une plaine horizontale, sans aucune irrégularité dans les limites de la portée des armes. Mais il est rare de rencontrer de pareils terrains; presque toujours l'ouvrage sera construit sur une hauteur, et souvent à une distance assez rapprochée d'autres hauteurs pour que l'ennemi, maître de ces dernières, puisse voir dans l'ouvrage par-dessus les parapets, s'ils n'ont reçu partout que la hauteur de $2^m,50$. On ne peut éviter ce défaut qu'en augmentant le relief d'un côté pour le diminuer de l'autre, et c'est à faire cette opération de manière à ce que l'intérieur de l'ouvrage soit parfaitement caché que consiste *l'art du défilement.*

Se conformer à l'irrégularité du terrain dans le tracé d'un ouvrage, pour éviter les remblais trop considérables, et se couvrir des hauteurs environnantes, de manière à n'offrir que peu de prise aux coups de l'ennemi, est ce qu'il y a de plus délicat dans la conduite des travaux de guerre:

c'est là que l'ingénieur fait valoir son coup d'œil, et qu'il donne des preuves de sa capacité.

138. Puisque deux choses peuvent contribuer à modifier la forme et le relief des ouvrages, savoir, les hauteurs sur lesquelles ils sont construits, et celles qui les environnent, nous parlerons d'abord de l'influence des premières, et ensuite nous indiquerons les moyens de se garantir des dangereux effets des secondes.

Les hauteurs sur lesquelles on veut construire des ouvrages de campagne peuvent avoir une pente assez roide pour être inaccessible, ou du moins pour n'être gravissable que très-difficilement ; ou bien cette pente est accessible, sans que cependant on puisse la défendre par le canon ou la mousqueterie ; ou enfin elle est dirigée en forme de glacis, de manière à pouvoir être balayée très-efficacement par des feux rasants.

139. Dans le premier cas, lorsque les hauteurs sont à peu près inaccessibles, on se contente de placer quelques postes d'observation dans des ouvrages de la moindre importance, d'un très-petit relief et du profil le plus léger, sur les parties de la crête de l'escarpement qui forment le plus de saillie, de manière à se procurer sur la pente des flanquements d'autant meilleurs que les saillies seront plus prononcées. Dans le même cas, et lorsque les hauteurs sont tout à fait inaccessibles, il n'y a pas d'autre parti à prendre que de faire surveiller les escarpements par quelques sentinelles.

Le terrain, dans cette circonstance, modifie tellement la forme ordinaire des retranchements, qu'on doit les faire sans fossés, pour s'approcher davantage de l'escarpement, qui vaudra pour eux le meilleur fossé. Leur relief peut n'être que d'un mètre, car on ne craint pas d'être plongé dans ces ouvrages élevés lorsqu'ils ne sont pas sous l'influence de hauteurs plus élevées encore. Ainsi, on creusera en arrière du parapet une tranchée de $0^m,50$ à $0^m,60$ de profondeur, et on jettera les terres sur le bord. Le profil sera de $1^m,00$ à $1^m,20$ de hauteur, depuis le fond de la tranchée, ce qui est suffisant dans ce cas. La largeur de l'excavation dépendra de l'épaisseur qu'on voudra donner au parapet.

140. Dans le second cas, on ne doit pas établir les ouvrages sur le bord du plateau, parce qu'il est bien prouvé que le soldat ne peut pas diriger ses coups au-dessous de l'angle de 40 degrés, et qu'une pièce de canon ordinaire ne peut pas être pointée à plus du sixième d'inclinaison, ce qui revient à peu près à 10 degrés. Ainsi, d'après ces observations, les ouvrages qui couronneraient les hauteurs n'auraient aucun effet pour en défendre les approches, et seraient exposés à être enlevés d'un coup de main.

Pour remédier à cet inconvénient, on abandonne la crête, et l'on se retire en arrière, à la distance de 100 à 200^m; on se donne ainsi du large pour multiplier les obstacles sur les pas de l'ennemi, et le tenir sous un feu efficace pendant tout le temps qu'il emploiera pour arriver aux ouvrages. On laisse sur la crête et aux endroits les moins abordables quelques postes d'observation pour avertir de l'approche de l'ennemi, qu'on pourra attendre de pied ferme dans les ouvrages en arrière, ou charger à l'arme blanche quand il gravira avec peine les hauteurs. Le parti de l'attaque sera bien souvent le meilleur, à cause de l'énergie que cette action de vigueur donne aux troupes chargées de la défense; d'autant plus qu'un échec qui ne peut pas être considérable ne les empêchera pas de se retirer en ordre, et d'aller prendre poste dans les retranchements ou dans leurs intervalles. Telle a toujours été la conduite de Wellington : c'était par des charges faites à mi-côte qu'il défendait ses positions choisies et fortifiées avec soin.

141. Dans le troisième cas, qui est le plus fréquent, les ouvrages doivent être d'un bon profil et disposés de manière à bien battre la pente douce qui conduit sur le plateau où ils sont établis, et dans ce cas comme dans le premier il faut contourner les ouvrages de manière à couronner le mieux possible la hauteur en en suivant la crête, sans cependant jamais pécher contre les règles générales que nous avons déjà posées.

Supposons, par exemple, qu'il s'agisse d'occuper deux hauteurs et de barrer le vallon qui les sépare. Nous établirons sur chacune de ces hauteurs une redoute, et, pour faire le barrage, nous construirons une ligne à crémaillère, que nous porterons en arrière à mesure qu'elle descendra et s'approchera du fond du vallon. Le rentrant que forme cette crémaillère est alors inabordable, ce qui permet de donner à son parapet une très-petite épaisseur, d'autant plus que ce parapet ne peut être battu qu'obliquement. Les faces de la crémaillère seront facilement couvertes de l'enfilade par les deux redoutes, ainsi que par leur pente en arrière. Les flancs qui, seuls, par leur direction, pourraient donner quelque prise, sont assez courts pour parer à l'inconvénient. La crémaillère ainsi construite est un très-bon ouvrage ; c'est ce que l'on peut faire de mieux dans l'exemple que nous avons choisi et dans tous ceux du même genre. La crémaillère est la ligne par excellence dans les vallons étroits, dans les crases et dans les ravins ; sa forme est celle que réclame la nature du terrain. Si, au lieu de nous laisser conduire par l'irrégularité du site, nous eussions voulu barrer le vallon par un parapet en ligne droite, allant d'une redoute à l'autre, il aurait fallu choisir entre ces deux inconvénients : ou de faire à grands frais un parapet très-élevé, ou de consentir à être vu derrière cette espèce de courtine, en ne lui donnant qu'une hauteur ordinaire.

Quant à la partie des retranchements qui occupe les hauteurs, il faut, comme nous l'avons déjà dit et de toute nécessité, qu'elle en suive les contours et s'adapte à leur forme. Lorsque l'on construit une fortification quelconque sur des hauteurs, on doit renoncer aux dispositions régulières pour se laisser aller à ce que dicte le terrain. C'est la forme des hauteurs qui détermine celle de l'ouvrage. On ne ferait rien qui vaille si, en dépit du terrain, on voulait à toute force rester dans les tracés réguliers.

142. Les ouvrages peuvent encore être construits sur le milieu d'une pente montant ou descendant vers l'ennemi. Dans ces deux cas il faut chercher avec soin les espèces de plates-formes plus ou moins apparentes que les différentes ondulations de la pente peuvent former, afin d'établir les parapets sur leur pli, quelque légèrement prononcé qu'il paraisse d'abord ; on en sentira bientôt l'influence quand on mettra la main à l'œuvre.

En supposant l'ennemi placé au bas de la pente, le terre-plein de l'ouvrage occupera la plate-forme; et s'il est au contraire sur les hauteurs, cette plate-forme doit servir de glacis, en sorte que le parapet est toujours construit sur le pli en saillie du terrain.

Ces deux dispositions, indiquées par la fig. 37e, sont les plus avantageuses pour qu'avec un petit relief le parapet couvre bien l'intérieur du retranchement. Dans la première, on peut faire la plongée encore plus roide qu'au quart, la faire au tiers par exemple, parce que les coups arrivant de bas en haut tendent peu à abattre la crête du parapet, et qu'il est nécessaire d'avoir une forte plongée pour balayer les pentes. Dans la supposition contraire, la plongée, loin de rester au quart, peut prendre, suivant la pente, une inclinaison inverse, une inclinaison au-dessus de l'horizon; et cela est nécessaire pour résister aux coups plongeants qui écréteraient bientôt le parapet, si, par la nature même du terrain, la plongée ne devait pas être relevée pour se diriger au pied du glacis ou au bord de la contrescarpe. Voici donc encore la forme du profil primitif notablement modifiée par les accidents du terrain.

143. Si le plateau sur lequel on veut s'établir a une pente assez roide pour qu'on ne puisse pas la défendre, mais qui soit cependant facile à gravir, et si de plus l'espace manque sur ce plateau pour se porter en arrière, il faudra bien alors construire contre la règle les retranchements sur la crête. Il est nécessaire, dans ce cas, que les ouvrages croisent obliquement leurs feux sur la pente, et qu'ils se flanquent mutuellement si la forme du mamelon le permet; sinon on établira au bas une ceinture d'autres ouvrages qui en défendront les approches. Le canon, placé sur le haut, pourra alors n'être caché que par un simple épaulement, et même se contentera-t-on souvent d'aplanir le terrain, et de mettre tout simplement le canon en batterie, comme on ferait en rase campagne, la hauteur le cachant assez des vues de l'ennemi, surtout lorsqu'après l'explosion le recul le chasse en arrière. Ce canon ne défendra pas immédiatement le pied du mamelon, mais à quelque distance il produira, par ses feux plongeants ou *fichants*, un grand effet sur la queue des colonnes d'attaque

ou sur la seconde ligne de l'ennemi. On a souvent éprouvé dans les batailles le grand avantage des batteries placées sur des hauteurs ; il est presque impossible que l'ennemi réponde à ce canon couvert par le terrain, ne se montrant qu'autant qu'il est nécessaire pour faire feu, et se tenant toujours caché dans les moments d'inaction. Ces hauteurs, pourvu qu'elles soient bien prononcées, permettent de doubler les lignes de feu sans s'exposer doublement au feu de l'ennemi ; il n'en serait plus de même si le mamelon était assez bas pour que les boulets qui manqueraient la ligne de bataille déployée à son pied pussent atteindre les pièces placées sur le sommet ; ce doublement de feux sur un même terrain serait alors une faute, ce serait offrir deux buts à un même coup.

144. Quelquefois, dans les pays de montagnes, on a à construire des parapets sur des pentes assez roides pour qu'il soit impossible de leur donner un fossé (fig. 38) : on prend alors les terres en arrière, et l'on forme en déblai une espèce de terre-plein. Pour proportionner dans ce cas le déblai au remblai, il faut avoir une grande habitude de ces sortes de choses ; un novice serait assez embarrassé quand il verrait dans un mamelon escarpé le bloc dans lequel il doit, pour ainsi dire, sculpter son ouvrage. La fig. 38ᵉ représente un parapet ainsi coupé sur une pente rapide ; les terres en arrière sont taillées sous le talus du tiers, toujours dans la supposition que l'ouvrage ne doive pas subsister longtemps, car, dans le cas contraire, ce talus devrait être comme tous les autres à 45°.

Ces parapets sans fossé ne vaudraient rien isolés, parce qu'ils ne peuvent pas se défendre eux-mêmes ; il faut de toute nécessité les flanquer par des dispositions latérales.

En voilà assez pour montrer quelles modifications notables les inégalités du terrain sur lequel les ouvrages sont assis peuvent apporter à la forme ordinaire des ouvrages.

SECTION SECONDE.

Du Défilement.

145. Les hauteurs environnantes ne contribuent pas moins à modifier le tracé et le relief des ouvrages que les irrégularités du terrain sur lequel ils sont construits.

L'opération du *défilement*, par laquelle on préserve un retranchement des vues et des coups des hauteurs voisines, n'est jamais, quelque parfaite qu'on la suppose, qu'un palliatif contre un défaut qu'il faut éviter autant qu'il est possible, celui de se placer sous le commandement de l'ennemi. Un ouvrage de circonstance péniblement défilé indique toujours qu'il est construit dans une mauvaise position. Il faut donc donner une grande attention au choix de son emplacement, et quand on ne peut faire autrement que de l'établir sous des hauteurs dont il faut le défiler, le choix du tracé et le gisement de l'ouvrage sont les choses auxquelles on doit principalement s'attacher. Ainsi, entre tous les tracés que l'on peut employer, il en est qui se prêtent davantage au défilement; et lorsqu'on a fait son choix, il faut encore, parmi toutes les directions qu'on peut donner à ce même tracé, savoir trouver la plus avantageuse.

146. Quand un ouvrage se trouve en face d'une hauteur, on a d'autant plus de peine à le défiler, qu'il a plus de profondeur; il convient donc de lui donner une forme épatée, et de présenter à la hauteur la face la plus considérable de l'ouvrage. S'il s'agissait, par exemple, d'une redoute rectangulaire, nous tracerions le plus long côté parallèlement à la hauteur, et l'autre serait par conséquent dirigé sur elle.

On est encore impérieusement conduit à cette disposition par la nécessité de faire éviter les hauteurs aux prolongements des faces principales, afin que l'ennemi, maître de ces hauteurs, n'en puisse pas profiter pour employer le redoutable ricochet ou le tir d'enfilade, non moins à craindre.

147. Ainsi donc la première chose à observer dans l'établissement d'un ouvrage quelconque, est qu'aucune de ses faces ne soit enfilée par les hauteurs voisines; nous en ferons même l'objet d'une cinquième règle non moins importante à observer que les quatre premières, et qui, conjointement avec elles, empêchera de tomber dans de graves erreurs quand on cherchera à appliquer la fortification au terrain. Ces cinq règles réunies, si faciles à se rappeler, suffiront toujours pour conduire l'officier dans le tracé de tous les ouvrages de guerre.

Pour ce qui tient à l'exécution, il faut avoir un peu d'habitude, et avoir suivi quelques travaux de ce genre. Quelque habile qu'on puisse être en théorie, on se trouve toujours embarrassé quand on la met en application pour la première fois; mais cette hésitation cesse, et un homme intelligent s'est bientôt mis au fait de tous les détails de construction, et de la manière de conduire les ouvriers.

Voici la cinquième et dernière règle.

CINQUIÈME RÈGLE.

Les faces principales des ouvrages doivent éviter les hauteurs, se diriger sur les vallons, et de préférence sur les parties inabordables au canon.

Il ne sera pas toujours possible que toutes les faces évitent également bien les hauteurs dominantes, quelques-unes seront peut-être encore *écharpées*, c'est-à-dire battues par des coups dont la direction ferait avec elles un angle de 25 à 30°. Ces coups d'écharpe sont extrêmement inquiétants, quoiqu'ils ne soient pas aussi dangereux que les coups d'enfilade ; il faut, pour les éviter, ne pas craindre de changer plusieurs fois les directions de ses principales lignes, de recommencer son tracé à plusieurs reprises, pourvu toutefois que les ouvriers ne soient pas présents ; car il vaut mieux laisser une imperfection que de montrer trop d'incertitude et d'hésitation. Il n'y a rien qui prive davantage un officier de la confiance des soldats, que de montrer peu d'assurance et d'avoir l'air de marcher à tâtons.

148. Les ouvrages ouverts à la gorge, tels que les lunettes, sont les plus faciles à défiler ; dans les autres, il faut presque toujours, pour parvenir à couvrir leur intérieur des vues du dehors, construire des traverses. Cependant les ouvrages ouverts à la gorge devant être soutenus en arrière par des troupes, ou devant couvrir des ponts de communication, des digues, des écluses, etc., il faudrait qu'ils défilassent ces ponts, ces digues, etc. ; quelquefois un défilement aussi étendu devient totalement impossible. Il suit de là que les ouvrages fermés, quoique plus difficiles à défiler individuellement, peuvent néanmoins être plus rapprochés des hauteurs que les autres, dans le cas où ceux-ci ont à préserver autre chose que leur terre-plein.

Si les hauteurs environnantes ne sont qu'à 300 mètres de distance, il faut se défiler des coups de mousqueterie, car la grande portée du fusil de munition est de 300 mètres. Au delà, on ne se défile plus que du canon, et cela jusqu'à la distance de 1200 à 1500 mètres ; de plus loin, les coups de cette arme sont trop incertains pour être à craindre. Il y a donc deux cas à considérer ; celui où l'on doit se défiler de la mousqueterie, et celui où les hauteurs sont assez éloignées pour n'avoir à craindre que le feu du canon.

149. Soit donc d'abord une hauteur éloignée de plus de 300 mètres, il ne faudra se défiler que du canon.

Le *plan de défilement* AC (fig. 39), c'est-à-dire le plan dans lequel doit se trouver la crête du parapet, devra passer à 1^m,20 au-dessus de la hauteur, parce que c'est là à peu près l'élévation d'une pièce de campagne au-dessus de sa plate-forme ; et le même plan de défilement doit s'élever de 2^m,50 au-dessus du point B, projection du point le plus en arrière de l'ouvrage qu'il s'agit de défiler.

Le plan DH, tangent au terrain, et parallèle au plan de défilement, se nomme le *plan de site*. On voit que ce plan doit couper la verticale AB, à la hauteur de 1^m,30 au-dessus du terrain. Cette hauteur déterminée, il suffira, pour trouver le plan de site, de faire passer un plan par la ligne de gorge ainsi élevée, et assujettir ce plan à toucher le terrain dominant ; ce que l'on fera de la manière suivante qui est générale, quoique nous ne l'appliquions qu'à la lunette comme exemple.

150. Après avoir planté des perches à tous les angles de la lunette (fig. 40), et tendu le cordeau *mn* à 1^m,30 au-dessus de la projection de la gorge, on placera entre deux tringles, à quelques pas en arrière, une règle *ab*, de manière qu'en la *dégauchissant* avec *mn* (ce qui se fait aisément, en faisant monter ou descendre la règle *ab*),

le plan de ces deux droites aille toucher les hauteurs ; ce sera le plan de site. Alors le rayon visuel OH , mené dans ce plan, par la perche du saillant et par l'œil de l'observateur, placé en un point quelconque de *ab*, coupe cette perche en C, et en détermine la longueur. On fixe de même, par le moyen du rayon visuel OD, situé aussi dans le plan de site, le point D marquant le relief de l'angle d'épaule ; et ainsi de suite pour tous les angles de l'ouvrage. Il ne reste plus maintenant qu'à porter au-dessus de tous ces points ainsi déterminés la hauteur constante 1^m,20, pour avoir la longueur des perches jusqu'au plan de défilement ; car il doit y avoir 1^m,20 de distance entre le plan de site et le plan de défilement. On scie les perches à la hauteur trouvée, et le relief de l'ouvrage est fixé ; relief qui ne peut être admis qu'autant qu'il ne dépasse pas la limite de 4 mètres, fixée pour le relief des fortifications de campagne.

151. On a un premier moyen de diminuer le relief quand il dépasse la limite, c'est de baisser de 0^m,50 la ligne *mn* ; car si nous avons supposé 2^m,50 de relief à notre ouvrage vers la gorge, c'est pour faire le mieux possible, et cela n'empêche pas qu'on ne soit encore bien défilé avec un relief de deux mètres vers cette même gorge. Si ce premier moyen de réduction ne suffit pas , il faut avoir recours aux traverses, qui, diminuant la profondeur de l'espace que le parapet doit couvrir, permettent de faire celui-ci plus bas, et d'autant plus bas que les traverses s'en approchent davantage. Nous verrons bientôt comment se construisent ces traverses de défilement.

152. Quand les hauteurs dont il faut se défiler sont assez rapprochées pour qu'il soit nécessaire de se couvrir des feux de mousqueterie, le plan de site doit passer par le pied B (fig. 41), des jalons plantés à la gorge de l'ouvrage, puisque la hauteur CH, à laquelle un cavalier peut s'élever, est de $2^m,50$, aussi bien que la hauteur AB du parapet à la gorge.

Le plan de site allant ainsi de B en H serait très-difficile à déterminer par les procédés que nous avons indiqués dans le numéro précédent, parce que l'opérateur se trouverait dans une position trop gênée. On remédie à cet inconvénient en faisant passer le plan de site, par le point D, situé à $0^m,50$ au-dessus du terrain vers la gorge; cela procure la facilité de placer l'œil pour opérer. Alors, au lieu de relever uniformément de 2 mètres les points d'intersection du plan de site avec les perches des angles, pour avoir le plan de défilement, on pourra ajouter quelque chose à la perche du saillant. Il suffira d'une augmentation de 15 à 20 centimètres pour assurer un bon défilement.

153. Si l'on pouvait avoir une planchette, les opérations du défilement seraient beaucoup plus simples, parce qu'à l'aide de cette planchette on établirait le plan de site avec la plus grande facilité. Sa surface supérieure, dirigée tangentiellement aux hauteurs, représenterait le plan de site, et les intersections de cette surface prolongée, avec les différentes perches, en feraient connaître les longueurs.

A la guerre, on fait presque toujours le défilement d'une manière plus expéditive, mais beaucoup moins sûre. On se place dans l'intérieur du retranchement, et l'on fixe la longueur des perches plantées aux angles, de manière à ce qu'elles dépassent à l'œil la hauteur dominante. Il est évident qu'alors on pourrait bien, quoique défilé de la hauteur, ne pas l'être des fantassins ou des cavaliers qui monteraient dessus. Au reste, l'habitude dirige le coup d'œil, et l'on supplée au défaut de relief par une augmentation donnée à vue.

154. Il peut arriver qu'on ait à se défiler de deux hauteurs également dangereuses. Alors le plan de site, devant être tangent à la fois aux deux hauteurs, ne pourra plus passer par une droite vers la gorge, mais seulement par un point de cette gorge, par exemple le point milieu, point qui sera élevé au-dessus du terrain de $1^m,30$ quand il s'agira de se défiler de l'artillerie, et de $0^m,50$ quand ce sera de la mousqueterie.

Soient donc M et N (fig. 42) deux hauteurs dont il faut se défiler pour l'artillerie.

Au milieu de la gorge de l'ouvrage, ou au point le plus éloigné des hauteurs, on plantera un piquet auquel on donnera, hors de terre, une longueur de $1^m,30$. A quelque distance de là on fera glisser une règle AB le long de deux tringles verticales AD et BE, et l'on inclinera la règle transversale, jusqu'à ce que, vue du point O, extrémité du piquet, elle paraisse toucher à la fois les hauteurs M et N; on la fixera dans cette position, et le plan qu'elle déterminera conjointement avec le point O sera le plan de site. Ce plan, ainsi arrêté, fera connaître, par ses intersections avec les perches plantées aux angles, le relief de l'ouvrage à ces angles. Bien entendu que ce relief, ainsi donné par le plan de site, sera augmenté de $1^m,20$ pour avoir celui qui convient au plan de défilement.

A défaut de la règle AB, on pourra employer un cordeau, que l'on fera tenir bien tendu par les deux hommes qui doivent le faire glisser le long des perches AD, BE.

155. Il arrive souvent que, dans le cas que nous ve-

nous d'examiner, un seul plan de défilement donne à l'ouvrage un relief trop considérable. Il faut alors briser ce plan, et ne défiler de la hauteur **M** que la partie gauche de l'ouvrage, et de la hauteur **N** que la partie droite. Mais avec ce procédé, la partie droite est vue à dos, d'enfilade ou d'écharpe, par la hauteur **M**; et la partie gauche est vue de même par la hauteur **N**; en sorte qu'il faut élever une traverse dans le retranchement, pour masquer ces vues et préserver les défenseurs de ces coups à dos, les plus terribles de tous.

On donne à la traverse, qui est ordinairement en capitale, une hauteur suffisante pour que les hommes debout sur la banquette soient garantis de toute espèce d'atteinte, des coups qui pourraient partir des hauteurs latérales; et sous ce point de vue, un ouvrage défilé a de l'avantage sur celui qui est en plaine; car, dans ce dernier, dès qu'on monte sur les banquettes, on peut être pris d'écharpe ou à dos dans quelques parties du retranchement, à moins qu'on ne donne au parapet une hauteur assez grande pour que les coups partant de la plaine soient tellement relevés, qu'ils passent par-dessus la tête des défenseurs de la face opposée. La hauteur nécessaire pour atteindre ce but serait d'autant plus grande que l'ouvrage serait plus étroit.

L'épaisseur de la traverse au sommet sera au moins de 2 mètres, si elle doit résister à du canon. Ses talus seront à 45°, à moins qu'on ne les revêtisse de fascines ou de gabions.

Lorsque l'ouvrage a plus de deux faces, et qu'il est entouré de hauteurs, il faut quelquefois autant de plans de défilement que de faces; et alors les traverses se multiplient, ce qui est un grand inconvénient et le signe certain d'une mauvaise position.

156. Un ouvrage fermé, construit dans une plaine, au pied d'une hauteur, exige toujours une traverse pour être garanti des coups de *revers* ou à dos, qui viendraient de la plaine. En sorte que la plaine est, pour un retranchement construit sur la pente d'une colline ou à son pied, aussi dangereuse que serait à craindre la colline pour le même retranchement, s'il était construit dans la plaine.

Choisissons cet exemple pour la détermination du relief d'une traverse.

157. La manière la plus simple de déterminer une traverse est de se donner sa position *à priori*, et de fixer son relief de telle sorte que les hommes placés sur les banquettes à droite et à gauche soient défilés des coups à dos. On donne en même temps aux parapets une hauteur suffisante, pour que leurs plans de défilement passent à 2^m,50, ou au moins à 2 mètres au-dessus du terrain, vers le milieu du profil de la traverse.

Soient donc AB (fig. 43) l'axe d'une traverse, CD et EF les deux parapets opposés d'une redoute qu'il faut défiler de la mousqueterie.

Du côté de la plaine, le parapet EF aura naturellement la hauteur de 2^m,50 ; mais de l'autre côté, le relief du parapet CD se déterminera par le procédé du n° **150**, de manière qu'on soit défilé vers l'axe AB de la traverse, à une hauteur de 2^m,50.

Après cela on déterminera les deux lignes de tir PC′ et et ME′, de manière à ce qu'elles soient dirigées à 0^m,50 au-dessus des parapets DC et FE, hauteur nécessaire pour que la ligne de tir passe au-dessus de la tête du défenseur. Celle de ces deux lignes qui coupera plus haut l'axe AB déterminera la hauteur de la traverse.

Pour construire la première des deux lignes PC′ et

ME′, on plantera au point L, dans la plaine, à la distance de 300 mètres, un jalon de 2^m,50 de longueur, et l'on prolongera la tringle DC du profil du parapet, d'une quantité CC′ égale à 0^m,50. Le rayon visuel passant par les extrémités P et C′ de ce jalon et de cette tringle, sera la ligne de tir cherchée, et l'on verra par un simple alignement à quelle hauteur elle coupe la ligne AB.

Pour l'autre, il faudra par un point F′, élevé au-dessus de F de 0^m,50, mener une tangente F′K à la hauteur K, en son point le plus élevé; et le point B′, où cette droite (ou pour mieux dire le rayon visuel F′K) coupera l'axe AB, étant relevé de 2^m,50 fera connaître la hauteur de la traverse relative à cette seconde ligne.

Le relief de la traverse étant ainsi trouvé en un point vers la partie la plus large de l'ouvrage, dans le sens DBF, et son commandement sur les parapets étant connu pour ce point, on le lui conserve dans toute son étendue; ce qui, à la rigueur, ne serait pas nécessaire, parce que vers les parties plus étroites la traverse peut s'abaisser un peu; mais il n'y a jamais de mal à être défilé, même avec excès.

158. Ces constructions, quoique très-simples, exigent cependant assez de temps pour être bien faites; et très-souvent on a à peine celui de faire un défilement ordinaire d'une manière un peu exacte; il faut alors que le coup d'œil supplée les opérations rigoureuses, et l'on pourra presque toujours se contenter de donner à la traverse un mètre de plus en relief qu'aux parapets, et regarder l'ouvrage comme défilé par cet exhaussement.

Il faut avoir soin de prolonger la traverse jusque sur le parapet, pour qu'elle remplisse bien son objet, celui de préserver des vues et des coups du dehors.

On pratique dans la traverse des passages couverts pour communiquer d'une partie de l'ouvrage à l'autre, et quelquefois on utilise sa masse pour en faire des logements et des réduits de sûreté.

159. On pourrait éviter la traverse dans le cas où la hauteur, n'étant pas très-considérable, permettrait de comprendre sous un même plan de défilement tout l'espace KL. Il est évident qu'alors, ce plan passant à $2^m,50$ au-dessus du point L, on ne pourra pas, de ce point, voir dans l'ouvrage ; mais il sera bien rare qu'un pareil plan donne des reliefs admissibles ; aussi faut-il presque toujours se décider à construire une traverse, et poser en thèse générale qu'un ouvrage construit en face de deux hauteurs bien prononcées, ou dans la plaine au pied d'une colline, doit être pourvu d'une traverse intérieure.

160. La traverse dans une redoute quadrangulaire doit être mise en diagonale, afin qu'ayant le plus de longueur possible, elle couvre un grand espace ; de plus, elle doit être dirigée parallèlement à la hauteur, et la redoute présenter en conséquence un de ses angles à cette hauteur, afin que les faces convenablement ouvertes évitent l'enfilade, et que l'ennemi ne puisse pas, en s'avançant vers la droite ou vers la gauche, prendre en écharpe et de revers les deux faces opposées. On n'atteindrait pas ce but si l'on faisait la traverse parallèle à un des côtés, parce que l'ennemi, en gagnant sur la droite ou sur la gauche, la longueur du côté de la redoute, commencerait à éluder la traverse, et à découvrir les défenseurs des faces opposées.

CHAPITRE SIXIÈME.

Attaque et défense des retranchements.

---

161. Après avoir fait connaître le tracé et le relief des différents ouvrages usités à la guerre, indiqué les moyens d'accroître leur force intrinsèque, et donné un aperçu des procédés à suivre pour les garantir des vues et des coups du dehors, il nous reste à les mettre en action, à développer la marche de l'ennemi dans l'attaque, et les moyens que les défenseurs doivent mettre en œuvre pour tirer tout le parti possible des retranchements et des obstacles multipliés sur la route de l'aissaillant.

§ 1er.

Attaque d'une redoute.

162. Si la redoute que l'on veut prendre est de peu d'importance, si elle ne renferme point d'artillerie, on marche sans préambule à son attaque.

Les voltigeurs l'enveloppent ; ils dirigent sur la crête du parapet une grêle de coups bien ajustés, pour empêcher les défenseurs de se montrer, ou du moins pour les forcer à tirer avec précipitation et sans justesse. Ils s'approchent petit à petit en se couvrant de tous les accidents que le terrain peut leur offrir ; ils grimpent sur les arbres

que l'ennemi a eu la maladresse de laisser sur pied , et de
là, plongeant dans l'ouvrage, ils peuvent choisir leurs victimes , adresser leurs coups aux officiers et de préférence
à celui qui leur paraîtra le chef.

Les feux convergents des voltigeurs, labourant les parapets dans tous les sens, leur donneront une telle supériorité, qu'ils arriveront sans peine jusqu'aux obstacles en
avant de la contrescarpe , ou jusqu'à cette contrescarpe,
si rien ne la couvre et ne la protége. Dans ce dernier cas,
ils doivent sans délibérer sauter dans le fossé et se préparer à l'assaut. Une partie reste toutefois sur la contrescarpe pour continuer le feu contre quiconque oserait se
présenter sur le parapet.

Il faut avoir bien soin de donner aux feux une direction
telle , que les balles qui manquent leur but n'aillent pas
atteindre ceux des voltigeurs qui se trouvent de l'autre
côté.

Quand les troupes ont repris haleine au fond du fossé,
elles donnent l'assaut ; et pour cela les voltigeurs se soulèvent les uns les autres pour arriver sur la berme ; et de
là, par un nouvel effort, tous ensemble gravissent le talus
extérieur , arrivent sur la plongée , font une décharge à
bout portant, sautent dans l'ouvrage, poursuivent les défenseurs la baïonnette dans les reins , et les forcent à se
rendre.

163. La redoute que nos troupes légères viennent de
prendre était de peu d'importance et faiblement fortifiée ;
si, au contraire, c'eût été une grande redoute ou un fortin
pourvu d'un réduit intérieur, armé de canons, défendu par
des abatis, des trous de loup, etc., et muni enfin d'une
fraise, d'une palissade, fortin sans doute destiné à défendre longtemps quelque poste important, si , dis-je , il eût

été question de s'emparer d'un pareil ouvrage, nos dispositions d'attaque eussent été différentes.

Il faut d'abord en arrivant en faire la reconnaissance, pour savoir au juste la nature des obstacles qu'on aura à rencontrer, connaitre le nombre des bouches à feu et leur emplacement, s'assurer de l'existence d'un réduit ; et surtout pour prendre un idée bien nette du terrain environnant, afin que pendant la nuit toutes les dispositions d'attaque puissent être faites et toutes les mesures prises pour assurer le succès.

164. On connaît donc quels sont les emplacements favorables aux batteries d'enfilade, quels sont ceux qui conviennent aux batteries directes. On prépare les unes et les autres pendant la nuit. Quelques pièces seront spécialement dirigées vers la porte du fortin, pour ôter à l'ennemi tout espoir d'en sortir et de s'échapper en faisant une trouée.

Avec l'aurore le feu commence. Les batteries d'enfilade, armées d'obusiers, tirent à petites charges, labourent les parapets dans toute leur longueur, brisent les fraises, endommagent les abatis, prennent les pièces en rouages, et inondent d'obus les terre-pleins. Les batteries directes, armées de canons, foudroient, pulvérisent les embrasures, démontent les pièces, et mettent la plupart des canonniers hors de combat.

Quand cette artillerie supérieure a fait taire celle de l'ouvrage, les voltigeurs prennent leur essor ; ils accourent, enveloppent l'ouvrage, le couvrent de leurs feux croisés. D'abord ils n'occupaient que les intervalles des batteries et n'en empêchaient pas le feu ; maintenant qu'ils serrent l'ouvrage de plus près, l'artillerie doit se taire, son feu ne serait pas sans danger pour eux. Cependant les troupes de ligne , formées en autant de colonnes qu'il y a de saillants à attaquer, commencent à s'ébranler et à franchir les rideaux qui les couvraient; les tambours battent la charge; la terre tremble sous les pas de ces guerriers serrés en masse et impatients de joindre l'ennemi ; ils arrivent bientôt vers les abatis qui les forcent de s'arrêter jusqu'à ce que les sapeurs, armés de haches et qui marchent à leur tête, aient rompu cette barrière.

Pendant cette halte forcée, les bataillons, l'arme au bras, essuient tout le feu de l'ouvrage et n'y peuvent répondre ; les voltigeurs doivent donc nourrir leur feu et redoubler d'activité.

La barrière est rompue ; les colonnes poussent en avant et se serrent toujours davantage ; les premiers hommes jettent des madriers sur les trous de loup, et ces bois, qui jusqu'alors leur ont servi de boucliers, leur aplanissent maintenant la route et hâtent l'instant désiré du combat corps à corps. Le fossé, bien qu'il ait quelque profondeur, n'arrête pas des grenadiers ; ils se laissent glisser jusqu'au fond, renversent les palissades s'il y en a, se rallient, reprennent haleine et donnent enfin l'assaut : les embrasures sont les routes qu'ils choisissent; les nombreuses brèches faites à la fraise par le canon sont pour eux autant de portes ouvertes; c'est à qui aura l'honneur d'arriver le premier; un grand nombre expirent victimes de leur ardeur, mais ceux qui restent brûlent de les venger. Enfin, après une lutte plus ou moins prolongée, on voit flotter le drapeau de l'assaillant sur la partie la plus élevée du retranchement.

Les défenseurs, vaincus par le nombre, ont dû cesser leur résistance; ils se sont retirés dans leur réduit pour y demander une capitulation ; le vainqueur généreux ne la refuse pas ; il sait apprécier une belle défense, et loin de maltraiter un ennemi qu'il estime, il lui accorde des conditions, lui tend une main secourable, lui prodigue ses soins et le console par des éloges.

§ II.

Défense d'une Redoute.

165. Le rôle du défenseur est infiniment plus difficile et plus périlleux que celui de l'attaquant; mais aussi que de gloire pour celui dont l'intrépide cœur n'a point connu la faiblesse, et qui, pénétré du feu sacré, a, par une résistance poussée à l'extrême, sauvé l'armée dont il fait partie! Le Léonidas français, le brave Schwardin, a succombé dans la défense du poste périlleux qui lui était confié! Mais quel est le guerrier qui n'envie son sort, et qui ne se sente ému à ces paroles: «*Oui, mon Général,*» unique réponse à l'ordre qui lui était donné de se faire tuer pour sauver l'armée? Il a péri! mais il a laissé un grand exemple à suivre, et son trépas lui a valu l'immortalité.

166. L'officier qui reçoit l'honneur de défendre un poste important, et de le défendre à outrance, ne doit rien négliger pour enflammer les braves qui lui sont confiés et qui vont partager avec lui les dangers d'une résistance héroïque, et les palmes qui l'attendent s'il a le bonheur de repousser ou d'arrêter l'ennemi, jusqu'à ce que, délivré, il soit reconduit en triomphe auprès du général dont il a su justifier la confiance.

Il emploiera donc son activité à mettre toutes choses dans le meilleur état; il fera doubler, tripler la ligne d'abatis, s'il lui est possible; il fera remplir des sacs à terre pour en couronner le parapet, et pouvoir, par les intervalves qu'ils laissent entre eux , tirer sur l'ennemi avec plus de sûreté ; il pensera aux subsistances ; s'il n'a pas de grenades pour la défense du fossé, il s'approvisionnera de gros cailloux ; il s'assurera par lui-même si chacun a ses armes en bon état. Mais, par-dessus tout, le défenseur d'une redoute doit s'attacher à fortifier le moral de ses soldats par sa contenance assurée, par sa gaîté et par tous les exemples heureux que sa mémoire lui peut offrir. Il s'approche des plus tièdes et leur communique une étincelle du feu dont il est pénétré. C'est en rappelant aux braves leur conduite passée ; c'est en exaltant leurs prouesses ; c'est en agitant les lauriers dont leurs fronts sont ombragés ; c'est en frappant leurs oreilles des grands noms de gloire et de patrie, qu'il les rend supérieurs à eux-mêmes, et qu'il en fait autant de héros inaccessibles à la crainte, que l'ennemi pourra vaincre, mais qu'il ne pourra forcer à se rendre.

167. L'heure de l'épreuve va sonner : déjà quelques éclaireurs de l'ennemi se sont montrés , déjà des groupes se forment sur les hauteurs d'alentour, et bientôt une épaisse poussière, qui s'élève en tourbillons et s'approche en suivant les sinuosités de la route, vomit dans la plaine les nombreux assaillants qu'elle enveloppe.

Il faut, dans ce premier moment, faire usage du canon, en le dirigeant sur les masses et sur les points où l'ennemi paraît faire ses dispositions d'artillerie. Si quelque imprudent s'approche de trop près, on le saluera de la mousqueterie et de dix coups plutôt que d'un.

Les premières dispositions de l'ennemi le mènent ordinairement jusqu'au soir, et l'attaque est remise au lendemain. La nuit sera donc mise à profit pour perfectionner les travaux défensifs de l'intérieur, pour élever des traverses, s'il n'en existait pas déjà, derrière lesquelles on puisse se mettre à l'abri des éclats de l'obus et des coups de boulets.

168. Au point du jour, et aussitôt que l'ennemi commence son feu, on essaie de lui répondre ; mais si l'on s'aperçoit qu'au lieu de ricocher les talus extérieurs il cherche à démonter les pièces, on les retire, à moins qu'elles ne soient bien couvertes par de bonnes traverses, auquel cas on peut continuer la lutte.

Ce combat d'artillerie ne sera pas très-long ; l'ennemi, impatient de renverser l'obstacle qui arrête sa marche, envoie ses tirailleurs. On les tient d'abord éloignés par quelques coups de mitraille ; mais quand ils sont assez approchés pour inquiéter sérieusement les canonniers, ceux-ci doivent se retirer en lieu de sûreté. C'est le moment où les fusiliers se préparent à monter sur les banquettes pour entrer en action ; il règne pendant quelques instants une espèce de calme qui permet aux voltigeurs ennemis de s'approcher jusqu'aux abatis ; alors le feu de mousqueterie commence ; une grêle de coups tombent sur les premiers qui se hasardent à franchir l'obstacle ; un grand nombre mordent la poussière, les autres se retirent, et ce premier succès enhardit les défenseurs.

Mais le chef fait retirer les soldats dans le terre-plein, ménageant leurs forces pour une lutte plus terrible ; lui seul reste sur les banquettes, et examine de sang-froid ce qui se passe ; il voit les masses qui s'ébranlent, et il donne l'ordre de les foudroyer ; le moment est venu où les artilleurs vont se dévouer ; le feu ne cessera qu'avec la prise de l'ouvrage, ou après l'expulsion de l'ennemi.

Ces masses formidables, semblables au nuage qui porte la tempête, s'avancent et menacent ; une nuée de tirailleurs les accompagne ; déjà elles touchent aux abatis , et la hache va leur frayer un chemin. Tout le monde se lève alors, et le feu recommence ; il roule sans discontinuité, et n'est interrompu qu'aux moments où l'ennemi , fatigué de ses efforts, se retire pour respirer ; et chaque fois qu'il touche à notre premier boulevard , nos coups redoublés l'atteignent et le moissonnent. Nous avons sur lui la supériorité du feu, et nous en profitons : ses pertes sont énormes ; cependant il remplace les blessés par des troupes fraîches ; et comme s'il renaissait de ses cendres, il présente toujours des rangs serrés et des forces imposantes.

Nos moyens extérieurs de défense cèdent enfin aux efforts de l'ennemi ; nous l'entendons hurler dans le fossé ; déjà il nous menace de ses fureurs. C'en serait fait de nous si nous hésitions ; mais nous avons à peine rempli la moitié de notre tâche , et il nous reste encore les plus grandes espérances. Les uns jettent des grenades dans le fossé, les autres soulèvent avec effort les pierres les plus lourdes, les poussent, et de leurs poids écrasent les assaillants ; d'autres enfin s'élancent sur le parapet et commencent le combat corps à corps. Tout nous favorise dans cette lutte inégale ; nous attendons de pied ferme nos adversaires, et pendant qu'avec peine ils gravissent le talus sous le poids de leurs armes, d'un coup nous les abattons, et leur chute entraîne celle de ceux qui suivent. Nos parapets dégagés, nous faisons pour la seconde fois rouler les rochers et les grenades ; les fossés se remplissent de cadavres ; l'assaillant se décourage , il hésite, il va fuir ; l'espérance nous anime, la joie redouble notre ardeur, et nos derniers coups accompagnent les derniers ennemis. Des actions de grâces, des chants de triomphe signalent notre délivrance ; nous réparons les brèches ; nous donnons quelques larmes à ceux de nos compagnons qui ont payé leur tribut à la patrie, et nous ne tardons pas à voir paraître les bataillons qui accourent nous secourir.

169. Il faut le dire, le résultat d'une défense est rarement aussi satisfaisant ; presque toujours, après une résistance plus ou moins prolongée, il faut capituler. Cela provient, ou de ce que l'ouvrage n'est pas bien conditionné, ou de ce que le chef est privé du feu sacré , ou enfin de ce que les moyens de défense ont été mal employés. Peut-être que, prodigués dès le début, ils sont restés insuffisants pour le moment de crise ; peut-être ne s'est-on point avisé de combattre sur le parapet, et pour moins s'exposer s'est-on tenu sous son abri. Il est clair qu'alors il a fallu se retirer dans le dernier réduit à l'instant où l'ennemi, se montrant d'en haut, a menacé de la terrible baïonnette, et qu'il n'est plus resté d'autre ressource que celle d'une prompte reddition.

Toute espèce de troupe n'est pas capable d'une défense pareille à celle que je viens de crayonner. Il n'y a que des hommes animés par de nobles passions ; il n'y a que des soldats-citoyens combattant pour leurs foyers ; il n'y a que des guerriers pleins de confiance dans leur chef et pénétrés de leur devoir, qui puissent s'inscrire d'une manière aussi glorieuse dans les fastes de l'histoire.

§ III.

Attaque et défense des Lignes.

170. C'est aux généraux qui ont souvent conduit leurs armées à la victoire qu'il appartient de décrire les moyens d'attaque et de défense pour les lignes de frontières et pour celles de bataille ; eux seuls peuvent donner des préceptes sur ces grandes opérations. C'est en lisant leurs ouvrages fruits de leur repos, qu'on apprendra avec quelle facilité on peut, en trompant son ennemi, forcer une ligne d'un grand développement, et combien, au contraire, il y a de difficulté à vaincre pour emporter une position retranchée, quand l'ennemi la défend par le choc de ses masses. On y verra que c'est en se plaçant à distance, en arrière des lignes de frontière, que l'on peut en tirer quelque parti, et que celles à intervalles ne procurent de si grands avantages sur un champ de bataille que par la facilité qu'elles laissent à l'armée d'opérer elle-même contre l'ennemi et de l'attaquer pour se défendre.

Revenons, après cette esquisse des moyens d'attaque et de défense, aux travaux de guerre qu'il nous reste encore à décrire.

CHAPITRE SEPTIÈME.

Défense des cours d'eau.

SECTION PREMIÈRE.

DES TÊTES DE PONT ET DE L'OBSERVATION DES RIVES.

Des Têtes de pont.

171. Les fleuves et les rivières jouent un très-grand rôle dans l'attaque et dans la défense; il faut donc faire connaître le parti qu'on peut en tirer sous ce double point de vue.

Les fleuves sont également favorables aux deux armées en présence; car si, comme ligne de défense, ils empêchent l'ennemi de vous atteindre, ils vous mettent également hors d'état de saisir l'à-propos pour le joindre; et s'ils assurent toutes les opérations que vous pouvez faire sur une rive, ils couvrent également tous les mouvements de votre adversaire sur la rive opposée.

Cette réciprocité cessera si, après avoir établi des ponts sur le fleuve, on les couvre du côté de l'ennemi par des ouvrages qui en défendent les approches et permettent de passer de l'autre côté quand l'occasion est favorable. Ce seront des portes toujours ouvertes pour vous et toujours fermées pour l'ennemi.

Par cet artifice, le fleuve parallèle à la frontière est la

meilleure ligne que l'on connaisse, puisqu'il met à l'abri de toute insulte, en même temps qu'il donne la faculté de pénétrer dans le pays ennemi pour y faire toutes les opérations que nécessitent les circonstances, et présente, en cas de revers, une retraite assurée. Tout est alors à l'avantage de l'attaquant.

Les ouvrages construits en avant des ponts pour les couvrir et les défendre, forment par leur ensemble des *têtes de pont*, et leur disposition générale, ainsi que leur forme particulière, peuvent varier de mille manières différentes, suivant les localités.

172. Les tracés des têtes de pont qu'indiquent la plupart des auteurs de fortification sont vicieux, en ce que les ouvrages construits suivant ces tracés sont trop petits pour mettre les ponts à l'abri des coups de l'ennemi, ou que, s'ils les couvrent complétement, leur forme en ligne continue ordinairement bastionnée leur donne un développement si considérable, que leur garde ne peut être confiée qu'à une petite armée. Or, une tête de pont ne doit être gardée que par le plus petit nombre d'hommes possible, afin que les forces disponibles pour les batailles, qui, en dernier résultat, décident toujours du sort des Etats, soient plus imposantes.

D'après cela, il paraît naturel de construire la tête de pont (du moins quand il s'agit de protéger un passage important) en forme de ligne à intervalles, dans le genre de celle que nous avons décrite au n° 50; c'est-à-dire que, sur une circonférence de 1200 ou 1500 mètres de rayon, nous ferons un dispositif de lunettes ou bastions détachés, se flanquant mutuellement, et que nous construirons en arrière et immédiatement sur le débouché des ponts, un ouvrage central, espèce de réduit destiné à battre les intervalles des ouvrages en avant, à défendre leurs gorges, et à présenter un lieu de sûreté aux garnisons de ces ouvrages, quand l'ennemi parviendrait à les forcer.

173. Par cette disposition, qui a été suivie en 1831 dans l'établissement de la tête de pont d'Arberg, le canon de l'ennemi sera tenu assez éloigné pour qu'on n'ait point à craindre la destruction des ponts.

Si la tête de pont est construite dans un rentrant de la rivière, on peut disposer en ligne droite, ou à peu près droite, les lunettes extérieures ; ce qui, comme nous l'avons déjà dit, augmente considérablement la valeur de la défense rapprochée, et diminue le développement.

Ajoutons que, dans ce cas, l'ouvrage central, le réduit de la tête de pont, peut très-facilement être flanqué latéralement par des batteries établies sur la rive opposée, ou dans les îles qui se trouvent très-fréquemment aux tournants des fleuves.

Toutes ces raisons réunies nous font voir que le meilleur emplacement pour une tête de pont est le rentrant du fleuve, ou le coude dont la concavité est du côté de l'ennemi.

174. Le fleuve, au lieu d'être parallèle à la frontière, peut lui être perpendiculaire. Il faut alors occuper les deux rives en construisant une double tête de pont, ce qui procure l'immense avantage de pouvoir faire face à l'ennemi, de quelque côté qu'il se présente, et de tenir toujours le fleuve entre les deux armées, en se conservant la faculté d'attaquer quand l'occasion est favorable, ou de temporiser si l'ennemi a des forces supérieures.

On a trop longtemps méconnu les avantages des fleuves perpendiculaires à la frontière, lorsqu'on s'est rendu maître de leur cours par de bonnes têtes de pont faisant face des deux côtés. La défense d'Ulm, en **1800**, par le général Kray contre Moreau, en a prouvé la bonté. Pendant **un** mois de manœuvres habiles et d'engagements sérieux, Moreau chercha en vain à débusquer son adversaire de la forte position qu'il occupait, d'où il pouvait à volonté accepter ou refuser le combat; il n'y parvint qu'en prenant le parti audacieux de passer le Danube au-dessous, pour couper la ligne d'opération de Kray et le séparer de ses magasins, au risque d'exposer sa propre ligne. C'est dans les combats qui furent livrés dans cette occasion que périt le fameux La Tour d'Auvergne, premier grenadier de France.

173. Les lunettes extérieures doivent contenir deux cents hommes environ, avoir leurs gorges défendues par une bonne palanque, et être pourvues intérieurement d'un petit réduit ou blokhaus en charpente. Ces lunettes, d'un relief bien prononcé, fraisées et palissadées, pourront être plus espacées que celles de la ligne à intervalles ordinaire, parce qu'étant plus solides, elles ont moins besoin d'une protection immédiate; on mettra 300 à 400 mètres de distance entre deux saillants : on peut même les écarter encore davantage, si l'on dispose des batteries dans les intervalles pour les flanquer. Il faut que les lunettes offrent ainsi le caractère de la fortification mixte, afin que l'ennemi ne puisse pas s'en emparer d'un coup de main, et soit forcé à déployer l'appareil d'un siége; sans cette condition, l'armée, qui se serait écoulée par les intervalles pour se dérober à la supériorité de l'ennemi, aurait dû passer outre pour aller occuper l'autre rive, et abandonner, en conséquence, à de faibles garnisons la défense des ouvrages extérieurs. Ces garnisons, trop faibles pour résister longtemps, devront bientôt songer à la retraite, si toutefois elle leur est encore possible : les débouchés ne seront donc plus couverts, et tous les avantages des têtes de pont disparaîtront ainsi à la première apparition de l'ennemi. Il est donc absolument nécessaire de donner aux ouvrages extérieurs toute la force dont ils sont susceptibles. Il faut qu'un corps d'armée puisse camper sous leur protection, pour arrêter la poursuite de troupes très-supérieures.

176. Quand la tête de pont n'est pas bien conditionnée, la retraite des corps qui la défendent devient difficile : voici comment elle doit s'opérer. Le corps d'armée qui abandonne le terrain à l'ennemi se partage, à l'approche du défilé, en autant de colonnes qu'il y a d'intervalles dans les retranchements ; chacune de ces colonnes prend sa direction vers l'un des intervalles, et y pénètre pour se déployer entre les lunettes par le *face en arrière en bataille* ; celles de ces colonnes qui ne trouveront pas de place pour le déploiement, soit en première, soit en seconde ligne, passeront immédiatement sur l'autre rive. Quand la queue des colonnes arrive, l'ennemi ne tarde pas à paraître ; les lunettes entrent en jeu jusqu'à ce que les déploiements soient achevés ; quand ils le sont, les garnisons évacuent les ouvrages avancés, s'écoulent par les intervalles des divisions, et l'infanterie déployée se trouve seule devant l'ennemi ; l'artillerie, moins quelques pièces, et la cavalerie, à l'exception de quelques escadrons, ont déjà passé les ponts. L'infanterie commence la retraite en échiquier, et la première ligne s'approche ainsi de la seconde, qui ne tarde pas à la remplacer. Cette première ligne, devenue seconde, commence à défiler en arrière par la droite et par la gauche, pendant que la seconde, devenue première, protége du mieux qu'elle peut ce mouvement dangereux :

enfin celle-ci, qui s'est aussi rapprochée des ponts par la retraite en échiquier, opère le passage du défilé en arrière par les deux ailes et par le centre.

Dès que le réduit central se trouve démasqué par ce mouvement, son feu commence et protége la retraite. Quand il ne reste plus que des ennemis sur le champ de bataille, la garnison du réduit se retire ; le vainqueur entre en tumulte dans l'ouvrage abandonné ; il court aux ponts pour s'en rendre maitre ; mais il est arrêté par les dernières palanques et par une ou deux compagnies de grenadiers qui se sont dévoués pour faire barrière jusqu'à ce que les ponts soient rompus. Quand leur tâche est remplie, ces braves se rendent à l'ennemi, comme ils en ont reçu l'ordre, ou se sauvent à la nage et dans les nacelles qu'on aura pu leur procurer.

177. Le réduit de la tête de pont ou l'ouvrage central est une partie importante qui ne doit point être négligée, puisqu'il couvre immédiatement le passage, et qu'il assure la retraite des derniers défenseurs des ouvrages avancés. Le réduit doit donc, aussi bien que les lunettes, être construit de manière à offrir la plus grande difficulté pour l'attaque : ce sera ordinairement un double ou triple front bastionné, dont les deux ailes seront défendues par des batteries construites en arrière sur la rive opposée. Les passages seront réservés sur ces ailes ; ils devront avoir une vingtaine de mètres en largeur, et être masqués intérieurement par des traverses.

Les réduits seront eux-mêmes pourvus d'autres réduits en charpente, construits immédiatement devant chacun des ponts, et dont nous avons vu plus haut l'utilité.

On doit avoir soin encore, en construisant une tête de pont, de disposer une ou deux batteries, à l'effet de rompre les ponts quand l'ennemi aura forcé inopinément l'ouvrage central, et n'aura pas donné le temps de les brûler ou de les couper à la hache.

La figure 44e représente l'ouvrage central ou le réduit d'une grande tête de pont, où toutes les circonstances que nous venons de développer se trouvent réunies.

178. Il arrivera quelquefois qu'on n'aura qu'un seul pont à couvrir, alors l'ouvrage central pourra avoir beaucoup moins d'étendue que le précédent, et n'être composé que d'un seul front bastionné avec de longues branches sur les côtés, ou bien ne présenter qu'un grand bonnet de prêtre, une grande lunette défendue par la rive opposée (fig. 45e). Ces deux dernières dispositions se font fréquemment dans la petite guerre ; c'est ce qui m'engage à en présenter les figures sous le même numéro, en indiquant la forme générale, sans entrer dans aucun détail relativement aux dimensions, parce que ces dimensions n'ont rien de fixe.

179. Voici l'exemple d'une tête de pont trop conforme aux règles prescrites ci-dessus pour ne pas le rapporter textuellement. « En 1812, les Russes construisirent à « Drissa, sur la Duna, une grande tête de pont ou camp « retranché. Il était situé sur la rive gauche de la Duna, « dans le coude que forme ce fleuve entre Drissa et Bred- « ziowo. Le développement de cet arc avait 3900 toises « sur une corde de 2600. Le front du camp était défendu « par dix redoutes disposées en ligne convexe de 3200 toi- « ses de développement, qui, par les deux ailes, s'appuyait « au fleuve. Dans les intervalles des redoutes on avait « établi des batteries ouvertes. Chaque redoute était cou- « verte par des retranchements rasants de 100 toises de

« longueur, et construits à 60 toises de son front (c'étaient
« sans doute des tranchées pour les tirailleurs). Devant la
« gauche de la ligne il y avait un bois marécageux dont
« l'ennemi aurait pu profiter ; on en fit abattre une partie,
« et l'on se servit des arbres coupés pour établir à 190 toi-
« ses en avant des redoutes 6, 7, 8 et 9, un abatis de
« plus de 1000 toises de long sur 60 de large. Afin
« d'augmenter encore la défense de cette partie, l'on con-
« struisit dans l'intervalle des redoutes 7 et 8 (qui pro-
« bablement étaient trop écartées) un grand ouvrage en
« forme de bastion, d'environ 140 toises de gorge, qui
« communiquait avec les redoutes par une espèce de cour-
« tine de 74 toises de long. Derrière le centre du bastion,
« et à une distance d'environ 100 toises, on avait élevé
« une nouvelle redoute. Cinq autres redoutes formaient la
« seconde ligne, éloignée d'environ 260 toises du front de
« la première. Enfin, une dernière redoute s'élevait à
« 400 toises en arrière de la deuxième ligne.

« Le grand ouvrage et presque toutes les redoutes
« étaient palissadés dans leurs fossés et environnés d'un
« triple rang de trous de loup.

« La communication avec la rive droite était assurée
« par quatre ponts ; les deux du milieu étaient couverts
« par un grand bonnet de prêtre. Les ponts de droite et de
« gauche, éloignés de ceux du milieu de 700 et de
« 1000 toises, avaient aussi pour leur défense des bonnets
« de prêtre, mais d'un dévoloppement moins considéra-
« ble. » (*Boutourlin.*)

180. Un fortin, construit dans le voisinage d'un pont,
remplacera quelquefois la tête de pont. Il aura même l'a-
vantage de faciliter davantage la retraite de l'armée. Mais
sa garnison est sacrifiée si l'ouvrage n'est pas dans les meil-

leures conditions. Il faut donc, ou que le fort soit en maçonnerie et capable de soutenir un siége, ou tout au moins
à grands profils, fraisé, palissadé, couvert de trous de
loup, d'abatis, etc. Cette disposition est recommandée par
Napoléon, du moins en tant que le fort est assez grand
pour être envisagé comme une place de guerre. Avec cette
condition, et lorsqu'il reste 800 à 1000 mètres d'espace
entre la place et les ponts, l'armée battue peut se rallier
sous la protection de la place et passer les ponts sans
trop de désordre et sans être poursuivie ni canonnée par
l'ennemi.

Le duc de Rohan, en 1635, construisit quelque chose
de semblable dans l'angle formé par la Landquart et le
Rhin, à l'entrée des Grisons. Le fort qu'il construisit, et
qu'il appela Fort de France, était bastionné à quatre fronts
de 250 mètres chacun, et pourvus de demi-lunes.

La distance du fort à chacun des ponts du Rhin et de
la Landquart était d'environ 500 mètres, en sorte qu'il les
couvrait également. Les vestiges du Fort de France existent encore.

Observation des rives.

181. Les têtes de pont sont aussi favorables à l'attaque
qu'à la défense ; ainsi, quelle que soit l'attitude d'une armée, tous les ponts dont elle sera maîtresse devront être
couverts par des retranchements ; mais il faudra, de plus,
dans le cas de la défensive, observer les gués, et se mettre
en état de disputer le passage du fleuve sur tous les points
où la forme de son cours peut favoriser ce passage.

En face des gués que l'ennemi menacera de traverser
en forces, l'ingénieur construira des ouvrages concaves
d'un grand développement, en forme de tranchée ou para-

pet sans fossé, garnis de quelques batteries, afin que l'ennemi, après avoir passé le gué et être parvenu à se rassembler sur la rive, se trouve exposé aux feux convergents de la tranchée et des batteries. Entre la tranchée et la rivière il y aura des espaces libres pour permettre à la cavalerie de charger les premiers rassemblements de l'ennemi.

182. Nous semblons nous éloigner ici de nos préceptes, en indiquant la forme concave pour celle qui convient particulièrement aux tranchées construites devant des gués d'une grande importance; mais c'est que, dans ce cas, on attaque l'ennemi lorsqu'il cherche à se former, plutôt qu'on ne pense à se mettre en état de résister à ses irruptions; on a alors des forces supérieures; on est véritablement sur l'offensive. Il convient donc d'envelopper l'attaquant, et de l'écraser par des feux croisés.

Souvent une redoute, une lunette ou une simple batterie suffiront pour observer des gués de moindre importance que ceux que nous avons supposés plus haut.

183. Les saillants de la rivière et du fleuve correspondant à des rentrants de la rive ennemie, sont les endroits où l'établissement des ponts est le plus favorable à l'attaquant, n° **173.** Il faudra donc construire sur ces saillants, s'ils sont menacés, quelques ouvrages dont le choix dépendra de la forme du terrain, de l'espace compris dans le coude de la rivière, de la largeur de cette rivière, et des hauteurs qui peuvent se trouver à la portée du canon.

Une bonne redoute sera le plus souvent l'ouvrage qui s'opposera aux tentatives que l'ennemi pourrait faire pour établir ses ponts. Une lunette ne serait pas convenable, parce que les premières troupes débarquées pourraient l'enlever par la gorge.

184. Quelquefois, pour occuper tout l'espace, il faudra un ou plusieurs fronts bastionnés en avant de chacun desquels on jettera une lunette pour mieux découvrir les rives.

Afin que ces lunettes aient le plus de saillie possible, voici leur tracé. Après avoir construit le front bastionné, fig. 46°, on joindra par une droite les milieux A et B des faces, et sur cette droite, comme base, on construira un triangle équilatéral ABC, dont le sommet C donnera le saillant de la lunette, et dont les côtés CB et CA indiqueront la direction des faces, que l'on pourra faire égales en longueur à celles du front bastionné, et qui comprendront entre elles l'angle de 60°.

Les fossés des faces de la lunette se termineront vers les flancs par une pente douce en forme de glacis, dirigé à la crête du parapet du bastion en arrière, afin que ce bastion puisse les voir et les défendre.

185. Les cours d'eau qui séparent les armées ne sont pas toujours des fleuves ou de grandes rivières ; ce ne sont très-souvent que de simples ruisseaux ou de petites rivières torrentueuses, dont la largeur est assez faible pour que des ouvrages établis sur une rive puissent empêcher les approches de la rive opposée.

Un semblable cours d'eau doit être observé sur toute l'étendue qu'occupe la position ; il faut alors établir en arrière une ligne composée d'ouvrages détachés, placés le plus avantageusement, suivant les localités, se flanquant mutuellement, et croisant leurs feux sur les parties les plus guéables de la rivière ou du ruisseau, qui formera, dans ce cas, un avant-fossé couvrant la ligne.

186. Lorsqu'à cause des hauteurs dominantes on est obligé de s'éloigner de la rivière hors de la portée du mousquet, il faut chercher à rendre impraticable la partie qui vous en sépare, en y creusant des *criques* ou petits fossés disposés en quinconce ; ou encore, si la chose est possible, un grand fossé parallèle à la rivière, que l'on remplira d'eau par des canaux de dérivation. On aura alors un avant-fossé qu'on défendra comme on aurait fait la rivière, si l'on avait pu s'en approcher davantage.

Ceci fait voir que nous ne regardons point comme suffisante une défense d'artillerie, et que, pour empêcher un passage de rivière, nous donnons la préférence aux feux de mousqueterie ; ce qui n'empêche pas de les soutenir par ceux de l'artillerie, qui deviennent alors très-efficaces.

SECTION SECONDE.

Des Inondations et des Digues.

187. On ne trouve pas toujours, quand on est sur la défensive, des rivières pour se couvrir ; il faut alors savoir tirer parti des moindres ruisseaux que le pays peut offrir, en retenant leurs eaux par des digues placées de distance en distance, pour former des espèces d'étangs dont la profondeur augmente à mesure qu'on s'approche de la digue.

L'expérience a fait voir qu'une bonne digue ne devait pas avoir plus de trois mètres de hauteur : ainsi, d'une digue à l'autre, lorsqu'on en met plusieurs successives, la différence de niveau ne doit être que de 1^m,50, pour qu'à l'endroit le moins profond l'inondation, entre deux digues, ne soit point guéable. Donc, après avoir fixé l'emplacement de la première digue, on trouvera celui des autres en faisant un nivellement ou en s'en rapportant à ce que peuvent savoir les meuniers de l'endroit, relativement aux pentes des eaux. On fixera l'axe horizontal de la seconde digue à 1^m,50 au-dessous de celui de la première; l'axe de la troisième, d'une même quantité au-dessous de celui de la seconde, et ainsi des autres : en sorte que l'espacement des digues dépendra de l'inclinaison du terrain. Il suit de là que ce genre de défense ne convient point aux pays de montagnes, parce que les pentes y sont trop considérables; et non-seulement il est inapplicable en pays de montagnes, mais encore dans les vallons, où le ruisseau n'a pas d'encaissement, et où ses berges, très-peu prononcées, sont trop écartées l'une de l'autre; parce que, dans ce cas, les digues qu'il faudrait construire, ayant une étendue considérable, seraient pénibles à construire et difficiles à défendre.

Nous ne pouvons point fixer la limite de la longueur des digues, parce que leur construction dépend des moyens qu'on a à sa disposition. Dans certains cas, une digue de 100 mètres paraîtrait un ouvrage gigantesque : dans d'autres cas, la construction d'une pareille digue ne serait qu'une chose très-ordinaire.

188. Le profil des digues, ainsi que leurs déversoirs pour l'écoulement du superflu des eaux, ne dépendant pas de leur longueur, nous allons entrer dans quelques détails à cet égard.

Et d'abord, si la digue ne peut pas être battue par l'artillerie, il suffira de lui donner au sommet 1^m,50 de largeur, dans l'hypothèse où elle serait construite en terre, comme cela a presque toujours lieu. Les terres peuvent se prendre en aval; cela donne, en cet endroit, une plus grande profondeur d'eau, ce qui ne peut être qu'un bien ; et si ces terres n'étaient point assez liantes et laissaient filtrer les eaux, il ne faudrait point hésiter à les aller chercher au loin dans la campagne ; cela augmente la durée du travail, mais cela est nécessaire pour la bonté de l'ouvrage. Le meilleur moyen d'empêcher les filtrations est de construire l'intérieur de la digue en terre glaise bien corroyée.

Quand la digue doit résister à du canon, son sommet est à l'épreuve, ou d'environ 3 mètres d'épaisseur.

Les talus de la digue peuvent être tous deux à terre coulante ; mais, pour plus de perfection, il faut faire celui d'amont plus doux que celui d'aval, en lui donnant pour base le double de sa hauteur, afin d'éluder le choc des eaux, et pour que leur pression soit moins considérable.

189. Si, après avoir construit la digue en terre, selon le profil que nous venons d'indiquer, on permettait aux eaux de s'élever au-dessus, pour prendre leur écoulement sur toute sa longueur, elle ne tarderait pas être entièrement détruite, pour peu que ces eaux eussent de vitesse.

Pour éviter cet accident, on ménage une partie de $0^m,20$ à $0^m,30$ plus basse que le reste de la digue, et d'une largeur suffisante pour donner passage à toutes les eaux du ruisseau. Cette partie formant creux sur le dos de la digue, construite plus solidement que le reste, s'appelle un *Déversoir*.

Ce déversoir se construit en fascinage (fig. 47e), c'est-à-dire qu'après avoir élevé la digue en cet endroit jusqu'à une certaine hauteur, on commence un double revêtement de fascines bien piquetées : revêtement qui non-seulement doit recouvrir le déversoir et le talus d'aval, mais encore s'étendre au-dessous en forme de radier, pour que la chute des eaux qui s'écoulent par le déversoir n'occasionne pas d'affouillements au pied de la digue. L'épaisseur de ce radier est prise dans le terrain, et on lui donne un peu plus de largeur qu'au déversoir, par le moyen de quelques fascines placées le long de ses côtés; et cela, pour mieux remplir le but qu'on se propose en le construisant. Pour plus de solidité, on pourra construire, sur le revêtement de fascines qui compose le radier, des clayonnages autour des têtes des piquets qu'on aura laissés déborder à dessein. Ces piquets devront avoir au moins 1^m,50 de longueur. Le clayonnage pourrait se faire également sur les revêtements du déversoir; mais si l'on trouve que ce travail soit trop long, on se contentera de maintenir les extrémités des fascines, par d'autres posées en travers et fortement piquetées dans les premières.

Les joues du déversoir, ou les parties latérales de son ouverture, sont également revêtues en fascines, qui recroisent celles du fond du déversoir, sont piquetées sur celles-ci, et servent à les maintenir.

190. Pour construire la digue, on commencera par établir ses deux extrémités, en la laissant ouverte vers son milieu, pour donner un libre passage aux eaux pendant qu'on travaillera au déversoir placé à droite ou à gauche du ruisseau. Le déversoir achevé, on bouchera le trou qu'on avait laissé au milieu, et l'on achèvera la digue, en ayant grand soin de bien lier les nouvelles terres avec les anciennes.

191. Quand il est question de couvrir d'une inondation des ouvrages de fortification mixte, il peut arriver qu'on veuille se procurer la faculté de pouvoir tendre et détendre l'inondation à volonté. On y parvient par le moyen des *écluses*, qui remplacent alors le déversoir. Ces écluses, construites en charpente, se font à vannes ou à poutrelles.

Les *vannes* sont de petites portes à coulisses qu'on soulève verticalement par le moyen d'un levier ou d'un cric quand on veut donner passage aux eaux.

Les *poutrelles* sont des pièces de bois bien dressées, s'assemblant à languette les unes dans les autres, et dont les extrémités glissent également dans les coulisses. Par le moyen de ces poutrelles, qu'on peut placer dans les coulisses une à une, on tient l'inondation à la hauteur qu'on juge convenable.

192. Qu'on se serve de la vanne ou des poutrelles, les revêtements des parties latérales de l'ouverture de la digue doivent être en charpente, ainsi que le radier; ces revêtements seuls sont d'une solidité suffisante pour de semblables ouvrages. La fig. 48ᵉ donne l'élévation d'une écluse à vannes mise en jeu par deux leviers.

La hauteur du déversoir à écluse dépend de celle à laquelle on veut porter les eaux; elle ne doit pas dépasser 3 mètres, comme nous l'avons déjà dit. Quant à sa largeur, elle dépend de la quantité d'eau qui doit s'écouler par le déversoir.

Les pièces de bois mises en travers du déversoir pour la manœuvre des leviers pourront servir à établir un petit pont quand on voudra faire de la digue un passage habituel. Au moment du danger ces poutres seront enlevées, et la communication, se trouvant interrompue, n'offrira plus à l'ennemi de moyen de surprise, pourvu toutefois que la digue soit gardée.

193. Une inondation ne peut pas se tendre en un instant; il faut à l'eau plus ou moins de temps pour s'élever à son niveau, suivant sa vitesse et la capacité qu'elle doit remplir. L'ingénieur doit donc s'assurer de ces deux

éléments de calcul, pour n'être pas pris au dépourvu; et commencer à temps, pour que l'ennemi, en arrivant, ne trouve plus le passage guéable.

Or, pour calculer le produit d'un ruisseau qui coule d'une manière uniforme, il faut multiplier la vitesse moyenne du courant par le profil transversal, c'est-à-dire par la section de l'eau au passage de l'écluse. On fait de même pour évaluer le produit d'une rivière ou d'un fleuve : c'est toujours en multipliant la surface du profil transversal par la vitesse moyenne.

M. de Prouy a trouvé que si l'on représente par U la vitesse de l'eau à la surface, et par V sa vitesse moyenne, on a très-sensiblement :

$$V = 0{,}82\ U.$$

Si donc S est la surface de la section du cours d'eau, T le temps cherché, et C la capacité de l'inondation, on aura : $$VTS = C.$$

D'où l'on tire $$T = \frac{C}{VS}.$$

Les vitesses sont ordinairement données à la seconde : ainsi T indique des secondes; mais si elles sont exprimées à la minute, T indiquera aussi des minutes. Les quantités C, S et V doivent être mesurées avec la même unité cubique, carrée et linéaire : le mètre est la plus commode.

Pour avoir des heures, il faudra diviser la valeur de T par 3600, lorsque les vitesses sont prises à la seconde, et seulement par 60 lorsqu'elles le sont à la minute.

194. Les digues serviraient de ponts à l'ennemi si l'on n'avait soin d'en couvrir la tête par un ouvrage, ou d'en défendre les approches et le passage par quelques batteries à feux croisés ou d'enfilade.

Ordinairement l'ouvrage en tête d'une digue est une lu-

nette dont les faces sont défendues par des batteries construites en arrière sur l'autre rive.

Il pourrait arriver qu'il fût impossible de placer l'ouvrage immédiatement à la tête de la digue ; on le construira
alors au plus près, et l'on disposera le tracé de manière
que les feux soient efficaces à la tête de la digue.

La lunette, avons-nous dit, doit être défendue par des
batteries en arrière ; il serait cependant possible que l'i-
nondation fût assez large pour que ces batteries n'eussent
plus un effet assuré ; il faudrait alors les rapprocher et les
construire sur des terrasses au milieu de l'inondation, terrasses avec lesquelles on communiquerait par le moyen de
jetées en terre de 3 mètres de largeur. Ce travail est certainement très-considérable ; mais aussi il est bien rare
qu'une inondation ait plus de 400 à 500 mètres de largeur ; et c'est seulement alors que ces terrasses sont nécessaires.

CHAPITRE HUITIÈME.

Passages de rivières.

---

195. Un passage de rivière en présence de l'ennemi est une des opérations les plus importantes de la guerre : on l'exécute de vive force ou par ruse. Dans le premier cas, on cherche à éloigner l'ennemi de la rive opposée par une forte canonnade ; on fait ensuite passer dans des bateaux des troupes d'élite pour le tenir en échec et couvrir les travaux de l'établissement des ponts. On a vu ces troupes traverser le fleuve à la nage, se former en bataille, éloigner l'ennemi et lui résister pendant tout le temps nécessaire à la construction des ponts. Tel fut le fameux passage du Rhin, exécuté par le prince de Condé, en 1672, et celui plus étonnant encore du général Championnet, sous le canon de Dusseldorf, dans le mois de septembre 1795.

Le passage de vive force suppose que l'ennemi ne compte que quelques bataillons, et n'est point en état de faire une grande résistance.

196. Dans le second cas, on rassemble des forces supérieures sur un des points de la rivière. On fait là un grand apparat de voitures et de bateaux ; on fait exécuter des mouvements aux troupes ; on fait approcher l'artillerie ; on s'efforce, en un mot, de persuader à l'ennemi que le passage va s'exécuter en cet endroit ; et pendant qu'il se concentre pour faire résistance, on conduit durant les ténèbres tous les équipages de pontonniers à quelques lieues au delà, pour jeter le pont à la pointe du jour. Les troupes qui auront accompagné les équipages ne trouveront que quelques postes d'observation qui soient en mesure de leur résister ; elles les dissiperont aisément à coups de canon, et en forçant le passage dans des bateaux. Le pont s'achèvera dans quelques heures, et le corps d'armée, quittant sa première position, le trouvera prêt en arrivant, et passera de suite sur la rive opposée, où les ingénieurs sont déjà occupés à tracer les ouvrages qui doivent couvrir le débouché du pont, et où l'avant-garde s'est développée pour prendre position sur les hauteurs environnantes.

197. Le véritable passage est toujours accompagné d'un ou de deux passages simulés, pour diviser l'attention de l'ennemi et le retenir loin des lieux où les ponts seront jetés, le retenir du moins jusqu'à ce qu'on ait fait passer de l'autre côté des forces suffisantes pour résister à ses attaques.

C'est ainsi que le Rhin, cette limite naturelle entre la France et l'Allemagne, a toujours été franchi dans les guerres nombreuses que ces deux peuples se sont livrées. Jamais ce fleuve majestueux n'a pu les arrêter ; toujours l'armée offensive, quand elle a vu son avantage à franchir la barrière, a trouvé le moyen de tromper l'ennemi et d'éluder ses mesures de défense : sans doute il lui fallait du temps pour préparer son opération ; sa marche était retardée, mais l'obstacle était toujours surmonté : car tels sont les avantages de l'initiative, que du moment où tout est prêt pour le passage, on ne peut élever aucun doute sur la réussite.

198. Le choix du point de passage est extrêmement délicat ; il exige la discussion d'une foule de circonstances qui se contrarient souvent ; et c'est à la sagacité d'un chef habile qu'il appartient de décider quelles sont celles qui doivent l'emporter dans la balance.

D'abord on doit chercher les endroits où la rivière forme des coudes, non-seulement parce que les ponts une fois construits seront plus facilement couverts par des ouvrages extérieurs, mais encore parce que les batteries qui, de la rive où l'on se trouve, doivent protéger leur construction, croiseront leurs feux avec plus d'efficacité sur la rive ennemie, et parce que dans les grands coudes le courant est ordinairement moins rapide, qu'on y trouve de petites îles qui facilitent beaucoup la construction des ponts, et que la rive concave domine presque toujours la rive opposée.

Choisissez de préférence l'endroit de la rivière où quelque affluent vous permette de former à l'insu de l'ennemi le rassemblement de bateaux nécessaires à la construction des ponts, et dont le courant vous serve à les porter sur les lieux. Voyez si la rive opposée est d'un abordage facile ; si elle est plus basse que celle où vous vous trouvez ; si des broussailles, quelques bouquets de bois, des murs de clôture, des haies ou des maisons, peuvent mettre les premières troupes en état de se maintenir pendant que les bateaux qui les auront transportées en iront chercher d'autres. Évitez les rives marécageuses ou trop escarpées, et surtout celles qui sont trop bien gardées et que des ouvrages protégent ; assurez-vous que le fond de la rivière peut permettre l'ancrage, car s'il ne donne point de prise, jamais on ne parviendra à construire les ponts, à les construire du moins d'une manière solide et rassurante. Établissez-vous au-dessus des affluents de la rive opposée.

par lesquels l'ennemi pourrait amener des bateaux ou autres corps flottants et les lancer sur vos ponts ; et si vous êtes forcés d'exécuter le passage au-dessous de ces affluents, faites-le assez loin pour que vous puissiez, au moyen des bateaux de garde, accrocher et amener au bord les corps flottants.

199. Pour une armée un peu nombreuse, il faut plusieurs ponts ; un seul ne suffirait pas. Ces ponts, à quelque distance les uns des autres, servent au passage simultané des différentes colonnes. Quelquefois aussi on astreint l'artillerie et les bagages à passer sur un de ces ponts, la cavalerie et l'infanterie sur les autres. C'est un moyen d'éviter la confusion toujours à craindre dans des défilés aussi étroits.

200. Les jeunes officiers trouveront dans la relation du colonel Dedon, sur le passage de la Limat à Diétikon, entre Baden et Zurich, les détails les plus instructifs sur cet objet. Ils y verront de quels artifices il fallut faire usage pour dérober à l'ennemi le transport des bateaux en cet endroit, où il n'existait aucun affluent, et où l'on ne pouvait arriver qu'avec des peines infinies ; comment ces bateaux furent portés à bras d'hommes, dans le silence de la nuit, du village où on les avait cachés, jusqu'à la rivière ; comment une artillerie bien emplacée put favoriser le passage des premières troupes, et tenir à distance un corps de 2000 grenadiers russes, qui se trouvait campé dans le voisinage. Quatre cents Cosaques, placés dans les broussailles sur le bord de la rivière, ne purent empêcher le premier débarquement. Un grand mouvement de bateaux au confluent de la Limat et de l'Aar, et une vive canonnade sur ce point, retinrent le gros de l'armée

russe pendant que le véritable passage s'exécutait sans obstacle.

C'est à de semblables sources qu'il faut puiser pour se faire une juste idée des opérations de guerre ; des traités moins spéciaux ne les indiquent qu'imparfaitement.

Des Ponts militaires.

201. L'artillerie traîne ordinairement à sa suite tout l'attirail nécessaire à la construction des *ponts militaires*, c'est-à-dire de ces ponts qui peuvent s'établir dans quelques heures.

Les ponts militaires sont de plusieurs espèces : les ponts roulants, les ponts volants, les ponts de radeaux, les ponts sur chevalets, les ponts de pontons, et les ponts de bateaux.

202. Les *ponts roulants* sont des espèces de chars à quatre roues qu'on peut ajouter bout à bout, et qui donnent ainsi à une avant-garde le moyen de passer une petite rivière peu encaissée. On n'en fait maintenant que peu ou point d'usage. Les petites rivières se passent à gué, cela est plus vite fait ; quand on est pressé, il ne faut pas craindre de se mouiller.

203. Le *pont volant* n'est autre chose qu'un bateau attaché à une ancre au moyen d'un long cordage, et qu'on peut pousser d'un bord à l'autre avec l'aviron. On fait aussi le pont volant avec des bateaux réunis ensemble par un plancher de poutrelles et de madriers. Cela le rend susceptible de recevoir un fort détachement.

Le cordage d'ancre doit être élevé autant que possible au moyen d'un grand chevalet fixé sur le pont ; et pour que ce cordage ne trempe pas dans l'eau, on le soutient par une ou deux petites nacelles, suivant sa longueur. De la sorte le cordage ne gêne pas le mouvement du pont volant.

Ce genre de pont est très-commode à employer sur les rivières rapides et d'un abord facile, pour opérer des transports successifs sur le même point de la rive ennemie.

204. Les *radeaux* sont faciles à construire, puisqu'il ne s'agit que de lier entre elles des pièces de sapin posées en flottaison, et de les recouvrir de madriers ou de planches. Mais les radeaux ne peuvent pas supporter de grands fardeaux ; ils ne conviennent donc qu'aux détachements qui ne traînent point de canons après eux, et qui n'ont que fort peu de cavalerie. On pourrait cependant rendre les radeaux susceptibles de supporter des charges considérables, en amarrant à leurs côtés des tonnes vides qu'on se procurerait dans les fermes voisines, ainsi qu'on y trouverait les bois du radeau, s'il n'y avait pas dans les environs des forêts de sapins.

205. Les bois de sapin et de peuplier sont presque les seuls qu'on emploie pour les radeaux, parce qu'ils sont droits et légers, et qu'en certains pays on les trouve en abondance. Cependant le cas peut se présenter où l'on serait appelé à faire des radeaux avec d'autres bois : il est donc nécessaire de pouvoir apprécier le poids qu'ils peuvent porter d'après leur volume et leur propre pesanteur. Voici, en conséquence, une petite table qui fait connaître en kilogrammes le poids du mètre cube de quelques espèces de bois :

Le peuplier,	383 kil.	L'orme,	671 kil.
Le pin,	500	L'érable,	750
Le sapin,	550	L'aulne,	800
Le tilleul,	604	Le chêne,	900

La différence entre le poids du corps flottant et celui de l'eau, à volume égal, donne le maximum de la charge additionnelle que ce corps peut supporter. Or, le mètre cube d'eau pèse **1000** kilogrammes : on pourra donc toujours calculer, en connaissant le volume d'un radeau et la nature de ses bois, le poids qu'on peut lui faire porter sans danger.

Si, par exemple, le volume des bois qui entrent dans la construction d'un radeau est de **8** mètres cubes, et que ces bois soient de sapin, on aura pour leur poids $8 \times 550 = 4400$ kil. ; et le même volume d'eau pesant **8000** kil., la différence **3600** indique tout ce que le radeau peut porter lorsqu'il est entièrement immergé. Il est clair qu'il faut réduire la charge pour qu'il reste en flottaison.

206. Sur les rivières rapides on construira les radeaux de manière à ce qu'ils n'offrent au courant que le moins de résistance possible. Dans leur forme générale, ils présenteront une pointe au courant, à peu près comme la proue d'un bateau. Chacune des pièces qui les composent, et qui sont placées suivant le fil de l'eau, sera coupée en sifflet ; on mettra le gros bout en amont, et on laissera des intervalles de **15** à **20** centimètres entre les pièces, plutôt que de les placer jointives, afin de diminuer la pression du courant sur le radeau.

207. Le *pont sur chevalets* se construit sur les rivières peu profondes et dont le lit est assez égal, quelle que soit d'ailleurs la largeur. Ces chevalets sont à peu près semblables à celui que nous avons indiqué au n° **89**; on leur ajoute seulement, quand cela est nécessaire, un arc-boutant en aval, pour résister au choc du courant. Cet arc-boutant, armé d'une pointe de fer, s'assemble par un crochet dans un anneau que porte la traversière ou pièce supérieure. Les chevalets ont 3 mètres de largeur et 3 mètres de hauteur au plus ; ils portent 5 poutrelles de $4^m,00$ de longueur et de $0^m,15$ à $0^m,20$ d'équarrissage. On recouvre les poutrelles par des madriers de sapin, et ces madriers sont maintenus en place par deux garde-grèves.

On sépare les chevalets de 3 à 4 mètres d'axe en axe.

Tous les bois nécessaires à la construction de ces ponts sont portés par des chariots, et les chevilles d'assemblage sont renfermées dans les coffrets de ces chariots.

Les ponts de chevalets n'ont pas une grande solidité, parce que la difficulté de placer les chevalets, surtout si la rivière est un peu profonde ou rapide, fait qu'on n'y emploie que des bois d'un faible équarrissage. Ensuite l'inégalité du fond occasionne des porte-à-faux qu'on ne peut pas toujours éviter [1].

On ne construit pas ordinairement de ponts de chevalets sur des rivières qui aient plus de $2^m,00$ de profondeur d'eau, et encore alors faut-il que le courant soit peu rapide.

208. Les *pontons* sont de petits bateaux de cuivre de 6 mètres de longueur et $1^m,10$ de largeur, dont les *couples* et les *plats-bords* sont de bois, ou, en d'autres termes, dont la membrure est de bois. Les pontons se placent à la renverse sur les *haquets* ou grandes voitures qui doivent

---

[1] Les chevalets dits *à la Birago* remédient en grande partie à ces inconvénients ; ils sont, maintenant, assez généralement employés ; ils remplacent même, dans quelques armées, les équipages de pontons.

les transporter; et, dans cette position, ils servent de toit pour préserver de la pluie les poutrelles, les madriers et les cordages placés sur les mêmes voitures.

On fait aussi des pontons tout de bois, qui ont la forme de petites nacelles. Ils sont plus maniables que les pontons de cuivre, et plus faciles à réparer : on les préfère généralement. Le ponton fédéral est de ce genre ; il a 8^m,00 de long, 1^m,70 de largeur au milieu et à la hauteur des plats-bords, 1^m,30 dans le fond et au milieu, 0^m,75 de creux au milieu. Le ponton se relève un peu vers les extrémités, où il se réduit à une largeur de 0^m,85 ; il flotte très-bien, et on le manœuvre aisément avec deux rames : il peut transporter une vingtaine d'hommes, indépendamment des deux pontonniers qui le conduisent. Le bateau français (modèle de 1832) a précisément les mêmes dimensions que le ponton fédéral.

209. Pour établir le pont de pontons ou de bateaux, on va planter sur la rive ennemie un fort poteau, auquel on attache une des extrémités d'un câble, qu'on tend fortement par le moyen d'un cabestan sur lequel s'enroule l'autre extrémité. On donne à ce câble le nom de *Cinquenelle*. Pendant qu'on s'occupe à tendre la cinquenelle, d'autres pontonniers préparent les pontons, déroulent les cordages, mettent par ordre les poutrelles et les madriers, placent les ancres près des pontons qu'elles doivent soutenir, pratiquent des rampes sur les bords, et, si l'escarpement l'exige, établissent un chevalet à chaque culée.

On peut amener les pontons, soit d'amont, soit d'aval. Le premier procédé est le plus simple et le plus expéditif, les pontons venant se placer naturellement quand on a jeté leur ancre, ou qu'en passant on les a arrêtés à la cinquenelle ; mais pour peu que le courant soit rapide, on court le danger de voir un ponton, par un accident quelconque, tel que la rupture d'une rame, une blessure à un des ponton-niers, etc., ne plus gouverner, venir se jeter en travers du pont, et y causer plus ou moins de désordre. C'est la méthode suisse. En faisant, au contraire, remonter les pontons le long du bord, on a plus de peine, il faut un peu plus de temps, mais on ne s'expose pas aux accidents que nous venons de signaler. On doit alors avoir une na-celle amarrée au milieu de la rivière, pour recevoir les an-cres de chaque ponton et aller les mouiller à l'endroit con-venable. C'est la méthode française.

210. Quand tout est prêt, on commence la manœuvre. Chaque ponton est amarré à la cinquenelle, et de plus, une ancre pour deux pontons les retient contre l'effort du cou-rant, de manière à ce que le pont pût résister encore quand la cinquenelle viendrait à se rompre. On place de plus en aval, une ancre pour quatre pontons, afin d'empê-cher l'action du remous. Deux pontons successifs, espacés tant plein que vide, sont liés entre eux par des amarres en croix, qu'on appelle *Traversières*, et qui passent dans des anneaux fixés aux plats-bords. Ces cordages empêchent l'é-cartement, et les cinq poutrelles que supportent les pon-tons empêchent le rapprochement. Ces poutrelles s'ap-puient à la fois sur les deux plats-bords de chacun des pontons qu'elles réunissent, et sont fixées sur ces plats-bords par des chevilles de fer ou des cordelettes appelées *Commandes*. A mesure qu'une partie des ouvriers place les pontons, d'autres mettent en travers les poutrelles, et d'autres encore couvrent ces poutrelles de madriers; en sorte que le travail chemine très-rapidement.

On fixe les madriers sur les poutrelles au moyen d'au-tres poutrelles ou *guindages*, qu'on pose en long sur les

deux bords du pont, et qu'on lie avec les poutrelles correspondantes au moyen de petites cordes ou *commandes de
guindage*. Les plateaux, serrés ainsi par leurs deux extrémités entre les poutrelles inférieures et les guindages, ne
peuvent plus se déplacer.

211. Quand la rivière est étroite et peu rapide, le pont
de pontons se construit en entier sur la rive où l'on se
trouve, pour le faire tourner quand il est achevé, et le
mettre en travers par un quart de conversion.

Dans les grandes rivières, on ne peut pas tendre de cinquenelle; le pont est alors maintenu seulement par les an-
cres: on en jette autant que de pontons. Si le fond est bon
pour l'ancrage, cela va fort bien; dans le cas contraire, il
faut amarrer le pont aux deux rives, au moyen de grands
cordages qui, partant des pontons, vont s'attacher à de
forts piquets. On peut encore, lorsque le pont est achevé,
le consolider au moyen de deux cinquenelles qu'on fait
passer dans les anneaux d'avant et d'arrière-bec de chaque
ponton, et qu'on tend fortement au moyen de mouffles ou
de cabestans. Cela se pratique surtout quand le pont doit
rester à demeure.

212. Le *pont de bateaux* se construit absolument de la
même manière que le précédent.

On a quelquefois de la peine à appareiller les bateaux
qui sont presque toujours de réquisition, et rarement leurs
plats-bords sont en état de supporter les poutrelles; alors
on construit des chevalets, qu'on place et qu'on fixe dans
le milieu des bateaux. Ces chevalets, tous à la même hauteur, reçoivent les extrémités des poutrelles, qui y sont retenues par des crampons à deux pointes appelés *Clameaux*.

Une des pointes du clameau est plantée dans la poutrelle, et l'autre dans la traversière du chevalet.

Quand on construit les bateaux exprès et pour rester en place, on leur donne 12^m de longueur et 2^m de largeur, ce qui les rend capables de supporter les charges les plus considérables, et de donner passage à la grosse artillerie ; tandis que les pontons ne peuvent supporter que l'artillerie de campagne.

Des bateaux qui auraient $10^m,00$ de long et $1^m,80$ de large seraient encore transportables sur voitures, et formeraient entre les nacelles ou pontons ordinaires et les bateaux, dont nous venons de parler, un intermédiaire dont on pourrait se servir avantageusement en campagne. La grosse artillerie pourrait encore passer sur les ponts qui seraient faits avec ces bateaux de grandeur moyenne.

213. Si le fleuve est trop large et trop impétueux pour permettre la construction des ponts de bateaux, ou si l'ennemi a la faculté de les rompre en laissant aller au courant des bateaux chargés qui, par leur choc, brisent ceux du pont et rompent les câbles, comme cela est arrivé à Esling, il faut construire le pont d'une manière plus solide, le faire sur pilotis, et en tout semblable aux ponts de bois établis en permanence sur les rivières. Quand on fait tant que d'entreprendre un pareil travail, on lui donne toute la perfection dont il est susceptible.

Ainsi, on plante à la sonnette de forts pilotis qu'on recouvre et réunit par un chapeau. On pose sur ce chapeau autant de corbeaux qu'il y aura de poutrelles ; il en faudra sept pour une largeur de pont de 6^m. Ces corbeaux ont 2^m de long ; ils servent à diminuer la portée des poutrelles. L'intervalle entre deux *palées* ou supports sera alors de

5 à 6 mètres. Les poutrelles posent sur les corbeaux et leur sont boulonnées ; elles doivent avoir au moins $0^m,22$ sur $0^m,25$ d'équarrissage. Un bon platelage recouvre les poutrelles. On construit un garde-fou pour prévenir les accidents, et même, si le passage doit être très-fréquenté, on y établit des réverbères. En un mot, on ne néglige rien pour donner à ces ponts toute la solidité, la sûreté et la commodité dont ils sont susceptibles.

César, dans ses Commentaires, donne la description détaillée d'un pareil pont construit, par ses ordres, sur le Rhin, pour mettre en communication les Gaules avec la Germanie. On voit par les détails techniques auxquels il se complaît, qu'il avait mis une grande importance à cette construction. Les ponts de l'Ile de Loban sur le Danube, construits en 1809 par le général Bertrand, sous les yeux de l'empereur Napoléon, étaient bien plus considérables encore que le pont de César, et ne seront pas moins célèbres dans l'histoire.

CHAPITRE NEUVIÈME.

Des postes militaires.

---

214. On donne le nom de *postes militaires* aux villages, hameaux, châteaux, cassines, etc., occupés par des soldats et mis en état de défense.

On sait quel parti l'on peut tirer un jour de bataille d'un village retranché, et combien sa prise doit coûter de monde à l'ennemi, s'il est bien défendu. C'est à la faveur du village de Castel-Cériolo, que les Français, dans les plaines de Marengo, purent résister à l'armée autrichienne, et attendre leur réserve, avec le secours de laquelle ils remportèrent une si éclatante victoire. On a vu souvent une poignée de braves se retirer dans une maison, et s'y défendre pendant longtemps avec avantage contre des forces très-considérables. Le général autrichien Provèra, après la bataille de Montenotte, se réfugie sur le sommet du Cosséria, où il se retranche dans les ruines d'un vieux château. C'est en vain que l'artillerie le foudroie, et que les attaques se succèdent : une armée victorieuse et pleine d'enthousiasme n'en peut venir à bout ; il faut que la faim et l'épuisement des munitions se réunissent aux efforts des ennemis, pour engager le général à capituler. Plus heureux que lui, le général Guieux, à l'attaque de Salo, coupé par les ennemis, parvint à se jeter dans un grand bâtiment, où il se défendit pendant deux jours contre les attaques de l'armée autrichienne, au bout desquels il fut enfin délivré.

Tout officier d'état-major et tout officier d'infanterie devrait donc être assez instruit en fortification, pour mettre promptement une cassine, un hameau et même un village, en état de défense.

215. Tantôt le poste militaire fera partie d'une ligne étendue et protégée en arrière par les corps même qu'elle doit couvrir, tantôt, isolé et sans protection immédiate, il devra se suffire à lui-même. Dans le premier cas, le poste sera sans défense à la gorge ; dans le second, il devra faire face partout, et présenter l'image d'une petite place de guerre. Ainsi, le poste aura ses magasins de vivres et de munitions, si toutefois il doit avoir quelque durée ; et dans tous les cas, il sera pourvu de logements et d'un réduit intérieur, l'âme de toute bonne défense.

Les logements se trouvent sans peine dans tous les villages qu'on veut occuper militairement ; mais il n'en est pas de même pour le bâtiment qui doit servir de réduit ; tous les villages ne l'offrent pas : ainsi, tous les villages ne sont pas également favorables à la défense ; et non-seulement ceux qui n'offrent pas de bons réduits, mais encore ceux qui sont commandés par des hauteurs voisines, ceux dont les maisons sont trop écartées et laissent de trop nombreuses et trop grandes issues, ne sont pas avantageux à occuper. Un village dont les maisons sont de bois, ne peut servir qu'à des tirailleurs ; il serait inutile de vouloir y faire résistance, le feu le rendrait bientôt inhabitable : il n'y a que les villages construits en pierres, dont les maisons se groupent, et dont les jardins sont entourés de haies vives ou de murailles, qu'on doive choisir pour les fortifier et les mettre en état de défense.

216. Quand un officier est chargé d'occuper militairement un village, ses premières opérations doivent être de barricader les avenues principales, en ne conservant que de petites issues dérobées, faciles à défendre, et par lesquelles on sortira pour faire les rondes et pour aller poser les vedettes. Il placera ensuite les gardes et les avant-postes, qui doivent veiller à la sûreté des travailleurs et prévenir les surprises ; il fera dégrader les chemins par où l'ennemi peut arriver, démolir ou brûler les maisons détachées qui pourraient servir de couvert à l'ennemi, et abattre tous les arbres qui gêneraient la défense. Il établira son canon, s'il en a, sur les avenues les plus favorables à l'ennemi ; enfin, il mettra en réquisition tous les outils qu'il pourra trouver, et qui lui sont indispensables pour l'établissement de ses différents ouvrages.

Pendant que les soldats et les paysans qu'on a mis en réquisition s'occupent de ces premiers travaux, l'officier fait une reconnaissance détaillée de tous les environs, arrête le dispositif général des ouvrages qu'il se propose de construire, et en fait un croquis pour se guider. Il se hâte de mettre son petit projet à exécution ; il ne doit prendre ni repos ni nourriture, qu'il n'ait vu son affaire bien acheminée ; cinq minutes de délai pourraient être la cause de sa perte et de celle de la troupe qui lui est confiée.

217. Après cela, l'officier cherche dans le village l'emplacement du réduit défensif qui doit arrêter l'ennemi, quand celui-ci aura forcé les retranchements ; il ne faut pas que pour un premier succès il soit maître de tout le poste, et qu'on ne puisse plus le combattre avec quelque

avantage. Ce réduit sera presque toujours l'église avec son cimetière, ou la plus forte maison du village, quand elle se trouvera isolée et placée de manière à découvrir toutes les rues. On peut rencontrer d'anciens couvents, de vieux châteaux, qui sont excellents pour cet usage; ils ont quelquefois des murailles assez épaisses pour résister au canon de bataille, et toutes disposées par leurs flanquements pour une bonne défense. Autant que possible, on fera en sorte que le réduit présente lui-même une première enceinte extérieure et un point de sûreté; c'est la seule manière de rendre ce petit poste capable de quelque résistance. Il faut établir des communications aisées entre le réduit et les ouvrages extérieurs. De même, si aux environs du village il y a quelque site avantageux pour l'établissement d'une redoute, il faudra, après l'y avoir construite, assurer sa communication avec le village, soit par une tranchée ou caponnière, soit par une double file de palissades; toujours est-il que cet ouvrage ne doit pas être trop éloigné, pour que la protection qu'il reçoit du village ne soit pas sans efficacité.

Souvent le village n'offre aucun bâtiment qui puisse servir de réduit; on est alors obligé de construire ce réduit de toutes pièces à l'extérieur, dans la position la plus avantageuse, en le liant au village, comme nous venons de dire, et en lui donnant une solidité suffisante, pour qu'on puisse raisonnablement espérer qu'il tienne encore quand le village sera tombé au pouvoir de l'ennemi.

218. Dans le dispositif autour du village, on doit profiter des haies et des murailles dont la direction est avantageuse à la défense, et faire pays net de toutes les autres. Au dehors de l'enceinte conservée, on comble les fossés parallèles aux défenses, on renverse toutes les murailles et les haies derrière lesquelles l'ennemi peut se cacher, et on laisse sur pied celles qui gênent ses mouvements latéraux, et qui arrivant au village, sont vues dans toute leur longueur. Dans l'intérieur, au contraire, il faut abattre celles qui ont cette direction, afin de se ménager une libre circulation tout à l'entour ; et, dans la même intention, on jettera de petits ponts sur les fossés et les ruisseaux, on percera les maisons, etc.

Les haies et les murailles conservées serviront de courtines entre les retranchements principaux ; quelquefois aussi elles formeront à elles seules toute la défense, et alors on aura grand soin de conserver autant que possible celles qui se flanquent mutuellement.

Si un ruisseau coule au travers du village, on en profite pour tendre une inondation, en le barrant à l'entrée ; et si ce même ruisseau coule parallèlement et à peu de distance, on fait encore un barrage que l'on protége par un petit retranchement. On se procure ainsi à peu de frais l'avantage d'avoir une partie de l'enceinte hors d'insulte, et de pouvoir, en conséquence, porter ailleurs plus de forces et de moyens.

219. On défend une partie de l'enceinte avec les arbres qu'on a coupés, en en faisant un *abatis retranchement*, lequel diffère de l'abatis obstacle décrit au n° 100, en ce qu'il n'est pas enterré, et qu'on s'en sert pour la défense comme d'une forte haie. On peut le consolider intérieurement par un petit bourrelet de terre, ou par des troncs d'arbres superposés et couchés horizontalement pour faire parapet. L'abatis retranchement est ce qu'il y a de plus simple et de plus expéditif à faire, pour se mettre en état de défense dans les pays boisés. Les sapins sont les arbres les moins propres à cet usage, parce que leurs branches pendent

vers le tronc et ne peuvent présenter leurs pointes à l'ennemi. Il sera peut-être plus expédient de les poser en travers comme des chevaux de frise, que de pointe, comme il est prescrit. Mais les troncs de sapin dépouillés de leurs branches et superposés, feront un bon parapet intérieur.

On doit donner à l'abatis autant de largeur que possible, en le composant de plusieurs rangées d'arbres s'enchevêtrant les uns dans les autres. La largeur d'un abatis dépend, au reste, de la quantité d'arbres dont on peut disposer ; plus il est large, meilleur il est. Cependant il est encore bon, lors même qu'on ne peut le faire que d'une seule rangée d'arbres ou de fortes branches tournant leurs pointes en dehors, et appuyées intérieurement d'un petit parapet en gazons, ou d'une levée de terre à l'épreuve de la balle.

220. Pour dernière disposition on pratique des créneaux à tous les étages des maisons qui ont vue sur les points d'attaque, et qui, par les saillants et les rentrants qu'elles forment presque toujours, fournissent d'excellents moyens de défense. Si les murs sont trop épais ou trop solides pour être percés de créneaux, on se servira des fenêtres pour la défense. A cet effet on les *bastinguera* avec des matelas, des coussins, des couvertures roulées, etc., de manière à ne laisser que de petites ouvertures par lesquelles on puisse tirer. Des pièces de bois, de forts plateaux, mis en travers de la fenêtre et serrés contre ses côtés, rempliront le même objet.

221. Si les maisons sont couvertes de chaume, on abattra les toits, parce qu'en y mettant le feu l'ennemi chasserait aisément les défenseurs ; et quoique ce moyen ne réussisse pas toujours, il est certain que, lorsque tout

est en feu, l'assiégé est bien près de perdre la tête et d'abandonner le poste. Ces maisons découvertes donnent la facilité d'établir sur le dernier plancher une espèce de parapet avec des planches, des portes, des futailles, etc. Les bons tireurs se placeront derrière ces parapets, sur ces plates-formes élevées, et de là porteront aux attaquants des coups très-dangereux.

222. Voici ce qu'il y a à faire pour tirer parti des haies et des murailles sous le point de vue de la défense. Si la haie a plus de 2^m de hauteur, on commence par casser les branches à cette élévation, pour les replier et accroître l'épaisseur du feuillage (fig. 49ᵉ). On creuse un fossé en avant, sans trop s'astreindre à donner à ce fossé une forme régulière; les terres qui en proviennent sont plaquées derrière la haie qui les soutient, de manière à former une espèce de parapet de $0^m,40$ à $0^m,50$ d'épaisseur en haut. Avec ces mêmes terres on fait une banquette pour pouvoir tirer par-dessus le parapet. Quelquefois le temps ne permettra pas de faire ce transport de terres; alors on creusera en arrière une espèce de tranchée, et avec les terres qui en proviendront on fera le parapet.

D'autres fois encore la haie sera plantée sur un terrain d'une pente rapide; alors, comme dans le cas précédent, on prendra les terres en arrière.

Enfin, la haie peut n'avoir pas deux mètres de haut. Dans ce cas, on fait un fossé en avant dont les terres servent à construire le parapet; et en arrière on creuse une tranchée afin d'être à couvert derrière le parapet. Les terres de cette tranchée, dont la profondeur dépend de la hauteur de la haie, sont employées à donner une surépaisseur au parapet et à former la banquette.

Nous avons quelquefois fait avec avantage une simple

tranchée de $0^m,65$ de profondeur et $1^m,00$ de largeur en haut, dont les terres plaquées contre la haie donnaient un parapet de $0^m,65$ de hauteur, derrière lequel on pouvait trouver un abri en se baissant, et par-dessus lequel on pouvait faire feu. Cette tranchée, qui se construisait très-rapidement, était destinée à favoriser le feu des tirailleurs. En cas pareil, il faut laisser aux branches toute leur longueur, afin de pouvoir se cacher derrière et arrêter l'ennemi qui voudrait franchir la tranchée.

La fig. 49e représente ces cinq dispositions.

Une forte haie ainsi préparée est un excellent moyen de défense. Une haie peu fournie est un bien faible obstacle; on ne doit pas compter dessus.

223. Un mur de $1^m,30$ de hauteur, sans aucune préparation, pourra servir de parapet; mais quand il aura 2 mètres et davantage, il faudra le percer de créneaux. Ces créneaux, quand ils peuvent être faits d'une manière régulière, comme dans les murs en pisé, sont des ouvertures plus longues que larges, de forme trapézoïdale, c'est-à-dire ayant au dehors beaucoup moins d'ouverture qu'au dedans pour procurer l'avantage au défenseur de voir sans être vu et de tirer dans différentes directions. On leur donne à l'extérieur $0^m,06$ à $0^m,10$ d'ouverture, et intérieurement $0^m,40$ à $0^m,50$, et on les perce de mètre en mètre.

Le plus souvent ces créneaux ne sont que des trous sans forme, pratiqués dans le mur avec des pics et des pinces; le temps ne permet presque jamais d'y faire plus de façon. On les fait le plus petits qu'on peut.

Pour que l'ennemi ne puisse pas emboucher les créneaux, on pratique au dehors un petit fossé de $0^m,80$ à 1 mètre de profondeur (fig. 50e). La terre qui en provient est relevée contre le mur. Les talus de ce petit fossé peuvent être tenus très-roides, à cause de leur peu de hauteur.

Si le mur est trop bas pour y pratiquer des créneaux, et que cependant il ait plus de $1^m,30$ de hauteur, on construira à son pied une banquette dont le niveau sera à $1^m,30$ au-dessous de la crête de la muraille. Les terres de cette banquette seront prises en arrière, ce qui formera une espèce de terre-plein plus bas que le reste du terrain, et où l'on sera mieux couvert. Ce mur sera, comme dans l'autre cas, précédé d'un petit fossé dont les terres seront dispersées dans la campagne.

224. Il est une autre disposition applicable aux murs élevés et qu'il est bon de connaître : elle consiste à établir à $1^m,30$ au-dessous de la crête du mur une banquette en planches soutenue par des chevalets, des tonneaux, etc. On monte sur cette banquette par de petites échelles ou par des échafaudages construits avec des bancs, des tables, etc. Dessous la banquette on perce à ras terre des créneaux (fig. 50°), très-dangereux pour l'ennemi, et qu'il ne peut pas emboucher sans se coucher à plat-ventre, position trop gênante pour qu'il songe à la prendre. Pour donner aux défenseurs la facilité de faire feu par ces créneaux, dont l'ouverture extérieure doit être très-petite, on construit en arrière une tranchée d'un mètre de profondeur, et à $0^m,60$ de la muraille. Dans ce cas il faut bien se garder de mettre un fossé en avant de la muraille, parce que ce fossé servirait de couvert à l'ennemi, et lui donnerait la faculté d'emboucher les créneaux avec autant de facilité que vous le faites vous-mêmes.

La figure 50° représente ces trois dispositions.

225. Quand une muraille crénelée a une très-grande

étendue, et qu'elle est dirigée en ligne droite, il convient de la flanquer ; on construit pour cela des tambours en charpente, qui ont le grand avantage d'occuper peu de place, et par conséquent de pouvoir se construire partout. On perce la muraille pour donner entrée dans le tambour.

Ces tambours peuvent avoir en plan la forme de petits bastions ou simplement celle de redans accolés à la muraille ; cette dernière disposition donne même plus de facilité pour flanquer le tambour par la muraille, de la même manière que la muraille se trouve flanquée par le tambour. Dans ce cas l'angle saillant A doit être de 60° (fig. 51e), pour que les faces AB, AC donnent le flanquement le plus direct qu'il soit possible. Vers les parties B et C on oblique les créneaux de la muraille, pour avoir des feux rasants sur les faces AB, AC du tambour. On perce aussi de créneaux la partie de la muraille couverte par le tambour, pour que l'intérieur de ce petit retranchement puisse encore être battu quand l'ennemi s'en sera emparé. La porte D, faite en forts madriers, sera également percée d'un ou deux créneaux.

On construit les tambours en charpente avec des solives de $3^m,50$ de longueur et environ $0^m,15$ d'équarrissage, qu'on place jointives et d'un mètre en terre. Si le tambour ne doit donner qu'un rang de feux, on perce les créneaux à la hauteur ordinaire, c'est-à-dire à $1^m,30$ au-dessus du sol, et l'on creuse un petit fossé en avant du tambour. Si l'on veut deux rangs de feux, on construit d'abord une banquette en charpente, soutenue par des potences à $1^m,30$ au dessous de la crête du tambour, puis, sous cette banquette, on perce des crénaux à ras-terre : dans ce cas, et pour les raisons que nous avons expliquées dans le numéro précédent, la tranchée se creuse intérieurement et non à l'extérieur.

Les tambours en charpente servent encore dans certaines circonstances à couvrir des portes qui établissent la communication avec le dehors; on laisse alors des passages entre le tambour et la muraille, et ces passages sont fermés de barrières, de chevaux de frise ou de portes crénelées.

226. Pour faire les *barricades*, on emploie tout ce qu'on trouve sous sa main; on peut les faire avec des chariots enterrés jusqu'aux essieux, et chargés de pierres et de terre; avec des troncs d'arbres bien liés entre eux; avec des abatis, des tas de pierres, du fumier, des tonneaux, etc. Les meilleures barricades sont construites en poutres recroisées formant des espèces de caissons, que l'on remplit de pierres et de terre; un fossé devant en fait un véritable parapet. On a vu, dans les temps malheureux de guerre civile, tout le parti qu'on peut tirer des barricades pour la défense des rues.

227. Il faut, avons-nous dit, un réduit au poste retranché pour en augmenter la résistance en assurant aux défenseurs une retraite. Ce réduit, pour être bon, doit être composé d'une enceinte extérieure et d'un point de sûreté intérieur bien préparé, où la garnison puisse se retirer en dernier résultat et y obtenir une capitulation honorable, telle qu'ont droit de l'attendre de braves gens qui ont fait leur devoir jusqu'au bout, et qui ont su se faire estimer de leurs ennemis même.

Le réduit que l'on choisit est presque toujours l'église; on met les murs de son cimetière en état de défense, comme nous l'avons dit précédemment, et l'on fait dans l'église les dispositions suivantes : On bouche les portes et les fenêtres basses, en ne laissant qu'une seule porte de

libre; on emploie pour cela des madriers de $0^m,10$ d'é-
paisseur, ou mieux encore les dalles dont l'église est pavée
et avec lesquelles on fait très-lestement une maçonnerie.
On ménage des créneaux dans ces maçonneries, qui devront suffire à la défense, lorsque le plan de l'église aura,
comme cela arrive souvent, la forme d'une croix, et qu'il y
aura sur chaque face de cette croix quelques ouvertures ;
parce qu'alors ces créneaux, se flanquant mutuellement,
auront, quoiqu'en petit nombre, beaucoup de valeur.

Si l'église n'avait pas cette disposition favorable au
flanquement, les créneaux des fenêtres ne suffiraient pas
à sa défense, parce que l'ennemi trouverait un abri entre
les fenêtres. Il faudra donc, dans ce cas, percer des créneaux dans la muraille sur tout son pourtour, pourvu toutefois que cette muraille ne soit pas trop épaisse, qu'elle
n'ait pas plus de $0^m,80$. On construira de plus, si l'on en
a le temps et les moyens, un tambour sur chacune des
faces de l'église, afin d'obtenir quelques coups de fusil
par le côté.

228. Une dernière disposition consiste à construire au-
dessus des portes mal flanquées une galerie à *machicoulis*,
sur laquelle on arrive par une fenêtre ou par une ouverture percée exprès dans la muraille. Au moyen de ces machicoulis ou trous ménagés dans le plancher de la galerie,
on peut défendre, à coups de pierres et de grenades, les
approches des portes et le pied du mur. Les machicoulis
faisaient la principale défense des murailles dans les anciennes forteresses.

On donne à cette galerie $0^m,60$ de saillie dans œuvre,
et à son garde-fou, construit en madriers jointifs à l'é-
preuve du mousquet, $1^m,00$ de hauteur, pour qu'il puisse
servir de parapet (fig. 52e).

Les corbeaux destinés à supporter les galeries, sont faits en *quatre de chiffre*, dont la queue traverse la muraille et est retenue en dedans par une pièce transversale avec laquelle elle est fortement chevillée. Une des branches du corbeau s'applique contre la muraille et l'empêche de faire bascule. Les corbeaux sont espacés de 3 à 4 mètres ; ils supportent deux longrines sur lesquelles sont cloués les plateaux tant plein que vide.

La galerie machicoulisée s'établit ordinairement à la hauteur d'un plancher ou de l'extrados d'une voûte, afin de pouvoir y arriver aisément.

Quoique la disposition que nous venons d'indiquer soit assez simple en elle-même, il faut cependant du temps et des moyens pour la mettre à exécution, et l'on n'a pas toujours tout cela à sa disposition.

229. Voici un moyen de remplacer à peu de frais la galerie à machicoulis, quand on manquera des moyens nécessaires à sa construction (fig. 53e).

On commencera par raser la muraille à hauteur d'appui, au-dessus d'un plancher, et dans toute l'étendue que les machicoulis doivent occuper. Après cela on fixera avec des crampons plantés dans le mur une pièce horizontale *a*, sur laquelle on chevillera des plateaux *b*, tant plein que vide. Ces plateaux supporteront une seconde pièce horizontale *c*, qui y sera clouée; et celle-ci, par le moyen de petits bras verticaux assemblés sur elle à mi-bois, supportera trois plateaux *d* de $0^m,10$ d'épaisseur. Ces plateaux mis en travers, deux au-dessus et un au-dessous du plancher de la galerie, fortement cloués ou chevillés sur les petits bras, serviront de parapet à ceux qui s'avanceront au-dessus du mur pour jeter des cailloux sur les assaillants, par les machicoulis réservés entre les plateaux *b*.

Un fort liteau cloué sur la queue de ces plateaux en augmentera la stabilité.

230. Si l'on craint que l'ennemi puisse enfoncer de loin la porte de l'église en se servant du canon, on la masque par un *blindage* composé de poutres inclinées qui s'appuient contre la terre par une de leurs extrémités et par l'autre contre la muraille ; on plaque contre ces poutres jointives 1 ou 2 mètres de terre bien damée, ou du fumier, à l'épaisseur suffisante.

Ces blindages servent encore à se procurer des abris contre l'obus dans les postes découverts ; les soldats y trouvent le repos si nécessaire après les actions chaudes et opiniâtres.

Les blindages qui ont uniquement cette destination, peuvent être doubles et se faire en plein champ, une moitié appuyant l'autre.

Dans les retranchements de quelque durée, on fait les logements des troupes en manière de blindages légers, si l'on n'a pas de planches pour faire des baraques, et ces logements ont même l'avantage d'être facilement mis à l'épreuve du fusil. Pour les construire, on creuse de 0m,60 tout le terrain sur lequel ils doivent reposer, et l'on dresse des branches ou des chevrons contre un faîte tenu par des poteaux à la hauteur suffisante ; on recouvre ces branches ou chevrons d'autres branches en travers, et on plaque par-dessus le tout une couche de terre ou de gazon de 0m,30 d'épaisseur.

231. Quand on a une cassine à mettre en état de défense, il faut commencer par boucher portes et fenêtres, ou pour mieux dire par boucher les fenêtres et barricader les portes. Ces barricades, que vous pouvez renverser quand vous le jugez bon, vous laissent la faculté de sortir de la maison pour forcer l'ennemi quand vous êtes aux abois, et pour vous échapper pendant la nuit. S'il y a quelque issue à condamner définitivement, on la ferme avec de la terre, du fumier, ou avec de forts madriers arc-boutés en arrière par des poutrelles ou des rondins.

Les murs, à tous les étages, seront percés de créneaux auxquels on donnera une forte plongée, pour pouvoir atteindre l'ennemi au plus près de la muraille. Les créneaux du rez-de-chaussée seront élevés de 2^m au-dessus du sol, pour ôter à l'ennemi la possibilité de les emboucher.

La banquette nécessaire pour faire usage de ces derniers créneaux, sera faite avec des planches échafaudées sur des chevalets, des tonneaux, etc. Dessous cette banquette on pourra encore percer à ras-terre un second rang de créneaux.

On fera son possible pour percer un créneau sur chaque angle de la cassine, car c'est là la partie faible; mais les pierres de taille qu'on rencontre presque toujours en ces endroits, rendent souvent la chose impossible.

On ne peut pas songer ici à faire des machicoulis au dehors; on n'a pas assez de moyens pour cela ; mais on peut, en montant jusqu'au dernier plancher, pratiquer dans le toit des ouvertures par lesquelles on jettera sur l'assaillant tout ce qui tombera sous la main.

N'oublions pas d'abattre en entier la couverture si elle est de chaume : l'ennemi y mettrait trop facilement le feu, et dans la défense d'une maison, rien n'est si à craindre que le feu : dans l'intention de s'en garantir, il faut couvrir de fumier les différents planchers et mettre des cuves remplies d'eau à tous les étages.

On étançonnera les poutres qui portent sur les murailles pour que si l'ennemi a du canon avec lequel il puisse battre en brèche la cassine, la chute des murailles n'entraîne pas celle des planchers et des combles.

On aura des objets tout prêts, tels que meubles, poutres ou branches d'arbres, approvisionnés exprès pour boucher les brèches dans les parties basses de la muraille, et par lesquelles l'ennemi pourrait entrer.

Il faudra savoir profiter des flanquements que la disposition du bâtiment peut offrir, et il en est peu qui ne présentent, soit d'un côté, soit de l'autre, un pareil avantage.

232. Derrière les portes barricadées on prépare une façon de retranchement fait avec les solives de la toiture ou les meubles de la maison, pour recevoir à bout portant et à l'abri de son premier choc l'ennemi qui serait parvenu à enfoncer la porte. De plus, on coupe le plancher au-dessus de la porte pour pouvoir percer de la baïonnette, ou avec les broches de la cuisine, les fourches de l'écurie, etc., ceux des ennemis qui se trouvent au-dessous. De nuit, ces moyens de défense sont excellents ; les assaillants voient tomber les leurs sans s'apercevoir quelquefois de quel côté les coups partent ; ils restent à batailler, ils font beaucoup de bruit, à leur grand désavantage, et ne pensent pas à mettre le feu à la cassine, vrai moyen de s'en rendre maître, quand une fois les portes sont enfoncées, et que les défenseurs tiennent toujours.

Si la maison est entourée d'un mur de clôture, il va sans dire qu'on le disputera d'abord, et qu'on ne se retirera dans la maison qu'après y avoir été contraint. Le mur de clôture sera donc aussi disposé pour la défense, suivant les principes établis dans les numéros précédents.

Enfin, quand il y a des chambres qu'on ne peut pas défendre, il faut en enlever le plancher pour ôter le passage à l'ennemi et lui rendre ces chambres inutiles. C'est dans les derniers galetas que doit se faire la capitulation. Tant qu'il reste encore quelque pièce où l'on puisse se retirer, il faut tenir bon à l'endroit où l'on se trouve et disputer les planchers pied à pied. Mais quand on est fort, ce n'est pas à la capitulation qu'il faut songer, c'est plutôt à faire une trouée quand l'ennemi, fatigué d'attaques inutiles, hésite ou se repose. Tombons sur lui à l'improviste, que notre audace l'étonne et l'effraie ; courons sans balancer sur tout ce qui s'oppose à notre passage, soyons téméraires, la fortune fera le reste.

Dans la guerre de la Vendée, quatre cents républicains se défendirent dans une église de Saint-Cyr, contre près de dix mille paysans ; ils empêchèrent ceux-ci de mettre le feu à l'église et leur tuèrent un grand nombre d'hommes. Les Vendéens, après deux heures d'inutiles efforts, se décidèrent à se retirer. Voyant ce mouvement rétrograde, les audacieux républicains ouvrent les portes de l'église, attaquent l'arrière-garde ennemie et en font un grand carnage. Pourquoi faut-il que ce soit une guerre civile qui nous offre un si bel exemple !

Des Blokhaus.

233. J'ai cru devoir rejeter ici la description du *blokhaus* ou redoute couverte, parce que cette espèce d'ouvrage a beaucoup de rapport avec une maison préparée pour la défense.

Le blokhaus est le retranchement par excellence dans les pays de montagnes, par la triple raison qu'on trouve sur les lieux tous les bois nécessaires, que l'ennemi ne peut amener du canon qu'avec beaucoup de peine, et qu'il est bien difficile de choisir en de pareils sites une position qui ne soit pas dominée d'une manière trop prononcée pour qu'il soit possible d'y construire un ouvrage découvert.

Le blokhaus se fait ordinairement sur un plan rectangulaire de 6 à 8 mètres de largeur dans œuvre (fig. 54e) ; mais quand on peut lui donner des dimensions suffisantes, sa projection horizontale a la forme d'une croix, en sorte que ses feux se flanquent mutuellement (fig. 55e).

Le blokhaus peut n'avoir à craindre que la mousqueterie ; il peut aussi être attaqué par le canon : son profil doit donc différer dans ces deux circonstances.

234. Dans le premier cas, le blokhaus *retranchement* sera semblable au blokhaus *réduit* (fig. 56e) dont nous avons parlé au n° 130 ; ses côtés seront tout simplement construits avec des files de poutres jointives, entre lesquelles, et de mètre en mètre, on aura ménagé des créneaux.

Les lits de camps servent de banquettes pour tirer aux créneaux. Ces lits de camp, de 2 mètres de largeur, ont $0^m,70$ de hauteur au chevet, et $0^m,40$ au pied.

Le blokhaus aura 6 mètres de largeur, en sorte que les deux lits de camp opposés laisseront pour la circulation un espace libre de 2 mètres. Le plancher supérieur sera établi à $2^m,70$ au-dessus du sol.

Les poutres qu'on emploiera pour faire les parois extérieures du blokhaus auront de $0^m,25$ à $0^m,30$ d'équarrissage ; elles seront enfoncées en terre d'un mètre au moins, et couronnées horizontalement d'un chapeau. Des tirants de même équarrissage s'assembleront à queue d'hironde dans les chapeaux, et empêcheront l'écartement des faces opposées. Ces tirants, espacés entre eux de 3 à 4 mètres d'axe en axe, supporteront des poutrelles de $0^m,20$ sur $0^m,25$ d'équarrissage, posées tant plein que vide ; et c'est

sur ces poutrelles que seront placés jointivement les plateaux que l'on recouvrira d'une couche de terre de 0^m,50
d'épaisseur.

La portée des tirants étant un peu forte, ils peuvent flé-
chir sous le poids des terres ; il convient alors d'en soutenir le milieu par un pointal, quoique la figure ne l'indique
pas.

Pour que l'ennemi ne puisse pas incendier le blokhaus,
il faut l'en tenir éloigné, et pour cela creuser un fossé à
grand talus de 4 mètres de largeur, 2 mètres de profondeur, dont les terres seront en partie relevées contre le
blokhaus, jusqu'à la hauteur des créneaux, et en partie
employées à le couvrir et à former tout autour un petit
glacis. Ce fossé se creusera à 2^m,80 ou 3^m,00 de distance,
afin de se ménager l'espace suffisant pour le relèvement
des terres. On multipliera les obstacles sur le glacis, tels
que trous de loup, abatis, etc.

Un petit pont, supporté dans son milieu par un chevalet,
donne entrée dans le blokhaus.

Les provisions de bouche se placent sur des planches à
pain suspendues au plancher, au-dessus du pied du lit de
camp, emplacement où elles gênent le moins.

235. Le blokhaus qui doit résister à du canon ne diffère du précédent qu'en ce que son enceinte est formée de
deux rangées de pieux jointifs au lieu d'une seule (fig. 57e).
Ces pieux forment ainsi une espèce de caisse, qu'on remplit de terre bien damée jusqu'à la hauteur des créneaux ;
et le tout fait une muraille d'un mètre d'épaisseur.

Ces blokhaus, plus importants que les premiers, auront
8 mètres de largeur dans œuvre, et les tirants, quelquefois
formés de deux pièces assemblées à traits de Jupiter, seront

soutenus dans leurs milieux par des poteaux montants, armés de bras, qui reposeront eux-mêmes sur une semelle gîtée en terre. On pourra planchéier le bas.

Le blokhaus sera, dans ce cas, recouvert de 0^m,80 de terre, et sa largeur permettra encore de construire au-dessus un petit parapet de 1^m,50 de hauteur, et d'un mètre d'épaisseur; c'est un parapet à l'épreuve du mousquet, et même capable d'arrêter les petits boulets. Une échelle conduira sur cette espèce de plate-forme, d'où les bons tireurs pourront ajuster les canonniers ennemis qui auront dû s'approcher pour battre en brèche la partie de la charpente qui n'est pas couverte de terre, et qui est assez étroite pour être manquée quand on tirerait de loin.

L'évacuation de la fumée se fait par l'ouverture qui conduit sur la plate-forme.

Cette terrasse élevée n'est pas seulement utile au moment de l'attaque, elle sert encore de belvédère où les soldats vont respirer un air frais, lorsque, bloqués par l'ennemi, il y aurait pour eux trop de danger à sortir du retranchement; c'est là-dessus que peuvent se préparer les aliments; et c'est de là qu'une vigilante sentinelle vous fait connaître tous les mouvements de l'ennemi.

Si le blokhaus est destiné à rester longtemps sur pied, ou s'il se construit dans la saison pluvieuse, il faut quelques précautions pour se garantir des eaux dont les infiltrations sont extrêmement à redouter. Ainsi on doit calfater soigneusement tous les joints du plancher supérieur et le couvrir d'une bonne couche de goudron. On pourrait encore, et ce serait peut-être le plus sûr, terminer le blokhaus par un toit ordinaire couvert de tuiles ou d'ardoises par-dessus lequel on mettrait 0^m,30 de terre pour le garantir du feu.

236. On peut faire le blokhaus à moins de frais, en construisant une simple redoute de forme rectangulaire, et plantant contre le talus intérieur du parapet, et à **3** ou **4** mètres de distance les uns des autres, des poteaux montants qui, couronnés d'un chapeau, supporteront les sommiers; par-dessus les sommiers seront placées les poutrelles, comme on l'a indiqué dans les numéros précédents.

Le feu se fera par le créneau longitudinal qui existe entre la charpente et le parapet. Les vides des sommiers au-dessus des chapeaux donneront issue à la fumée. (Voy. la fig. 58ᵉ qui suppléera à ce que cette description peut avoir d'obscur; elle représente le blokhaus vu de l'extérieur.)

L'intérieur de ce blokhaus est le même que celui des autres, seulement les terres du parapet sont retenues par un revêtement en fascines, au lieu de l'être par des poutres jointives.

Il résulte de cette nouvelle disposition une grande économie de bois; mais aussi il y a moins de solidité et l'on est moins bien couvert.

En Algérie, on a pu faire les blokhaus en simple charpente, sans parapets de terre, parce qu'ils n'étaient point exposés à l'attaque du canon. Recouverts d'un toit ordinaire, ils étaient plus salubres et leurs garnisons pouvaient y demeurer longtemps, sans être incommodées par l'humidité; aussi a-t-on fait un grand usage de ce moyen de défense pour mettre le pays occupé à l'abri des incursions des Arabes.

Ces petits blokhaus étaient à deux étages et construits sur un carré de 6ᵐ,00 de côté; l'étage inférieur ayant 3ᵐ,00 de hauteur, et le supérieur 2ᵐ,50: celui-ci dépassant l'autre d'environ un mètre, de manière à obtenir un machicoulis tout autour. On y entrait par l'étage supérieur au moyen d'une échelle qu'on retirait ensuite.

237. J'ai pensé qu'il serait convenable, en terminant cet article, de dire un mot des principaux assemblages de charpente que l'on peut être appelé à mettre en usage dans la construction des blokhaus; je les ai réunis dans la fig. 59ᵉ. Le premier, marqué **A**, est l'assemblage à *redans* ou en *trait de Jupiter*. Il sert à ajouter bout à bout deux pièces qui doivent servir de sommier ou de tirant, et qui, en même temps qu'elles ont à supporter un poids, doivent résister à un écartement quelconque. Le sommier du grand blokhaus (fig. 57ᵉ) offre un pareil assemblage.

Le second, **B**, est l'assemblage à *queue d'hironde*; il n'a d'autre objet que d'empêcher un écartement. Les sommiers sont assemblés dans les chapeaux à queue d'hironde.

Le troisième, **C**, est l'assemblage à *tenon et embrèvement*; c'est celui qu'on emploie pour les jambes de force et les supports obliques. L'embrèvement est l'extrémité de la poutre taillée en onglet, qui, aussi bien que le tenon, entre dans la pièce sur laquelle se fait l'assemblage; il donne plus de force au point d'appui.

Le quatrième, **D**, est l'assemblage à *tenon* simple; on l'emploie pour placer une colonne verticale sur une semelle ou toute autre pièce horizontale.

Le cinquième, **E**, est l'assemblage à *tenon renforcé*, mis en usage toutes les fois qu'une pièce assemblée horizontalement dans une autre pièce, doit supporter un poids considérable; le renfort du tenon le rend capable de résister à la rupture.

Enfin, le sixième, **F**, est l'assemblage à *mi-bois*, employé toutes les fois que deux pièces doivent être simplement superposées, sans que l'une s'élève plus que l'autre.

Attaque d'un village retranché.

238. J'en ai dit assez dans ce chapitre pour faire connaître quelle est la conduite qu'on doit tenir dans la défense des postes militaires ; je terminerai par une description rapide de l'attaque d'un village retranché.

Dans toute opération de guerre il faut connaître à fond le terrain sur lequel on doit opérer, sous peine de marcher à tâtons et de laisser au hasard tout le mérite du succès.

Ainsi donc, vous qui êtes chargé de l'attaque d'un village retranché, allez sous l'escorte d'un petit nombre de vos meilleurs soldats, la lunette à la main, et souvent vêtu comme eux, armé du fusil et le sac sur le dos ; allez explorer vous-même tous les environs ; faites un grossier dessin de tout ce qui mérite votre attention. Voyez cette hauteur de laquelle on découvre dans toute sa longueur la principale rue du village, c'est là que vous devez placer une de vos principales batteries. Ce petit bois qu'occupe maintenant l'ennemi conduira vos tirailleurs, quand ils s'en seront emparés, jusqu'aux portes du village ; cette chaussée, coupée en plusieurs endroits, est facile à réparer. Une légère ondulation de terrain, qui ne peut être découverte que par un œil exercé, vous indique déjà qu'une partie de vos troupes attendra sous son abri le signal de l'attaque.

Vous pouvez compter les ouvrages construits par l'ennemi, apprécier sa force par le nombre de ses drapeaux ; vous voyez briller son artillerie, vous découvrez son réduit. Là, de grands mouvements de terre vous indiquent qu'il est en mesure sur ce point : ici, quelques murailles crénelées vous paraissent le seul obstacle que vous aurez à franchir, mais probablement que, flanquées par les redoutes, leur approche est difficile ; une batterie néanmoins sera disposée pour y faire brèche.

Cette ferme isolée, dans laquelle l'ennemi semble avoir des forces imposantes, vous engage à diriger sur elle vos premiers efforts ; sa prise doit précéder celle du village ; sa conquête sera le prélude de vos succès.

Vous vous êtes approché autant que vous l'avez pu, autant que vous l'ont permis les avant-postes de l'ennemi ; néanmoins bien des choses restent pour vous douteuses, quelques défenses vous ont échappé ; la nuit qui s'approche ne vous permet pas de prolonger davantage votre examen ; mais vos adroits voltigeurs découvriront demain ce que vous n'avez pu voir aujourd'hui ; comptez sur eux pour trouver la véritable route qui doit vous conduire dans les retranchements de l'ennemi.

Après être rentré, vous ferez vos dispositions pour l'attaque ; vous donnerez vos ordres ; vous vous montrerez ensuite aux bivouacs, et vous approchant des feux, vous vous adresserez amicalement à vos soldats pour leur parler de la belle journée du lendemain ; votre air de contentement, vos saillies, assaisonnées du propos militaire, persuaderont aux plus timides que la conquête est facile, et fortifieront le courage de tous.

239. Avant que le jour paraisse les troupes ont pris leur repas ; déjà l'avant-garde s'est mise en route pour arriver au point du jour sur les avant-postes ennemis ; les colonnes se forment et prennent les directions que le chef leur a indiquées : l'artillerie les suit.

L'aurore commence à éclairer les objets; bientôt les détachements les plus avancés reconnaissent les postes qu'il faut enlever ; ils s'approchent toujours jusqu'à ce que, découverts, une décharge de mousqueterie proclame leur arrivée ; alors le jeu des tirailleurs commence, et quand le soleil paraît, tous les postes extérieurs sont en leur pouvoir.

Cependant l'artillerie arrive au trot pour prendre ses positions ; le canon se fait entendre ; il a d'abord à lutter contre celui de l'ennemi ; mais bientôt, supérieur par le nombre, il le fait taire ; ses coups se dirigent alors sur les murailles ; de nombreuses brèches se manifestent ; les boulets bondissant le long des rues forcent les défenseurs à se blottir derrière les maisons ou dans l'intérieur des redoutes ; les obus qui éclatent de toutes parts ne leur laissent aucun repos ; le feu est à plusieurs maisons ; une horrible détonation, qui pour longtemps couvre le village d'une épaisse fumée, annonce les désastres de l'ennemi. Alors les voltigeurs s'élancent, enveloppent le village de toutes parts ; le canon se tait, et les troupes de ligne se préparent à marcher. Cette grande quantité de tirailleurs harcèle l'ennemi, répond à son feu, s'approche insensiblement ; les plus hardis sont déjà vers la brèche ; les sapeurs qui les accompagnent abattent les haies, enfoncent les portes ; quelques-uns pénètrent, les autres les suivent, et la chaîne non interrompue qu'ils forment comme par instinct, vous trace la route que vous aurez à suivre. Alors le signal de l'attaque est donné, les colonnes sortent des fonds où elles se tenaient cachées, franchissent l'espace qui les séparait de l'ennemi, et arrivent au secours de leurs voltigeurs, qui, déjà pressés par l'ennemi, évacuent les brèches et cherchent des abris.

Les têtes de colonnes se présentent devant les principaux défilés; elles renversent les barricades; elles escaladent les parapets, et se fraient des routes nouvelles, pendant que les tirailleurs entrent par les ouvertures, sautent par-dessus les haies et les murailles : c'est un essaim qui harcèle l'ennemi et le poursuit jusque dans ses derniers retranchements. Cependant les troupes de ligne, maîtresses des défenses extérieures, se rallient, prennent un ordre de bataille dicté par les localités, et se mettent en mesure d'envelopper et d'écraser l'ennemi.

L'artillerie ne tarde point à arriver; elle n'a quitté ses positions qu'après s'être assurée du succès de l'attaque; elle braque ses pièces contre l'église qui sert de refuge aux défenseurs; quelques-uns se sont échappés par des issues dérobées, et font tous leurs efforts pour résister aux détachements de cavalerie qui les poursuivent dans la plaine.

Pendant qu'une partie des troupes assiégent le réduit, d'autres s'attachent à une redoute dont les feux n'ont point encore cessé, et qui, pendant tout le temps de l'attaque, a fait le plus grand mal aux colonnes qu'elle prenait par le flanc. Le réduit et la redoute, enveloppés de toutes parts et serrés toujours davantage, ne tardent pas à capituler; leurs défenseurs sortent avec les honneurs de la guerre et viennent déposer leurs armes aux pieds du vainqueur.

240. Ainsi doit marcher l'attaque d'un village isolé et abandonné à ses propres ressources; mais quand les secours peuvent lui arriver, quand il est à proximité de quelque corps qui le protége, il faut une prodigieuse supériorité de forces pour être sûr de s'en emparer. Rien de

plus dangereux en effet, que de se présenter aux brèches quand l'ennemi peut manœuvrer lui même et prendre les colonnes d'attaque par le flanc; on se voit souvent repoussé deux ou trois fois pour ne pénétrer qu'à la quatrième, et souvent encore ce triomphe n'est-il que passager; l'ennemi, après avoir reçu des troupes fraîches, fait une charge, et vous chasse de ce village, dont la prise vous a coûté tant de sang, et dont les défenses rasées ne vous permettent plus de faire la moindre résistance.

On a vu des villages pris et repris jusqu'à dix fois sur un champ de bataille.

CHAPITRE DIXIÈME.

Des campements ou de la castramétation.

—

241. L'art de la guerre, ramené à ses véritables principes, a fait sentir la nécessité de débarrasser les armées de cette quantité innombrable de bagages qui les accompagnaient, et qui les rendaient si lourdes qu'à peine on en pouvait obtenir des marches de cinq ou six lieues par jour.

Avant la révolution de France, une armée n'aurait pas fait une étape sans se faire suivre de ses tentes et de ses boulangeries; maintenant plus agile, elle bivouaque dans les champs ou se cantonne dans les villages; ses divisions éparpillées en apparence, mais toujours en communication, pourvoient séparément à leur subsistance; elles campent, ou pour mieux dire bivouaquent ou se cantonnent dans des positions de leur choix. Les troupes légères qui les couvrent à une grande distance et occupent toutes les avenues, leur annoncent l'arrivée de l'ennemi, et leur donnent le temps de se réunir pour combattre sur un terrain désigné d'avance par le général comme lieu de rendez-vous. Les unes y arrivent en opérant une retraite de quelques lieues, les autres par une marche de flanc ou en se portant en avant, et toutes ensemble s'échelonnent ainsi et se protégent sur le champ de bataille.

L'armée étendue de la sorte sur un espace de quatre ou cinq lieues en carré trouve assez de logements dans les villages dont elle est maîtresse pour pouvoir se passer de tentes, et, pourvu qu'elle ne fasse pas un trop long séjour, les ressources du pays la feront vivre. La cavalerie, quelque nombreuse qu'elle soit, ne manque pas de fourrages verts ou secs, et l'on ne se voit plus contraint de livrer ces perpétuels et sanglants combats pour se procurer une cruche d'eau ou faire une trousse d'herbe fraîche. La petite guerre a perdu de son importance, mais les troupes légères sont devenues indispensables; elles sont l'œil des armées.

242. Avant ces guerres, où tant de généraux qui n'avaient pour guide que leur génie, et qui, dépourvus d'anciens préjugés, se sont acquis une brillante réputation en s'élevant au-dessus de la vieille tactique, les armées marchaient unies, sur plusieurs colonnes, à distance de déploîment, s'ouvrant des routes avec la hache, se faisant précéder d'une timide avant-garde, et traînant à leur suite ces lourds bagages si bien nommés par les Romains *impedimenta*. Après avoir parcouru quelques lieues, cette symétrique et tardive machine s'arrêtait, se déployait, dressait ses tentes, et campait ainsi sur le terrain que le hasard lui livrait; le talent du général consistait à combiner ses marches de manière à arriver chaque jour sur une position plus ou moins avantageuse; mais qu'il était rare d'en trouver une qui méritât ce nom! Le plus souvent les corps campés sans intervalles, à la suite les uns des autres, et dans leur ordre de bataille, se trouvaient les uns sur des hauteurs, les autres dans des bas-fonds ou des marais; la cavalerie, bien ou mal placée, devait choisir ses camps sur les ailes ou sur les derrières. Les grand-gardes, cou-

vertes par quelques redans ou par des abatis que chaque
jour il fallait construire, étaient placées à quelques cen-
taines de mètres en avant des tentes ; les gardes ennemies
les touchaient presque. De là, ces combats de tous les jours,
ces pertes sans résultats, cette pénurie de ressources,
ces surprises si fréquentes, et cette grande difficulté de
rien entreprendre que l'ennemi n'en fût instruit aussitôt
et ne fit échouer. Rien de grand, rien de décisif avec un
pareil système. On peut gagner des batailles, on peut prendre des forteresses, et avoir zéro pour résultat à la fin de
la campagne, si les armées ne sont pas organisées de manière à préparer les succès et à en profiter par des marches
rapides et savamment calculées. Le plus grand général des
temps modernes nous a donné à cet égard les plus brillan-
tes leçons ; ses ennemis n'ont pu le vaincre qu'en imitant
sa conduite. Dès qu'ils eurent compris la fameuse maxime
du maréchal de Saxe : *que les succès de la guerre sont dans
les jambes des soldats* ; dès qu'ils eurent deviné le système
de concentration, ils purent lutter avec quelque avantage.

243. Tous les militaires sont maintenant d'accord
qu'une armée sur l'offensive doit se débarrasser de ses bagages. Mais rien n'est exclusif dans le métier des armes ;
si, pour marcher plus vite, on ne se charge pas de tentes
dans les cas ordinaires, il est cependant une foule de circonstances où elles peuvent être d'une grande utilité. Une
armée se trouve dans une province peu peuplée ; il faut,
pour résister à un ennemi qui l'enveloppe, qu'elle se tienne
rassemblée ; il n'y a pas de bois pour faire des baraques en
feuillages, et cependant le repos est nécessaire aux soldats ; le général sent alors combien il eût été prudent de
se faire suivre par des chariots chargés de tentes, qui,
sans gêner l'armée dans ses opérations, se seraient tenus

à quelques journées de marche, sous l'escorte d'une réserve et ne se seraient avancés qu'à sa réquisition.

Puis donc qu'il est des circonstances rares à la vérité, mais qui cependant se présentent, où l'on peut faire usage des tentes, je dois indiquer la manière de les disposer, donner en un mot quelques détails sur la *castramétation*; et je le fais d'autant plus volontiers, que des troupes stationnées en observation ou dans des camps d'exercice seront souvent logées sous la toile.

244. Les règlements militaires de chaque nation font connaître l'ordonnation des camps d'infanterie, de cavalerie et d'artillerie; nous renverrons donc à ces règlements pour ne pas charger inutilement ce petit traité. Nous dirons seulement ici que le principe général sur lequel les tracés des camps sont appuyés, est celui-ci : *Le front de bandière, c'est-à-dire le côté extérieur du camp, celui qui fait front à l'ennemi, doit être égal en longueur à l'espace qu'occupe la troupe en bataille; et cela non-seulement pour le corps en général, mais aussi pour toutes les subdivisions du corps.* Ainsi, le camp d'un régiment aura la même longueur que le régiment en bataille; celui d'un bataillon ou d'un escadron, même longueur que le bataillon ou l'escadron déployé. On conçoit par là que la profondeur du camp dépendra du nombre d'hommes dont chaque corps est composé; car les tentes occupant des espaces déterminés, il faut, pour qu'elles laissent entre elles des intervalles libres et suffisants pour les communications, les placer sur un certain nombre en hauteur. Avec la force ordinaire de nos bataillons, on campe par demi-compagnies, c'est-à-dire que chaque file de tentes perpendiculaire au front de bandière loge une demi-compagnie. Mais si le bataillon est faible, il faut camper par compagnies,

afin qu'en diminuant le nombre des files, on puisse trouver entre les tentes des rues assez larges. Elles doivent
avoir au moins 6 mètres pour les camps d'infanterie, et
12 pour ceux de cavalerie ; dans ces derniers, les chevaux
attachés à des piquets occupent une partie de la rue, qui,
du reste, doit être assez large pour permettre l'arrivage
des voitures de fourrage.

Il est nécessaire de savoir, pour la détermination du front
de bandière, qu'un homme occupe $0^m,60$ dans les rangs,
et que l'on compte un mètre pour chaque cavalier.

245. Si, par exemple, il s'agit d'un bataillon de six
compagnies fortes de 75 hommes, l'effectif sera de 450 ;
ôtant le dixième pour les serre-files, il restera 400 hommes qui, sur deux rangs, donnent 120 mètres de front,
à raison de $0^m,60$ par homme, comme il vient d'être dit :
telle est l'étendue du camp. Et si l'on campe par demi-
compagnies, il y aura douze files de tentes qui prendront
72 mètres, en comptant six mètres par tente, et en com-
prenant les intervalles, ainsi qu'il le faut pour les tentes
dites du nouveau modèle. Il restera donc 8 mètres pour
chacune des six rues.

Prenons pour second exemple un escadron de 120 chevaux, et commençons par défalquer le dixième pour les
cavaliers hors de rang. Il restera 108 chevaux, lesquels,
sur deux rangs et à raison d'un mètre par cavalier, donnent un front de 54 mètres. Formant quatre files de tentes, elles occuperont 24 mètres ; il en restera donc 30
pour les deux rues, ou 15 pour chaque rue.

Quelle que soit la disposition intérieure du camp, on
met toujours les armes en faisceaux ou sur des chevalets,
en avant du front de bandière et sur une ligne qui lui est
parallèle. Les cuisines se font ordinairement derrière les

tentes des soldats, pour chacune desquelles on compte huit mètres de profondeur , intervalles compris. Viennent ensuite les tentes des sous-officiers, puis celles des officiers; il est bon que ces dernières soient placées vis-à-vis les rues des camps, pour que la surveillance soit plus facile. Les états-majors se placent encore plus en arrière. On creuse des fossés dans les endroits les plus cachés pour servir de latrines : celles des soldats sont en avant du front, celles des officiers sont en arrière.

246. Les cuisines de camp ne sont autre chose qu'une gazonnade ou petit épaulement de $1^m,00$ de hauteur et $0^m,65$ d'épaisseur. On lui donne en longueur un mètre pour chaque feu , et il y en a ordinairement quatre par compagnie. En sorte que la cuisine d'une compagnie a environ $4^m,00$ de longueur; les foyers sont séparés par de petites traverses de $0^m,50$, sur lesquelles se posent les ustensiles de cuisine. Ces traverses ont $0^m,75$ de longueur sur autant de hauteur. Le feu s'allume dans les intervalles. Chaque marmite est suspendue à un piquet planté obliquement dans l'épaulement.

Cet épaulement se termine à droite et à gauche par un crochet de mêmes dimensions que les traverses.

Si les terres sont graveleuses, on enfonce le sol de la cuisine de $0^m,50$ au-dessous du terrain en pratiquant une rampe douce pour y arriver. On se garantit ainsi plus complétement des effets du vent.

Dans le cas d'une terre forte qui retiendrait l'eau, non-seulement on ne doit pas enterrer la cuisine , mais encore il faut l'élever de $0^m,15$ au-dessus du sol, au moyen d'une couche de gravier, pour la tenir sèche. Les terres se prennent alors dans un petit fossé que l'on creuse autour de l'épaulement.

Les sentinelles ne pouvant pas se réfugier sous la tente dans les moments de pluie, on leur construit des guérites en chaume ou en paille tressée. La meilleure forme à leur donner est la forme ronde ; 0^m,80 de diamètre intérieur et une ouverture de 0^m,50 pour la porte. Le toit doit déborder tout autour pour écarter autant que possible les eaux de pluie.

247. Les Romains fortifiaient toujours leurs camps, et les retranchements qu'ils employaient n'exigeaient que quelques heures de travail ; il suffisait, pour résister aux armes alors en usage, de creuser un fossé, d'élever avec les terres qui en provenaient une terrasse sur laquelle on plantait verticalement une palissade formant une espèce de parapet de 1^m,30 en hauteur [1], derrière lequel et à l'aide des boucliers on trouvait un abri suffisant pour combattre l'ennemi avec avantage. Les soldats portaient avec eux les palis qui servaient à la construction du retranchement : cela faisait partie de leur équipage militaire. Cette facilité de se couvrir si lestement et de se mettre en moins d'une nuit en état de résister à une attaque, faisait que les Romains mettaient peu d'importance dans le choix de la position d'un camp sous le point de vue défensif ; ils ne cherchaient que les endroits où ils pussent trouver de l'eau, du bois et des fourrages. Il leur était aussi permis de camper dans un ordre serré, presque toujours en carré, parce que leurs retranchements les mettaient à l'abri des surprises ; ils étaient dans leur camp comme dans une petite forteresse. Cette

---

[1] Si le camp devait avoir quelque durée, on agrandissait le fossé, on relevait la terrasse, et on transformait la palissade en un parapet couronné de créneaux. Ce qui, au rapport de l'historien Josèphe, donnait au retranchement, vu de loin, l'apparence d'une muraille. Ce parapet se faisait avec des gazons ou avec des claies.

forme du camp faisait qu'on trouvait toujours un terrain convenable pour le recevoir, et elle contribuait singulièrement à abréger le travail, auquel on n'employait à la fois qu'une faible partie de la troupe.

248. Pour nous, qui devons élever des retranchements à l'épreuve du canon, il nous est impossible de les construire dans l'espace d'une nuit ; cela fait que nous nous contentons souvent d'ébaucher quelques redans en avant du front de bandière et sur les flancs de la position. Pour remédier autant que possible à l'insuffisance de l'art, nous cherchons avec soin des sites favorables à la défense, pour y dresser nos tentes, aussi bien que pour y établir nos bivouacs ; il nous faut des positions telles que les ailes du camp soient appuyées à des obstacles naturels, et que sur son front le terrain présente une pente douce en forme de glacis extérieur. Mais on ne rencontre pas toujours des sites aussi avantageaux ; en sorte que nos camps, considérés isolément et sans protection extérieure, seraient aisément forcés, faute de bons retranchements, s'ils étaient comme ceux des Romains disposés en carré plein. Il a donc fallu prendre l'ordre de bataille pour l'ordre de campement, afin qu'au premier signal les troupes pussent paraître en ligne prêtes au combat sur toute l'étendue de la position ; et cela était surtout nécessaire à cette époque où les positions n'étaient pas couvertes par des troupes légères bivouaquées à de grandes distances, et où il était si facile à un corps de cavalerie de surprendre un camp.

Ce n'est pas seulement la difficulté de faire en peu de temps des parapets à l'épreuve, qui s'oppose à la construction habituelle et journalière des retranchements ; c'est encore que très-souvent on ne trouve pas assez d'outils pour armer tous les travailleurs. On éviterait cet inconvénient, si chaque soldat portait en trousse un outil, pelle, pioche ou hache, comme les sapeurs français l'ont fait dans les dernières guerres.

249. Si l'on veut n'élever que des retranchements à l'épreuve du fusil, on pourra le faire dans l'espace d'une nuit, et ces retranchements, si médiocres qu'ils soient, suffiront toujours ; car ils n'ont d'autre objet que d'arrêter les détachements de cavalerie, qui, éludant les corps d'observation, arriveraient inopinément sur la position principale pour faire quelque dégât et se sauver ensuite. De simples abatis, le chevalet sur lequel les fusils sont quelquefois appuyés, seront souvent les seuls retranchements nécessaires. Mais si l'on se propose d'attendre l'ennemi pour le combattre, il faudra faire mieux que cela, et construire la ligne à intervalles, telle que nous l'avons décrite dans le n° 50, ou suivre ce qu'indique le général Rogniat dans son excellent ouvrage des *Considérations sur l'art de la guerre*. Voici ses propres paroles :

« Toute l'étendue du front sera couverte de redoutes « bastionnées[1], espacées de 120 toises, de saillant en sail « lant. Ainsi, un front de 1000 toises, nécessaire pour le « camp d'un corps de trente mille hommes, exige huit à « neuf redoutes.....

« Nous supprimerons toutes les barbettes ou plates « formes d'artillerie qui exigent de si grands travaux dans « la construction des redoutes ordinaires. Nos lunettes ne « sont destinées qu'à recevoir de l'infanterie : quant à l'ar « tillerie, nous la placerons hors de nos bastions, derrière « des épaulements élevés en guise de courtine au point « d'intersection de leurs lignes de défense, position où

---

[1] Grandes lunettes ou bastions détachés.

« elle sera parfaitement protégée et défendue par le feu de
« mousqueterie des bastions latéraux ; cet emplacement
« est beaucoup plus avantageux sous tous les rapports que
« l'intérieur des redoutes. Premièrement, les pièces y se-
« ront plus en sûreté, puisque l'ennemi ne peut pas par-
« venir à ces batteries rentrantes sans se rendre maître
« des redoutes latérales, car comment braverait-il impu-
« nément les feux croisés de mousqueterie de leurs flancs
« à trente toises de distance? Secondement, elles défen-
« dront mieux les lunettes qu'elles flanqueront à une très-
« petite portée de mitraille par des feux rasants qui frappent
« tout ce qui se présente, au lieu que des canons placés sur
« les faces des ouvrages cessent d'apercevoir l'assaillant
« dès que celui-ci est parvenu sur le bord, et surtout dans
« le fond du fossé. Troisièmement, elles détourneront et
« éloigneront des lunettes le feu des batteries ennemies
« en l'attirant sur elles, de sorte que nos ouvrages ainsi
« que leurs défenseurs se conserveront intacts jusqu'au
« dernier moment, quelque faible que soit leur profil. Qua-
« trièmement, enfin, ce qui est capital à la guerre, ces
« sortes de batteries n'exigent que fort peu de temps et de
« travail pour leur construction. Le sol lui-même servant
« de plate-forme aux pièces, l'on n'est pas obligé de don-
« ner plus de 2 $\frac{1}{2}$ pieds de hauteur à leurs épaulements,
« sur 8 à 9 d'épaisseur. Mais comme il est important de
« mettre à couvert les canonniers aussitôt qu'ils ont chargé,
« on fait à côté de chaque pièce, perpendiculairement à
« l'épaulement, de petites tranchées transversales de trois
« pieds de profondeur, destinées à leur servir d'asile ; mé-
« thode usitée par les Russes et les Prussiens pour leurs
« épaulements de campagne.

« Je m'étonne qu'on n'ait pas paru sentir jusqu'à pré-
« sent les avantages immenses qui résultent de l'emplace-

« ment du canon hors des redoutes, soit pour la défense
« de ces ouvrages, soit pour celle des pièces, soit pour
« l'économie du travail.....

« On ne sait comment disposer l'artillerie dans nos re-
« doutes actuelles ; si l'on fait un terre-plein continu pour
« élever les pièces de manière à tirer par-dessus le para-
« pet, on se jette dans des travaux immenses, et l'on ré-
« duit à rien les feux de mousqueterie et la capacité inté-
« rieure ; si l'on perce le parapet d'embrasures en tenant
« la pièce au niveau du sol, on abrége le travail il est vrai,
« mais on découvre l'intérieur de la redoute ; les embra-
« sures forment des brèches qui facilitent l'escalade ; le
« tir du canon, circonscrit par les joues de l'embrasure, ne
« peut pas se promener sur tous les points où il serait
« utile, et les batteries ennemies peuvent se placer de ma-
« nière à éviter d'être contrebattues. Cette alternative d'in-
« convénients oblige à ne placer dans les redoutes actuel-
« les qu'un petit nombre de pièces sur des barbettes éle-
« vées au saillant, pièces qui se trouvent promptement
« réduites au silence par la supériorité numérique de celles
« que l'ennemi déploie sur le point d'attaque. Il n'est au-
« cune de ces redoutes qu'une vingtaine de pièces d'atta-
« que ne fassent taire en peu temps.

« Mais revenons aux retranchements que je propose.
« Les redoutes seront unies entre elles par une tranchée
« avec banquette, semblable à une parallèle de siége,
« qui s'étendra des extrémités des flancs au point d'inter-
« section des lignes de défense en forme de courtine bri-
« sée, afin de défendre les redoutes le plus directement
« possible, sans masquer leur feu de flancs. On laissera
« entre ces tranchées et les flancs des passages de cinq
« toises, consacrés aux sorties de l'artillerie et de la cava-
« lerie. Quant à l'infanterie, on pourra la faire sortir en

« bataille, en la faisant passer par-dessus le parapet de la
« tranchée, qu'on garnira à cet effet de quelques gradins
« intérieurs faits avec des fascines. »

Le général Rogniat calcule ensuite le temps nécessaire
à la construction de ces retranchements, et il trouve que
six mille hommes, ou le cinquième de l'armée, peut les
faire en moins de huit heures. Il suppose donc un cinquième pour la garde du camp et les quatre autres cin-
quièmes se relevant et travaillant tour à tour chacun pendant deux heures. De cette manière, sans trop fatiguer
les troupes, le travail sera achevé dans l'espace d'une
nuit. Nous craignons cependant qu'il n'y ait un peu d'exa-
gération dans ce calcul, et qu'il ne faille réellement plus
de temps que cela pour faire des retranchements, parce
qu'il y aura des pertes de temps inévitables dans les chan-
gements d'ouvriers.

250. S'il nous était permis de faire quelques modifications aux retranchements de notre ancien chef, nous espa-
cerions davantage les redoutes ; nous les mettrions à **300**
mètres les unes des autres, comme nous l'avons fait dans
nos lignes à intervalles, et peut-être supprimerions-nous
les tranchées, pour ne laisser entre les redoutes que les
batteries rentrantes qui doivent les défendre ; nous dimi-
nuerions ainsi le travail et rendrions plus facile l'exécution
des retranchements en y employant moins de monde. Au
reste, notre avis n'est pas qu'il soit nécessaire de se retran-
cher toutes les nuits d'une manière aussi solide, cela fati-
guerait trop le soldat ; il faut se contenter de couvrir le
bivouac par ces petits retranchements dont nous avons
parlé, et qui se font à si peu de frais : un simple bourrelet
de 1^m,30 de hauteur, avec un petit fossé en dehors et une
tranchée intérieure, suffit dans ce cas. Il faut se confier

dans la surveillance des troupes légères pour empêcher les surprises.

Des Baraques.

251. On fait quelquefois camper les troupes dans des baraques au lieu de les loger sous la tente, et cela lorsqu'il est question de rester longtemps dans la même position. Tel a été le fameux camp de Boulogne, dans les années 1804 et 1805.

La grandeur et la forme de ces baraques dépendent de la grandeur des bois dont on peut disposer; il y a de l'économie à les faire aussi grandes que possible.

Il n'y a rien de fixe dans ce genre de construction, on ne peut donc poser aucune règle; chacun doit se diriger suivant ses moyens. Nous avons fait des baraques couvertes de tuiles, et dont les intervalles que laissaient entre elles les principales pièces de la charpente étaient remplis en maçonneries de briques posées de champ, et d'autres où ces mêmes intervalles n'étaient garnis que de feuillages; nous en avons fait qui pouvaient loger une compagnie entière, et d'autres qui ne pouvaient recevoir qu'une escouade. Les charpentiers de l'endroit indiqueront toujours ce qu'il y a de mieux à faire à cet égard.

Si les troupes doivent camper l'hiver, il faut creuser l'emplacement de chaque baraque de $1^m,00$ à $1^m,20$ au-dessous du sol, parce qu'ainsi enfoncées elles sont plus chaudes. Alors ces baraques se réduisent à un simple toit composé de chevrons qui, d'un bout posent à terre et de l'autre sur un faîte soutenu par deux ou trois poteaux, suivant sa longueur. Il vaut mieux couvrir la baraque de chaume que de planches, parce que celles-ci laissent toujours passer l'eau. On descend dans la baraque par quelques marches; les côtés en terre sont tapissés de paille retenue par quelques traverses.

Il faut compter $0^m,60$ par homme dans l'établissement des baraques, et $1^m,90$ pour chaque lit de camp. Ce sont les nombres minima. Ainsi une baraque pour 16 hommes, devant remplacer la tente nouveau modèle qui, à la rigueur, suffit pour un pareil nombre d'hommes, aura $4^m,80$ de longueur et $3^m,60$ de largeur, en y établissant deux lits de camp et un couloir de $0^m,80$.

CHAPITRE ONZIÈME.

Reconnaissances militaires.

---

252. On entend par *Reconnaissance militaire* la description d'un pays, soit en forme de simple mémoire, soit avec le secours du dessin, en faisant entrer dans cette description tout ce qui peut intéresser une armée, sous le double point de vue de l'attaque et de la défense.

La reconnaissance militaire est le préalable indispensable de toute opération de guerre. Le général qui agirait sans cela, et ne recevrait d'autres directions que celles que les cartes même les plus détaillées lui peuvent donner, marcherait en aveugle et n'opérerait qu'à tâtons. Aussi voyons-nous tous les grands généraux de l'antiquité et des temps modernes mettre le plus grand prix aux descriptions topographiques, et devoir leurs succès à la connaissance intime des localités. Alexandre, sur l'Hydaspe, n'eut peut-être pas vaincu le magnanime Porus, si un habitant du pays ne lui eût fait connaître un passage facile, au moyen duquel il put déjouer toutes les mesures défensives de son redoutable adversaire.

Annibal en Italie, César dans sa guerre des Gaules. nous donnent de fréquents exemples de dispositions habilement concertées, d'après la connaissance des lieux et de l'ordre de bataille de leurs ennemis.

Turenne sur la Renchen, Luxembourg à Fleurus, savent profiter d'un pli de terrain pour porter un fort détachement sur les ailes de l'ennemi, et tirer de cette habile manœuvre les plus grands avantages.

Le grand Frédéric, à Rosbach, aperçoit l'armée française qui, par une marche de flanc, cherche à le tourner. Aussitôt il envoie sa cavalerie à la rencontre de l'ennemi, en la faisant passer derrière une colline qui dérobait le mouvement. Il ne laisse en évidence qu'une partie de son infanterie; le reste file par le même chemin, et vient se déployer sur la tête des colonnes françaises à l'instant où, chargées par sa cavalerie, elles étaient déjà dans la plus fâcheuse situation. Une grande victoire fut le fruit de l'habileté avec laquelle le roi sut profiter des avantages topographiques de sa position.

Moreau, par une retraite simulée, abandonne les bords de l'Inn, pour attirer son ennemi dans la forêt de Hohenlinden. Une plaine qu'il avait reconnue dans cette forêt lui permit de déployer une partie de son armée pour attendre les colonnes autrichiennes, qui, attaquées à l'instant où elles débouchaient, ne purent jamais parvenir à se former; déjà elles se pelotonnaient dans les étroits passages qu'elles remplissaient, lorsqu'une division les prit en queue et acheva leur déroute.

Les guerres modernes m'offriraient une foule d'exemples pour démontrer jusqu'à quel point la connaissance des lieux influe sur le succès des batailles et des entreprises de tout genre; mais je préfère abréger et n'en rapporter plus qu'un : les jeunes officiers suisses le sauront apprécier. Les premiers confédérés, avant de livrer la célèbre bataille de Morgarten, allèrent consulter le vieux Reding, dont la sagesse et l'expérience militaire étaient

connues. « Avant tout, dit-il à ses concitoyens [1], il faut
« chercher à vous rendre maîtres de la campagne, afin d'ô-
« ter à l'ennemi le choix du temps, du lieu et du mode
« de l'attaque. Vous obtiendrez cet avantage au moyen
« d'une position favorable. Comme vous êtes les moins
« nombreux, vous devez faire en sorte que la supériorité
« du nombre ne soit d'aucun secours au duc. Vous savez
« que la hauteur de Morgarten forme un rempart naturel.
« L'Alte-Matte y forme une plaine étendue, qui se con-
« fond avec le mont Sattel. Du haut du Sattel, on peut
« décider le succès de plus d'une affaire, passer de l'Alte-
« Matte sur le Morgarten, pour épouvanter l'ennemi dans
« le défilé, le prendre en flanc et le mettre en désordre,
« ou fondre sur lui dans la vallée, lorsqu'il sera en dé-
« route ; ou bien contrarier et rompre tous ses mouve-
« ments : tout deviendra facile, parce que l'ennemi vous
« méprise, et parce que l'on fait d'autant mieux la guerre
« défensive que l'on connait mieux le pays. » Telles furent
les paroles du vénérable Reding ; il ne put suivre ses frè-
res au combat, mais ses conseils assurèrent la victoire.

253. Les meilleures cartes livrées au commerce sont
bien loin d'être assez circonstanciées pour y démêler tous
les avantages et les inconvénients de telle ou telle position,
la difficulté plus ou moins grande de tel ou tel passage ;
jamais on n'y pourra lire le degré de pente d'une montagne, la profondeur d'un marais, l'épaisseur d'une forêt,
la rapidité d'un courant, la nature du sol, etc.; il faut donc
que des descriptions écrites suppléent à l'imperfection des
descriptions dessinées. Des mémoires doivent toujours ac-
compagner les cartes générales.

[1] Histoire de la Suisse, par Muller, tome IV.

Mais ces moyens sont encore insuffisants. Quand le général projette une opération quelconque, les moindres détails l'intéressent, et il ne les peut trouver dans des mémoires généraux. Une ferme, un bouquet de bois, un fossé, une haie, un sentier dont il n'est fait aucune mention dans le mémoire descriptif qu'il a sous les yeux, et bien moins encore dans la carte générale qui l'accompagne, dicteront ses dispositifs ; il est donc pour lui du plus haut intérêt d'avoir dans son état-major des officiers qui puissent en peu de temps, et pour ainsi dire en courant, crayonner le terrain sur lequel l'armée doit agir, et qui soient capables d'indiquer par des notes concises toutes les ressources ou les difficultés de la petite portion du pays ennemi qu'ils auront parcourue dans tous les sens.

Enfin, lorsqu'on arrive sur le champ de bataille, et que les armées sont en présence, le général doit jeter lui-même un regard pénétrant et rapide sur le terrain où la lutte va s'engager. Il fait chasser devant lui les troupes légères de l'ennemi, et il pousse sa reconnaissance, non-seulement pour vérifier les détails qui lui ont été transmis, mais encore pour étudier ceux qui auraient été omis ou imparfaitement indiqués ; il donne une attention particulière à ceux qui peuvent avoir quelque influence sur la réussite de ses projets.

Ce qui vient d'être dit du général doit s'entendre d'un chef de corps chargé d'une opération quelconque.

254. Il y a donc trois espèces de reconnaissances. Les premières sont ces descriptions générales d'un pays qui ne peuvent se faire qu'en forme de mémoire et pendant la paix, lorsqu'il est question de régions étrangères ; ou qui font le sujet de dessins topographiques plus ou moins

exacts lorsqu'il s'agit de décrire des pays dont on est maître.

Les secondes sont les reconnaissances plus détaillées et beaucoup moins étendues qui, presque toujours, se font dans le voisinage de l'ennemi, et ne comportent que des croquis dessinés rapidement, des notes écrites à la hâte, ou un simple rapport verbal.

Les troisièmes enfin, faites à main armée dans l'intention de pénétrer les dispositions de l'ennemi et de prendre une idée plus nette d'un terrain vaguement connu par les cartes, par les plans locaux, par les mémoires, ou par les rapports des habitants.

Les grandes reconnaissances en pays étrangers ne peuvent être confiées qu'à des officiers expérimentés qui s'en vont en voyageurs, sans dissimuler leur caractère et en n'employant que des moyens honorables, parcourir les contrées qu'ils doivent décrire. Les reconnaissances détaillées partielles sont ordinairement faites par les jeunes militaires ; ils acquièrent ainsi le coup d'œil et l'habitude qui les rendront capables de faire par la suite les travaux de ce genre les plus considérables.

Objet des Reconnaissances.

255. Pour faire la description générale d'un pays, il faut commencer par donner une idée des chaînes de montagnes et des rivières qui le partagent, tracer ses limites et ses subdivisions ; puis revenir dans chaque vallée en particulier, suivre les routes une à une, remonter les rivières jusqu'à leurs sources, et indiquer en passant ce qui se trouve sur la droite et sur la gauche, les villes, les villages, les hameaux, les bois, les étangs et les marais, les rochers,

les fondrières, les ravines ; en un mot ne rien négliger pour donner l'idée la plus nette de la constitution physique de ce pays ; on fait autant de chapitres différents que d'objets distincts à décrire. Nous avons à cet égard un excellent modèle dans la reconnaissance de la Forêt-Noire faite par le général Guilleminot, et insérée dans le Mémorial topographique.

256. Mais ce n'est pas assez que de faire connaître la nature et la configuration générale d'un pays, il faut encore joindre au mémoire tous les détails statistiques qui peuvent intéresser le général ou le gouvernement, et qui se lient soit directement, soit indirectement, aux opérations d'une armée.

Les mémoires descriptifs renfermeront donc les détails les plus circonstanciés sur la force militaire du pays dont il est question, sur la discipline de ses armées, le caractère et les talents de ses généraux ; il y sera fait mention des goûts des habitants, de leur manière de vivre, de leur harmonie ou des germes de division qui peuvent exister parmi eux. Les ressources du pays, sa population, l'état de son agriculture, son commerce, ses usines, ses routes, ses canaux de navigation attireront particulièrement l'attention du rédacteur ; il indiquera la charge ordinaire des voitures et la contenance des bateaux.

Tous les détails relatifs à la population, aux bestiaux et aux productions seront récapitulés dans des tableaux à la fin du mémoire, pour que l'œil les puisse saisir dans leur ensemble.

Il faut de l'adresse pour obtenir des habitants, dans des conversations sans but apparent, les différentes choses qu'il importe de connaître, et beaucoup de mémoire pour ne les pas oublier; car il n'est point ici question de prendre des notes; votre carnet donnerait des craintes ou des soupçons, et vous n'obtiendriez alors que des informations mensongères. Si le guide qu'on a pris pour parcourir la contrée aime à causer, on en peut tirer un grand parti.

Un chapitre particulier sera consacré à l'analyse des actions de guerre dont le pays a été le théâtre: on en pourra tirer des règles de conduite et d'utiles renseignements.

Voici, pour exemple, le modèle des tableaux statistiques tels qu'ils avaient été adoptés dans l'armée fédérale en 1831.

A

NOMS DES COMMUNES.	POPULATION.	MAISONS HABITÉES.	INDUSTRIE.						MOYENS DE TRANSPORT.						OBSERVATIONS.	TÊTES DE GROS BÉTAIL.
			MAÇONS.	OUVRIERS EN BOIS.	OUVRIERS EN FER.	SCIES.	MOULINS.	FOURS.	CHARIOTS.	CHARRETTES.	BATEAUX.	CHEVAUX.	MULETS.	ANES.		
A	1725	182	7	54	13	—	2	21	121	3	—	317	4	12		231
B	987	101	3	15	10	1	4	10	97	—	6	112	3	9		147
C	2141	234	28	61	24	2	1	33	204	5	4	408	17	28		304
D	1089	127	10	18	9	—	3	15	102	1	1	144	3	12		160
etc.	etc.	etc.	»	»	»	»	»	»	»	»	»	»	»	»		»

B

On n'a compris dans ce tableau que les renseignements strictement nécessaires pour être plus sûr de les obtenir complets. Par exemple, on n'y a point compris le petit bétail, parce qu'il se trouve partout en abondance dans notre pays. D'ailleurs on met dans la colonne d'observations tout ce qui ne trouve pas sa place sous les autres titres : ainsi les forges, les filatures et autres usines.

Le tableau se plie en deux, suivant la ligne AB, pour avoir la dimension d'un cahier ordinaire.

257. Quand la grande reconnaissance se fait dans un pays dont on est maître, elle offre beaucoup moins de difficulté. On peut entreprendre la carte topographique, ce qu'il est impossible de faire en pays étranger ou ennemi : des ingénieurs géographes se répandent dans la province et se partagent le travail de manière à le terminer le plus promptement possible ; le dégré de précision qu'ils y mettent dépend du temps qu'on leur accorde. Les cadastres dont ils sont maîtres, les registres des communes seront les sources où ils puiseront les détails statistiques qui accompagneront leur carte et composeront en partie leur mémoire descriptif.

Une chose indispensable à celui qui est chargé de faire une grande reconnaissance, est de posséder à fond la langue du pays, pour endormir le soupçon et se passer d'interprète.

258. Il faut, dans les reconnaissances particulières, indiquer tous les obstacles qu'on rencontre sur les routes, et la manière de les surmonter. Les officiers iront eux-mêmes prendre connaissance des défilés, s'assurer s'il est possible ou impossible de les tourner ; souvent le sentier qui ne paraît praticable qu'aux chamois, ou qui se ca-

che sous l'herbe et les broussailles, peut rendre inutiles les meilleures dispositions faites dans un défilé ou sur le col d'une montagne. Ils iront sonder les gués; ils indiqueront les moyens de rétablir les ponts rompus par l'ennemi; ils diront si la rivière est sujette à des crues extraordinaires, si son cours est uniforme ou si elle change souvent de lit, si les bords sont escarpés, si le courant est rapide, etc. Ils reconnaîtront en passant quelles sont les positions que l'armée devrait choisir de préférence pour combattre ou pour bivouaquer; ces dernières doivent offrir à portée le bois, l'eau et le fourrage, un terrain élevé formant une pente douce à l'extérieur, assuré sur les flancs par des obstacles naturels, et laissant en arrière quelques débouchés faciles à garder et qui assurent une retraite.

Une position avantageuse pour le combat est celle qui, comme la précédente, est dirigée en glacis du côté de l'ennemi, et présente en arrière quelque rideau à la faveur duquel on puisse dérober ses mouvements; un marais, un ravin devant le front sont aussi défavorables à l'armée qui se défend qu'à celle qui attaque, parce qu'ils empêchent les charges et toute action de vigueur; une forêt est très-avantageuse à la défense, parce que de là on voit sans être vu; mais un château, un village sur les ailes ou sur le front le sont encore davantage.

Quand on ne veut que disputer le terrain à l'ennemi et retarder sa marche, les moindres défilés prennent de l'importance : les plus étroits sont alors les meilleurs; là une poignée d'hommes peut résister à des forces très-supérieures. Tous les pays coupés ont leurs thermopyles.

On voit, par ces détails, combien il est nécessaire qu'un officier sache la guerre pour donner à son travail tout le degré d'utilité dont il est susceptible.

Tout doit être exploré dans une reconnaissance particulière et détaillée ; une haie, un pli de terrain, un champ de blé, un petit bois peuvent cacher les mouvements de l'ennemi, faciliter les embuscades et compromettre la sûreté de l'armée.

Tels sont les objets qui doivent être traités dans le mémoire qui accompagne le dessin topographique d'une reconnaissance particulière, ou qui doit suffire à lui seul si le temps n'a pas permis de faire usage du crayon.

Itinéraire.

259. La reconnaissance n'a quelquefois pour objet que d'indiquer les particularités de la route qu'une colonne doit tenir. L'officier chargé de faire cet *itinéraire* marche à l'avant-garde, il note soigneusement le nom des différents endroits qu'il traverse, la quantité et la nature des logements, la qualité de la route, les points remarquables à droite et à gauche visibles de la route, les ponts, les ruisseaux ou les torrents qu'il faut traverser, les défilés, etc. Il note le temps que le fantassin met à parcourir les portions de route en plaine, en montée ou en descente ; il dresse du tout un petit tableau dans la forme qui lui paraît la plus convenable, et chaque soir il l'envoie au général.

L'itinéraire peut se faire par le secours d'un croquis dans lequel on emploie des signes conventionnels pour représenter les différents objets dont l'indication paraît nécessaire ; on aura pour cela une bande de papier de 10 à 12 centimètres de largeur, et aussi longue qu'il sera nécessaire : cette bande, divisée en trois largeurs égales, sera roulée sur un petit bâton, à mesure qu'on avance on le déroule, et on inscrit à la plume les différentes notes et les différents signes qu'on juge nécessaires, en se conformant au modèle ci-joint ou à tel autre qui puisse le remplacer, et qui soit convenu avec le général.

En tête du rouleau, c'est-à-dire au bas du croquis, est l'indication de la route, le titre de l'itinéraire ; à gauche, la colonne des observations générales ; à droite, celle des observations particulières ; au centre, celle des signes conventionnels. La ligne droite qui est dans le milieu de cette dernière représente la route à suivre sans tenir compte de ses inflexions ; les nombres placés à droite de cette ligne indiquent les temps employés à parcourir les portions de plaine d'un signe au suivant, et ceux qui sont à gauche indiquent les temps employés à parcourir les montées ou les descentes, suivant qu'ils sont marqués du signe $+$ ou du signe $-$. On ne marque comme montées ou descentes que celles d'une grande étendue et celles où il faut enrayer ; toutes les autres de moindre importance se comptent comme plaine.

On récapitule les distances des points principaux de la route dans un petit tableau qui accompagne le croquis de l'itinéraire, et qui bien souvent suffit à lui seul pour l'objet qu'on se propose. Voyez à la page suivante le modèle de cette récapitulation.

&cc.	&cc.	&cc.
	B ⊙ Village	peut loger un bataillon.
	+ 0,12'	
		Rivière guéable
La route de A à B est bonne partout, excepté vers le petit pont, où elle a de grandes ornières qui doivent être comblées pour le passage de l'artillerie	0,25'	Pont solide; on y passe sur dix de front.
	Village D, croix +0,15' à taute pas.	Montée où il faut doubler les attelages. On découvre du haut une grande étendue de pays.
	hameau 0,35'	
La distance est de 4ʰ. 47'. savoir	1,5'	Ruisseau marécageux.
Plaine ____ 3ʰ. 15'	0,15'	
Montée ______ 52'	0,25'	Chemin conduisant à la ville C; il est praticable aux petites charrettes.
Descente ____ 40'	+0,25'	
Total ____ 4ʰ 47'	1ʰ10'	Peut loger deux régimens, entouré de vieilles murailles.
	A ... Bourg.	

Forêt à 300 pas.

| Observat.ⁿˢ générales. | Signes conventionnels. | Observat.ⁿˢ particulières. |

ITINERAIRE du bourg A à la ville E.

ITINÉRAIRE du bourg **A** *à la ville* **E.**

DÉSIGNATION DES LIEUX.	TEMPS EMPLOYÉS A PARCOURIR LES			TEMPS TOTAUX.
	Plaines.	Montées.	Descentes.	
Du bourg A au village B	3^h 15^m	0^h 52^m	0^h 40^m	4^h 47^m
Du village B au village C	2 20	1 15	0 37	4 12
Du village C au village D	3 45	0 20	0 15	4 20
Du village D à la ville E	1 35	1 10	0 55	3 40
Totaux { du bourg A à la ville E }	10^h 55^m	3^h 37^m	2^h 27^m	16^h 59^m

Un seul officier est ordinairement chargé de tout ce travail dès le début de la campagne; il fait, en conséquence, rayer et préparer des papiers de manière à n'avoir plus qu'à remplir, par les indications écrites et par les signes conventionnels: ce qui se fait assez vite pour ne pas arrêter l'avant-garde dans sa marche.

Les croquis sont recopiés aux bureaux de l'état-major sur des rouleaux de papier fin collé sur taffetas, et les tableaux de récapitulation le sont sur des registres particuliers; du tout on fait un ensemble, qui porte pour titre général: *Itinéraire de la ville* **M** *à la ville* **N**, *passant par* m, n, p, *etc.*

Si l'itinéraire existe déjà, l'officier n'aura d'autre tâche que de le vérifier et de le rectifier.

Moyens d'exécution pour la reconnaissance dessinée.

260. On ne peut point exiger dans le dessin des reconnaissances militaires le degré d'exactitude que comportent les grandes opérations topographiques, qui se font avec les instruments les plus parfaits et en y mettant tout le temps nécessaire. C'est pendant la paix que les ingénieurs géographes se livrent aux travaux délicats de la géodésie. A la guerre, ce n'est le plus souvent qu'un dessin à vue que le général demande ; car on a rarement le temps de fixer sur le papier quelques points d'une manière précise par les procédés trigonométriques.

Quelquefois on peut se procurer les points principaux dans les mappes, les plans locaux, et même dans des cartes générales ; il ne reste plus alors qu'à figurer le terrain dans les réseaux de cette espèce de canevas.

Si l'on ne peut pas tout voir par soi-même, on s'informe des distances et de la nature des localités ; on interroge pour cela ceux des habitants qui paraissent le mieux connaître leur pays ; mais ce doit être là le dernier moyen à employer, car les habitants ont souvent de l'intérêt à vous tromper.

L'officier fait sa reconnaissance escorté par des détachements qui chassent au loin les partis ennemis, et lui donnent la facilité de scruter le terrain et de prendre tous les renseignements qui peuvent intéresser le général.

261. L'instrument le plus commode pour prendre les angles principaux dans les reconnaissances, lorsqu'on veut donner au travail quelque exactitude et ne pas opérer simplement à vue, est le sextant ; on peut observer sans descendre de cheval, et l'exactitude que donne cet instrument est plus que suffisante pour le but qu'on se propose. Le sextant à tabatière peut se tenir dans la poche ; l'ingénieur le porte ainsi partout avec lui, au sommet des clochers, à la cime des montagnes, sur les grands arbres, en un mot dans tous les endroits de difficile accès, qu'il est forcé d'atteindre pour planer sur le terrain qu'il cherche à représenter ; car c'est de là qu'on juge le mieux de la disposition générale du site, de la distribution des eaux, des ramifications des montagnes et du contour des bois ; c'est encore de là qu'on peut prendre les prolongements et les alignements, si nécessaires pour donner de la justesse au levé.

262. On ne peut faire aucune espèce de levé sans avoir préalablement mesuré une base. Dans les reconnaissances militaires, cette base est ordinairement donnée par la distance connue entre deux objets relevés sur une carte. On doit cependant, si le temps le permet, mesurer directement cette base au mètre ou au pas ; car il s'en faut de beaucoup que toutes les cartes soient exactes.

Pour faire la mesure au pas, il faut connaître, par des expériences répétées, en terrain horizontal et en terrain varié, sur les grandes routes et dans les terres labourées, le rapport de son pas au mètre ; chaque officier doit avoir à ce sujet de petites tables toutes dressées qui le dispensent du calcul.

Quand on a de grandes distances à mesurer, il est difficile de compter tous ses pas ; on doit alors connaître combien on en fait par minute, et le temps écoulé indiquera l'espace parcouru.

Quelquefois on mesure au pas du cheval ; mais il faut pour cela avoir bien étudié ses allures, et connaître l'espace qu'il parcourt à la minute.

Enfin la vitesse du son servira dans beaucoup de circonstances à estimer les distances, car on sait qu'il parcourt 340 mètres environ par seconde; il ne faudra, pour faire usage de cette indication, que savoir battre avec la main la mesure des secondes d'une manière assez exacte pour ne pas commettre d'erreur sensible dans huit ou dix secondes; ce qui est facile.

263. L'instrument le plus commode pour prendre les angles est le sextant, avons-nous dit; mais avec cet instrument on ne peut point suivre commodément les sinuosités d'une rivière ou d'un chemin creux; on a recours alors à la boussole, toujours dans la supposition qu'on ne veuille pas se contenter d'un dessin à vue, et qu'on ait le temps de faire mieux. La boussole à réflexion de Keter est tout à fait applicable aux besoins militaires, parce qu'il n'est pas nécessaire de la poser sur un pied pour s'en servir; il suffit avec un peu d'habitude de la tenir à la main. On doit reporter immédiatement les angles sur le papier, et pour cela avoir une feuille collée sur un carton et un rapporteur circulaire en corne, avec une petite règle sur laquelle l'échelle du plan est tracée; un petit compas dans un étui complète l'appareil. Pour faciliter ce travail, on trace d'avance sur le papier un grand nombre de lignes légères, parallèles entre elles, qui représentent pour tous les points du papier la direction du méridien magnétique. Ces lignes, faites au trait rouge, n'embrouilleront point le dessin et abrégeront considérablement l'opération; elles dispenseront de porter une équerre avec soi. On suit avec la boussole le cours des eaux et la direction des chemins; on fait ainsi un canevas que l'on remplit à vue, en figurant sur place tous les accidents du terrain et les diverses par-

ticularités que peuvent offrir les habitations, les cultures et les travaux des hommes.

On se sert aussi très-avantageusement de la planchette dans les levés tels que nous les supposons ici. Un petit instrument très-commode pour prendre quelques angles dans les levés expéditifs est la boîte d'arpenteur à couvercle mobile et à nonius; il ne faut qu'une canne pour s'en servir, et son petit volume doit la rendre très-usuelle.

Ainsi, les instruments dont un officier d'état-major doit être muni sont le sextant et la boussole pour les reconnaissances faites avec soin, et la boîte d'arpenteur pour les petits levés de détail et les reconnaissances rapides où il n'y a que quelques angles à prendre, et où presque tout se fait à vue; le même bâton peut servir de pied à la boussole et à la boîte d'arpenteur. Une bonne lunette, un petit étui de mathématiques et une boîte à couleurs sont également nécessaires.

264. Quand on n'a pas ses instruments avec soi, il faut savoir les suppléer en en fabriquant soi-même de grossiers avec tout ce qu'on peut se procurer. Ainsi, deux règles assemblées à charnière et dirigées sur deux objets donneront, par leur écartement, l'angle qu'ils comprennent, et cet angle, rapporté sur le papier, sera d'autant plus exact qu'on aura mis plus d'attention à pointer les deux règles ; le pied qu'on a dans la poche peut servir à cet usage.

On se fait aisément une planchette en clouant une feuille de sapin sur le premier bâton trouvé, lequel, appointi par le bout, servira à fixer la planchette sur le terrain.

Mais un œil exercé vaut mieux que tous ces instruments imparfaits. Le levé purement à vue a sur tous les autres l'avantage d'une plus prompte exécution, et souvent de donner une image plus fidèle des localités dont il aura mieux tracé le caractère que ne l'aurait fait un dessin plus correct, mais moins pittoresque. La principale attention à avoir dans le levé à vue est de tenir constamment son papier orienté ; les quatre points cardinaux marqués approximativement par les quatre bords du papier sont les points auxquels on rapporte les directions de tous les objets qu'on veut représenter ; on se place, autant qu'on le peut, sur les lieux les plus élevés ; on compare sans cesse les distances cherchées aux distances obtenues, on vérifie par les alignements et les prolongements, on fait en un mot un véritable dessin d'après nature.

Le plus difficile est d'apprécier les distances avec assez d'exactitude pour ne pas faire de trop grandes erreurs ; il faut, dans cette estimation, avoir égard à l'état de l'atmosphère : un temps clair rapproche les objets, un temps obscur les éloigne ; à travers un vallon, ils paraissent plus près ; la multiplicité des objets intermédiaires augmente leur distance apparente. Il faut donc se prémunir contre ces illusions. Ce n'est qu'après s'être souvent exercé sur le terrain qu'on acquiert la justesse de l'œil, sans laquelle on ne fera jamais ces levés expéditifs si utiles pour un chef d'armée.

265. Il est encore une manière d'opérer, mais qui n'est applicable qu'aux pays plats et découverts qui n'offrent qu'un petit nombre de points à relever : elle consiste à relever ces points au moyen d'une équerre d'arpenteur, en cheminant sur deux directions perpendiculaires. Si, par exemple, on avait à relever les points A, B, C, D, E, F, situés dans une plaine, on mesurerait sur les deux directions MM', NN' les distances Oa, Ob, Oc, Od, Oe, Of et Oa', Ob', Oc', Od', Oe', Of' (fig. 60), comprises entre

le point O et les perpendiculaires abaissées des différents points sur les deux lignes MM', NN'.

Ce procédé, tout simple qu'il est, ne peut convenir qu'à de petits levés; on le modifie un peu quand on veut faire le plan d'un village; en suivant l'axe de chaque rue, on relève ce qui est à droite et à gauche, par des perpendiculaires dont on estime à vue les longueurs.

266. Les hauteurs relatives des différents points relevés seront données, si le temps le permet, par un nivellement régulier; sinon on ne déterminera que les principales, par des opérations trigonométriques; le baromètre peut donner les grandes hauteurs. Bien entendu que ces opérations délicates ne se font que dans les reconnaissances en pays conquis et entièrement soumis : elles sont donc du ressort de l'ingénieur géographe.

Quand on a fixé les hauteurs des points principaux par les procédés que je viens d'indiquer, on détermine celles des autres points par approximation et à vue, en les comparant avec les premières.

On peut aussi faire usage d'un instrument à réflexion dans le genre de la boussole de Keter. Il est composé d'un disque auquel une masse de plomb est attachée, et divisé en degrés à sa circonférence. Quand l'instrument est placé verticalement, son zéro est dans la ligne du fil à plomb, en sorte qu'en dirigeant la pinnule sur des objets plus ou moins élevés, on voit par réflexion les degrés d'élévation. Un petit calcul fort simple, ou un quartier de réduction préparé *ad hoc*, donne, au moyen de cet angle, la hauteur du point observé, quand on connaît sa distance.

267. En récapitulant, nous voyons que le travail à faire, pour une reconnaissance soignée, est de jeter d'a-

bord sur le terrain quelques triangles, en se servant du sextant pour la mesure de leurs angles ; de fixer la position des routes et des cours d'eau avec la boussole, la planchette ou la boîte d'arpenteur ; et de remplir à vue les réseaux de ce canevas.

268. Le figuré du terrain consiste à représenter par des hachures les différents accidents ; ces hachures doivent suivre la direction des lignes de plus grande pente, assez bien indiquée par le sillonnement des eaux sur la surface des mamelons qu'on cherche à imiter. On sent combien le dessin du paysage doit être utile à l'ingénieur dans cette étude de la nature.

La représentation du terrain par les courbes horizontales ou lignes de niveau, est encore plus expéditive quand on se borne à les tracer à vue et par approximation. On peut ensuite, en rentrant à la maison, faire les hachures au moyen de ces courbes auxquelles elles doivent être perpendiculaires, et donner au dessin le pittoresque qui le fait valoir et le rend intelligible à tous les yeux.

Les forêts, les maisons, ainsi que les montagnes, doivent être représentées à vue d'oiseau et non en rabattement, comme dans la plupart des vieilles cartes; ces rabattements couvrent souvent des parties qu'il est intéressant de faire connaître, et donnent d'ailleurs une idée fausse du terrain.

269. Le dessin perspectif sera toutefois employé pour représenter telle partie de la reconnaissance dont la simple projection horizontale ne donnerait pas une idée suffisante. Quelques coupes faites en travers des vallées, quelques profils atteindront le même but; ces dessins partiels doivent être faits en marge, ou mieux encore sur des feuilles à part.

Le lavis est un excellent moyen pour donner du relief à la représentation du terrain ; on l'emploie par-dessus les hachures faites au crayon ou à la plume, en supposant que la lumière arrive par l'angle supérieur gauche du papier.

Enfin, l'enlumination est le dernier degré de perfection à donner au dessin ; elle exige beaucoup de goût et d'habitude. Un dessin serait souvent très-bon au simple trait, qui devient mauvais quand on l'a maladroitement couvert de couleurs. En général, il vaut mieux tenir les teintes trop pâles que de les forcer en couleur. Cherchez à les fondre, à les amalgamer sur leurs bords ; évitez tout ce qui est tranchant ; efforcez-vous d'imiter le tableau que la nature offre à vos yeux quand vous la contemplez d'une hauteur élevée.

CHAPITRE DOUZIÈME.

Travaux des siéges.

———

SECTION PREMIÈRE.

Préliminaires, Approvisionnements.

270. Quoique la guerre des siéges soit celle qu'il importe le moins aux Suisses de connaître, puisque cette guerre est celle des conquêtes, cependant nos officiers d'état-major ne doivent point rester étrangers aux travaux qu'elle exige, d'autant plus que ces travaux peuvent se retrouver en tout ou en partie dans l'attaque de certains retranchements si bien conditionnés qu'on n'en peut venir à bout par les attaques de vive force. Je donnerai donc, de la manière la plus brève qu'il me sera possible, les détails indispensables pour ce genre de travaux, en renvoyant aux traités spéciaux ceux qui voudront quelque chose de plus circonstancié.

271. Dès que le siége d'une place est décidé, on en fait l'investissement et la reconnaissance; on établit les camps tout autour et hors de la portée du canon ; on couvre ces camps par deux lignes : l'une, dont les ouvrages sont tournés du côté de la place et à laquelle on donne le nom de *contrevallation*, est destinée à repousser les sorties de la garnison; l'autre, la ligne de *circonvallation*, fait face à la campagne, et a pour objet d'arrêter les secours.

Ces deux lignes, dont César nous a donné un si bel exemple au siége d'Alexie, où il avait à combattre deux armées plus fortes que la sienne, l'une dans la place, et l'autre à l'extérieur, lignes qui furent imitées par les restaurateurs de la tactique moderne, sont bien rarement indispensables. Maintenant que l'armée qui attaque est si disproportionnée avec celle qui se défend, il n'est plus nécessaire de contrevallation, et les siéges ne se faisant plus que par les réserves, et se trouvant couverts par les armées actives, la circonvallation devient également inutile, ou du moins elle n'est plus indispensable. Vauban lui-même blâme l'abus qu'on faisait de son temps de ce genre de construction. Il dit que le moyen le plus sûr de couvrir le siége est une *armée d'observation*, indépendante de celle qui fait le siége.

272. La suppression des lignes simplifie considérablement les siéges; mais il ne faut pas pour cela qu'elles soient et restent toujours proscrites; il est des cas où elles deviennent nécessaires. Au siége de Mantoue, la division Miollis fut renfermée dans des ouvrages tournés contre le dehors et contre la place. La faiblesse de l'armée française comportait ces précautions, et le résultat les justifia.

L'archiduc Charles, assiégeant dans Kehl une armée tout entière commandée par Moreau, couvrit ses camps par une contrevallation continue, dont les deux extrémités étaient appuyées au Rhin.

Mais ce sont là des cas assez rares, qui commandent impérativement des mesures de prudence, et qui sont une preuve nouvelle qu'il n'y a rien d'exclusif à la guerre. Ils n'empêchent pas de poser en thèse générale que les lignes de siége doivent être supprimées dans les cas ordinaires, ou du moins remplacées par quelques redoutes ou fortins occupant les points les plus avantageux pour commander la campagne, pour barrer les avenues et foudroyer l'ennemi qui tenterait une sortie. C'est ainsi que le maréchal Lefebvre en usa contre Dantzick, qu'il assiégeait avec une armée tout au plus égale à la garnison.

Quand on voit le grand Condé surpris par Turenne dans les lignes d'Arras, celui-ci recevoir le même affront dans celles de Valenciennes, et qu'à ces exemples fameux on en peut joindre tant d'autres, on conviendra que la ligne de circonvallation, du moins comme on la faisait autrefois, ne signifie pas grand'chose. Vaut-il la peine de construire un prodigieux développement d'ouvrages continus pour arrêter quelques partisans ou quelques chariots? Fermez les avenues et tenez la campagne avec des corps d'observation, et vous ne craindrez point ces petits revers.

273. Avant de commencer les attaques, on s'approvisionne dans les forêts voisines de tous les objets nécessaires à la construction des tranchées, tels que fascines, gabions, piquets, fagots de sape, claies et blindes.

Les *fascines* sont de deux espèces : celles qui doivent servir aux revêtements; elles sont en tout semblables à celles qui ont été décrites dans le numéro **71** ; et les fascines à tracer qui ont $1^m,50$ de longueur et seulement $0^m,15$ de diamètre; elles n'ont que deux liens à $0^m,40$ des extrémités et sont moins serrées que les fascines ordinaires; deux hommes peuvent en faire quatre par heure. On se sert de ces fascines pour tracer les tranchées en les couchant bout à bout sur le terrain. De la paille tordue en corde peut servir au même objet.

274. Les *gabions de tranchée* sont plus petits que ceux dont nous avons parlé dans le numéro 85 ; ils n'ont que $0^m,65$ de diamètre extérieur, et $0^m,80$ de hauteur de clayonnage ; on y emploie huit piquets de $0^m,95$ de longueur et 3 centimètres de grosseur ; leur poids est de 40 à 45 livres. Trois gabions rangés à côté l'un de l'autre occupent une longueur de deux mètres. Si les bois dont on se sert pour clayonner sont forts, on peut ne mettre que sept piquets au lieu de huit dans chaque gabion. Trois hommes font aisément un gabion par heure, deux faisant le clayonnage et le troisième préparant les branches auxquelles il ôte les feuilles et dont il tresse les menus rameaux.

On facilite beaucoup la confection des gabions, qui est assez délicate lorsqu'on veut conserver la forme exactement cylindrique, en se servant, soit pour planter les piquets, soit pour les maintenir à leurs distances respectives, de deux cerceaux concentriques réunis par huit taquets, et laissant entre eux un vide de trois centimètres. Le plus grand des cerceaux doit avoir $0^m,30$ de rayon intérieur, et le plus petit $0^m,27$ de rayon extérieur, leur épaisseur étant d'ailleurs quelconque. En relevant le cerceau jusqu'à moitié hauteur des piquets, il les maintient à leur distance ; on peut alors clayonner la partie supérieure du gabion, et quand cela est fait, on le retourne pour clayonner l'autre moitié. Deux hommes, au moyen du cerceau, font à peu près le même ouvrage que trois sans cela. Des petits tonneaux défoncés peuvent remplacer les gabions de tranchée. On doit, dit Vauban, faire amas de barriques vides de l'artillerie, de même que celles qu'on peut trouver chez les vivandières et à la campagne.

275. Les *piquets* ont $1^m,00$ de longueur et environ

0^m,12 de tour; ils sont appointis par un bout; on compte trois piquets par fascine de revêtement. Un homme en prépare 120 à 140 par heure; on les lie en bottes de vingt-cinq.

276. Les *fagots de sape* sont composés de rondins bien dressés, serrés les uns contre les autres, liés de deux harts et sciés à la longueur de 0^m,75. Le fagot a 22 à 25 centimètres de diamètre; il pèse 15 à 20 livres. Un piquet d'un mètre de longueur, aiguisé par son extrémité, est placé dans le milieu du fagot et sert à le planter partout où on le juge convenable. C'est avec ces fagots aussi bien qu'avec des sacs à terre qu'on garnit les intervalles que laissent entre eux deux gabions successifs. Deux hommes en font trois par heure.

277. Les *claies* ont 2^m,00 de long et 1^m,00 de large; sept piquets espacés de 0^m,33, ou un pied, en forment la carcasse. Les brins du clayonnage sont arrêtés aux quatre coins par quatre fortes harts et par quatre autres dans le milieu des côtés. Les piquets ont 1^m,15 de long et 3 à 4 centimètres de grosseur. On les plante verticalement en les enfonçant de 15 centimètres pour opérer le clayonnage. Les branches doivent envelopper les piquets extrêmes; quand la claie est achevée, on scie les pointes qui débordent. Les claies servent à se mettre à sec dans les endroits fangeux. Trois hommes en font une dans une heure et demie.

278. Les *blindes* sont des pièces de charpente composées de deux montants A et de deux traverses B (fig. 61e), assemblés à tenons et à mortaises. Les montants ont trois mètres de longueur totale, et les traverses 1^m,00 entre les montants. Ces deux traverses laissent entre elles un intervalle de deux mètres. Les bois des blindes peuvent être ronds ou équarris à la grosseur de 10 centimètres. On se sert des blindes pour faire des tranchées couvertes. Un charpentier peut en préparer une en quatre ou cinq heures de travail.

279. On doit ajouter à ces approvisionnements les *sacs à terre* qu'on apporte tout confectionnés dans les fourgons du génie. Ce sont des petits sacs de $0^m,65$ de long et $0^m,35$ de large, mesurés vides. On les remplit de terre quand on veut s'en servir pour couronner les parapets et y faire des créneaux, ou pour remplir rapidement quelques gabions. Ces sacs à terre sont plus petits que ceux dont nous avons parlé au n° 93, parce qu'ils doivent être plus maniables. Leur volume, quand ils sont liés, est de $0^m,020$, et leur poids de 25 kilog. environ, ou 50 livres.

Tous ces objets sont déposés dans des endroits couverts ou hors de la portée du canon. On ne sort les matériaux des *dépôts de tranchée* qu'à mesure du besoin; il faut beaucoup d'ordre dans leur administration pour éviter le gaspillage ou les faux emplois.

SECTION SECONDE.

Cheminements contre la place.

280. Avant Louis XIV, les attaques se faisaient sans méthode; elles étaient très-meurtrières. Vauban nous a enseigné la marche la plus sûre et en même temps la plus expéditive : elle consiste à prendre les prolongements des faces des ouvrages attaqués, pour établir des batteries à ricochets sur ces directions, et à réunir toutes ces batteries entre elles par des tranchées parallèles à la place, dans lesquelles se tiennent les gardes destinées à protéger le travail contre les entreprises de la garnison, et sur lesquelles s'appuient les cheminements en zigzags dirigés vers les saillants.

La première de ces *parallèles* ou *places d'armes* s'établit à la dérobée, en profitant de l'obscurité de la nuit; sa distance aux premiers ouvrages de la place a d'abord été fixée par Vauban à 600 mètres; les ingénieurs qui l'ont suivi l'ont réduite à 500, et les exemples les plus récents m'ont convaincu que 300 mètres suffisent. Marescot, au siége de Landrecies, l'établit à peu près à cette distance; Chasseloup, à Mantoue, ouvrit la tranchée à 200 mètres de la place; Rogniat, sous les murs de Tortose, fit ses premiers travaux à une distance encore moindre. Mais on ne sera pas toujours assez favorisé par les circonstances locales et du moment, pour se rapprocher à ce point; en sorte que la distance que je viens de fixer est celle qui me paraît tenir un juste milieu entre ce que faisaient nos devanciers et ce qu'ont fait de nos jours les plus illustres ingénieurs. A cette distance de 300 mètres on est hors de portée de la fusillade, et la mitraille même est peu à craindre, surtout la nuit, qui est le moment où l'on commence le travail.

281. En rapprochant, comme je crois qu'on doit le faire dans les cas ordinaires, la première parallèle (fig. 62e), on acquiert plusieurs avantages : d'abord on a moins d'ouvrage à faire; ensuite les batteries qu'on établit dans cette parallèle peuvent y rester jusqu'à la fin du siége, tandis que, suivant l'ancienne méthode, il fallait les transporter de la première à la seconde parallèle, et ce transport était

toujours pénible et dangereux. Ces batteries, au lieu de se faire sur le terrain naturel en avant de la parallèle, suivant la coutume des Français, se construiront dans la parallèle même par un rélargissement suffisant; on en viendra à bout sans danger et sans que l'ennemi s'en aperçoive, car du dehors on ne verra rien de plus qu'une tranchée ordinaire. Il n'y a d'autre inconvénient à ces batteries que la nécessité où l'on se trouve de faire les embrasures biaises, ce qui n'est qu'un bien petit mal quand l'obliquité n'est pas très-grande; si elle l'est trop, on construit la *batterie à redans* comme l'indique la fig. 62ᵉ *bis,* c'est-à-dire que, pour chaque pièce, on fait une crémaillère dans l'épaulement, perpendiculaire à la directrice de l'embrasure. En s'exposant un peu, et portant la batterie en dehors pour lui donner la direction convenable, on évite sans doute la complication de cette construction, mais on achète bien cher cet avantage par la perte de quelques braves. Au reste, dans ce cas même, on peut encore commencer par faire une tranchée ordinaire en dehors et en avant de la parallèle pour y construire ensuite la batterie par un rélargissement convenable. Cette batterie, indépendamment de la bonne direction qu'on aura pu lui donner ainsi, aura cet autre avantage d'être séparée de la parallèle, et de n'être point entravée par la circulation qui s'y fait habituellement. Il y a un peu plus d'ouvrage ainsi qu'autrement; mais on ne doit point dans les siéges regarder à la peine, car si l'on en usait ainsi on ne ferait rien.

Je devais d'autant plus indiquer la construction des batteries à redans, que les artilleurs n'en peuvent pas faire d'autres lorsqu'ils veulent établir des pièces d'enfilade sur une chaussée ou une digue étroite, et dont la direction est oblique relativement à l'objet qu'ils ont dessein de battre. Un inconvénient de ces batteries à redans qu'on ne saurait dissimuler, c'est qu'elles exigent pour leur construction des saucissons d'une très-grande longueur, et par cela même difficiles à confectionner; et que les ouvertures extérieures des embrasures étant très-larges, les boulets de l'ennemi les atteignent plus aisément.

282. *L'ouverture de la tranchée* se fait de nuit afin de dérober le travail à l'ennemi ; et, au jour, la tranchée est assez avancée pour recevoir et mettre à l'abri les soldats qui doivent la garder et ceux qui ont pour tâche de la rélargir.

Les ingénieurs reconnaissent à la tombée de la nuit les points par lesquels la première parallèle doit passer. Ils mettent tous leurs soins à n'être point aperçus, et ils se présentent sur plusieurs côtés différents pour cacher la véritable attaque. Ce n'est que lorsque la ligne a été bien arrêtée par une ou plusieurs reconnaissances que l'ouverture de la tranchée a lieu.

Pour y procéder, les travailleurs sont disposés sur deux files, près des dépôts ; ils reçoivent chacun une pelle, une pioche et une fascine à tracer. Les officiers du génie les conduisent en ordre sur l'emplacement de la parallèle. Ceux qui, arrivés là, devront tourner à droite, porteront la fascine sous le bras gauche et leurs outils sur l'épaule droite. Ce sera l'inverse pour ceux qui devront tourner à gauche.

Les travailleurs sont placés sur la ligne à la distance de 1^m,50 les uns des autres, par le mouvement par file sur la gauche ou sur la droite en bataille. Ils posent leurs fascines bout à bout et restent couchés derrière, jusqu'à ce que le tracé étant vérifié, ils reçoivent de proche en proche l'ordre de se lever et de travailler, par les mots *haut le bras* que l'officier du génie prononce à voix basse. Ils se dépêchent de se creuser un logement en jetant la terre contre la fascine, du côté de la place.

La tâche des travailleurs de nuit est de donner à la tranchée $1^m,00$ de profondeur et $1^m,30$ de largeur en bas. Les travailleurs de jour, qui succèdent aux premiers, rélargissent la tranchée de $1^m,70$, de manière qu'elle ait $3^m,00$ au fond, conformément au profil de la figure 64°. Ce sont les soldats du génie ou d'autres ouvriers de choix qui ensuite y pratiquent des gradins et des rampes, là où c'est nécessaire.

Ce travail de la première nuit est couvert par des gardes que l'on distribue en petits détachements, autant que possible, dans les plis du terrain, ou qui restent couchés, prêts à repousser les troupes ennemies qui pourraient se présenter pour troubler les travailleurs.

283. Quand la première parallèle est terminée, ainsi que ses *communications* avec les dépôts qui se font en même temps et de la même manière, on s'approche de la place en cheminant en zigzags le long des capitales pour éviter le feu des ouvrages. A moitié chemin, Vauban construisait une seconde parallèle pour rapprocher ses batteries et ses défenses ; puis il continuait les zigzags jusqu'à la queue des glacis, où il établissait une troisième et dernière parallèle. Entre celle-ci et la seconde étaient ce qu'il appela des *demi-places d'armes*, ou portions de parallèles, toujours construites dans l'intention de protéger de près les travailleurs.

Voilà ce qu'on doit faire encore dans les cas extraordinaires, quand on a beaucoup à craindre d'une forte garnison, ou qu'on attaque une forteresse du premier ordre. Mais, dans les circonstances communes, notre marche sera un peu différente : nous ne ferons que deux parallèles (fig.

62ᵉ), la première à **300** mètres, comme nous l'avons dit, la seconde à la queue des glacis; et, dans l'intervalle, des demi-places d'armes protégeront nos travailleurs jusqu'à ce que la seconde parallèle soit construite.

La première parallèle est terminée par deux redoutes qui la défendent par leurs feux ; ses communications avec les dépôts de tranchée se font en zigzags, à moins que des chemins creux, des vallons ou des ravins ne permettent l'approche de la place et ne dispensent de ce travail.

284. Les profils de la première et de la seconde parallèle ne sont pas tout à fait semblables : celui de la première parallèle (fig. 64ᵉ), n'a point de revêtement; celui de la seconde parallèle (fig. 63ᵉ) présente un parapet soutenu par des gabions : l'un ne donne que trois mètres de terre-plein à la tranchée ; l'autre lui en donne quatre. Ces différences tiennent à la manière dont ces deux tranchées sont construites et aux usages un peu différents auxquels elles sont destinées : l'une et l'autre devant couvrir également bien, ont la même profondeur, $1^m,00$ vers le parapet et $1^m,20$ au *revers* de la tranchée. Cet approfondissement en arrière est afin de procurer un écoulement aux eaux. Si la tranchée a une pente en long bien prononcée, l'approfondissement de $0^m,20$ n'est plus nécessaire ; mais il est toujours convenable pour le défilement. Le parapet a de $1^m,00$ à $1^m,30$ de hauteur, selon le besoin; il vaut toujours mieux exagérer un peu la hauteur que de rester trop bas.

La première parallèle, assez éloignée de la place, et construite d'une nuit dans tout son développement, n'a pas besoin d'une solidité pareille à celle de la seconde, qui se construit pied à pied, sous le feu de l'ennemi, et en se servant de gabions pour se couvrir plus promptement et plus sûrement. Une circulation plus active se fait dans la seconde parallèle, ce qui exige une plus grande largeur. Telles sont les raisons qui motivent la différence des deux profils.

Il faut qu'on puisse sortir aisément des places d'armes, soit en passant par-dessus le parapet pour attaquer l'ennemi, soit en montant sur le revers pour l'éviter. C'est pour cette raison que, de distance en distance, on construit des gradins du côté du parapet, comme l'indique le profil, et que le talus du revers se fait en rampe douce ou en gradins sur tout le développement. Dans les portions de parallèles où l'on fait des gradins, on prend sur le revers les terres pour faire ces gradins, en sorte que ce qu'on perd en espace d'un côté on le regagne de l'autre, et de cette manière le fond de la tranchée a toujours la largeur prescrite. Dans les parties où il n'y a pas de gradins, la tranchée présente du côté du parapet un talus plus ou moins roide, suivant la nature des terres : il est ordinairement de $0^m,25$; mais dans les terres légères il faut lui donner le double.

285. Quant aux zigzags, leur profil indiqué par la figure 65° ne donne que $2^m,50$ de largeur à leur terreplein, avec des talus assez rapides de côté et d'autre. Ils ne sont destinés qu'à la circulation; ils ne renferment point de défenseurs, d'où résulte une largeur moindre que celle des parallèles; on ne débouche point de ces communications pour attaquer l'ennemi, les gradins sont donc inutiles.

L'approfondissement de $0^m,20$ du fond de la tranchée du côté du revers est encore plus nécessaire dans le profil des zigzags que dans celui des parallèles, et même sera-t-on quelquefois obligé de l'augmenter encore, parce que les zigzags, ou *boyaux* de tranchée, s'avançant obliquement vers la place, sont plus facilement plongés des ouvrages que les parallèles qui se présentent de face.

Leur parapet ne peut pas avoir moins de 1^m,30 de hauteur au-dessus du terrain naturel, pour la facilité du défilement. Et, dans le même but, il est bon de ne donner que 2^m,50 de largeur au fond.

De la Sape.

286. Du moment où l'on se trouve sous l'influence des feux de mousqueterie les tranchées se font avec le gabion, et ce travail reçoit le nom de *sape*.

On chemine à la *sape volante*, si l'on pose à la fois plusieurs gabions pour les remplir tous ensemble ; et à la *sape pleine*, si l'on ne pose un gabion qu'après avoir rempli le précédent. Cette dernière méthode est plus lente et plus sûre ; la seconde est plus prompte, et s'emploie toutes les fois que les ténèbres favorisent, ou que le feu de l'ennemi se ralentit.

A la sape volante, chaque travailleur, armé d'une pelle et d'une pioche, doit remplir deux gabions et faire sa tranchée d'un mètre de profondeur et d'un mètre de largeur en haut, avec un talus de 0^m,25 du côté des gabions. Les travailleurs se gêneraient s'il y en avait un par gabion ; d'un autre côté un homme ne peut pas porter deux gabions. Il faut donc que la moitié des travailleurs, par exemple, ceux de rang pair, s'en aillent après avoir posé chacun son gabion sur la ligne, et remis son outil, pelle ou pioche, au travailleur, numéro impair, qui a marché avec lui.

Le creusement ne doit commencer que lorsque l'alignement a été vérifié par qui de droit et le signal donné.

287. Pour opérer à la sape pleine, il faut des hommes instruits dans ce métier. Ils se mettent quatre : le premier place, au moyen d'une petite fourche, un gabion vide, en se cachant du mieux qu'il peut derrière le gabion déjà rempli ; il se dépêche de remplir le gabion vide en creusant le terrain de 0ᵐ,50 en tout sens ; il ménage avec soin une petite berme de 0ᵐ,30 et laisse un peu de talus aux terres du côté du parapet. Si les terres sont très-mauvaises, il faut donner plus de largeur à la berme et la porter jusqu'à 0ᵐ,50, afin que, lorsque la tranchée sera faite, on puisse donner un peu plus de talus aux terres par un recoupement intérieur. Un grand gabion rempli de laine ou de fascines, auquel on donne le nom de *gabion farci* et que le premier sapeur roule devant lui, le garantit des coups directs ; toutefois son poste est périlleux, et il se dépêche de remplir deux gabions ; quand cela est fait, il cède sa place au second sapeur, et va travailler à la suite du quatrième devenu troisième.

Le second et le troisième sapeurs aident le premier dans le déplacement du gabion farci. A cet effet, ils sont pourvus chacun d'un crochet de sape.

La tâche du second sapeur est un peu moins périlleuse ; il doit rélargir et approfondir la tranchée de 0ᵐ,17, en ménageant toujours le même talus du côté du parapet.

Le troisième et le quatrième en font autant et couronnent de fascines les gabions ; ils donnent ainsi à la tranchée un mètre de profondeur et un mètre de largeur en haut avec 0ᵐ,75 de largeur par le bas, et au parapet une hauteur de 1ᵐ,30 au-dessus du terrain. Ce sont les travailleurs ordinaires qui rélargissent la tranchée et lui donnent les dimensions qu'indiquent les profils. La terre qu'ils jettent en avant du revêtement ne sert qu'à répaissir le parapet sans lui donner plus de hauteur.

Par cette rotation, chaque sapeur occupe successivement toutes les places, et le péril est partagé.

Quatre autres sapeurs de la même escouade se tiennent en repos derrière ceux qui travaillent, et leur donnent les gabions et les fascines dont ils ont besoin. Ces quatre sapeurs remplaceront les quatre premiers lorsque ceux-ci auront rempli chacun deux gabions.

A mesure que la sape avance, le quatrième sapeur fait passer au premier, par l'intermédiaire des deux autres, les fagots de sape qui doivent se placer entre deux gabions, tant qu'il n'y a pas en avant une quantité suffisante de terre pour les couvrir. Une dixaine de fagots, qui passent ainsi successivement de la queue à la tête du travail, suffisent pour une sape.

288. Le gabion farci dont on se sert pour couvrir la sape a $2^m,30$ de longueur et $1^m,30$ de diamètre extérieur; on le manœuvre avec deux crocs ou *crochets de sape,* dont les hampes ont $3^m,50$ de longueur. Ces crochets présentent deux pointes droites de dix centimètres, formant équerre et adaptées à une douille de $0^m,15$. La hampe est munie à l'autre extrémité d'un anneau de 4 à 5 centimètres d'ouverture, au moyen duquel on peut fixer au sol le crochet de sape pour empêcher le gabion farci de se déplacer.

Les gabions de sape se placent soit à la main, soit en se servant de petites fourches de $1^m,50$ de longueur. Ces *fourches de sape* ont trois pointes : deux dans le prolongement du manche, et la troisième d'équerre avec celles-ci, servant de crochet. Les trois pointes sont droites pour se dégager plus facilement du clayonnage ; les premières ont 10 à 13 centimètres de longueur, la troisième est plus courte.

On estime qu'en terrain ordinaire, le travail de la sape pleine s'avance de quatre gabions par heure.

289. Il faut avoir plusieurs gabions farcis à la portée de la sape, parce que suivant la direction que l'on tient, il faut quelquefois faire la sape double, et que toutes les fois qu'on change de direction, on est obligé de laisser le gabion en place et d'en employer un autre pour pousser en avant. On fait passer ce dernier par-dessus les gabions déjà posés, en le roulant sur deux poutrelles munies de crans qui l'empêchent de glisser et de revenir en arrière. Une fois sur le parapet, on le pousse avec les fourches et on le retient au moyen de deux cordes à crochets afin qu'il n'aille pas trop loin. Après cela on abat dans la tranchée deux ou trois gabions pour se faire un passage, on enlève la terre du parapet avec une pelle courbée ou *drague,* et aussitôt qu'on a préparé la place d'un gabion dans la nouvelle ligne, on le remplit. Il en faudra ainsi poser deux ou trois pour joindre le gabion farci. Alors on continue comme de coutume.

On retirera le premier gabion farci, après qu'on aura jeté en avant assez de terre pour être à couvert, malgré qu'on l'ait fait tomber dans la tranchée, puis on le remplacera par une rangée de gabions ordinaires.

290. Quand la première parallèle est construite, on marque, par des piquets plantés sur le parapet, le prolongement des faces nécessaire pour l'établissement des batteries et celui des capitales pour les cheminements. Ce dernier s'obtient approximativement en partageant en deux parties égales l'espace compris sur la tranchée, entre les prolongements des deux faces de l'ouvrage, et cette approximation est plus que suffisante. Quelquefois l'alignement de deux saillants placés l'un devant l'autre servira à indiquer la capitale; d'autres fois, quand on voudra faire usage de la boussole, la formule suivante fera connaître l'angle x, que l'aiguille aimantée doit faire avec la capitale, lorsqu'on connaîtra les angles α et β, que les prolongements des faces font avec cette même aiguille:

$$x = \frac{\alpha + \beta}{2} \qquad \text{et} \qquad x = \frac{\alpha - \beta}{2}$$

La première valeur est relative au cas où les deux angles α et β sont mesurés du même côté du méridien magnétique; la seconde correspond au cas où l'un de ces deux angles se mesure d'un côté, tandis que l'autre se mesure du côté opposé.

L'angle x étant ainsi connu, on cherchera dans la parallèle le point pour lequel l'aiguille de la boussole marque le même angle ; ce point sera celui par lequel la capitale doit passer.

291. Quant aux cheminements en zigzag, il faut avoir soin d'éviter l'enfilade, en dirigeant chaque crochet de 20 à 25 mètres en dehors des ouvrages de la place, et en couvrant les retours par des prolongements de 8 à 10 mètres.

On se dirige, en remarquant le jour quelque point à l'horizon qui puisse encore être découvert pendant la nuit, ou en se servant de la boussole, après avoir mesuré sur le plan directeur des attaques, déposé chez le chef du génie, les angles que les cheminements qu'on projette doivent faire avec l'aiguille.

A défaut de point visible, on peut encore, lorsqu'il ne fait plus assez jour pour être vu de la place, et qu'il ne fait pas assez nuit pour ne plus rien distinguer, sortir de la tranchée et aller jalonner les portions qui devront être faites pendant la nuit. A cet effet on plante des piquets garnis de paille, et reconnaissables dans l'obscurité. On peut alors tendre un ruban de fil blanc entre deux piquets pour faciliter la pose des gabions.

Les crochets ne doivent s'écarter que de 30 à 40 mètres de la capitale vers la première parallèle, et seulement de 15 à 20 vers la seconde ; si on les étendait davantage, ils gêneraient le tir des batteries en arrière : il faut toujours s'arranger pour que celles-ci ne soient point masquées.

292. Ce que nous venons de dire ne suppose autre chose, sinon que la fortification de la place est composée de parties saillantes et rentrantes ; la méthode est toujours la même, quel que soit le système adopté pour cette fortification ; ce que nous allons dire ne préjuge rien de plus : nous pouvons donc continuer à décrire la marche des attaques, sans entrer dans aucun détail sur la fortification permanente, ce qui nous permettra d'achever notre tâche, sans rien changer au plan de cet ouvrage.

Cheminements sur les Glacis.

293. Quand la dernière parallèle est achevée, on fait simultanément sur chaque saillant du chemin couvert les travaux que je vais indiquer, et qui se trouvent amplement détaillés dans tous les traités sur l'attaque des places.

On débouche à droite et à gauche de la capitale pour diriger circulairement une tranchée AB, à laquelle on donne le nom de *portion circulaire* (fig. 66e). Elle se fait par deux sapes qui vont à la rencontre l'une de l'autre, et se réunissent au milieu ; de là les deux sapes marchent parallèlement sur la capitale et à la distance de 4^m,00 l'une de l'autre, pour former ce qu'on appelle une sape *double et de bout.* Elle se dirige droit sur l'angle saillant du chemin couvert, ce qui lui a fait donner le nom de sape de bout ; et quand on commence à être plongé dans la tranchée, les deux sapes se séparent pour former un *tambour* C, espèce de traverse au delà de laquelle les sapes se réunissent de nouveau et se continuent de bout jusqu'au milieu du glacis, c'est-à-dire jusqu'à une trentaine de mètres du saillant. Là on s'arrête pour faire un bout de parallèle ou place d'armes, qui fait avec la sape de bout une espèce de T, lettre dont elle porte le nom. Cette place d'armes est terminée, à droite et à gauche, par les *cavaliers de tranchée* D, D' qui sont des parapets à grand relief, faits de deux ou trois gabions de hauteur, comme l'indiquent les figures 67e et 68e. C'est de ces parapets élevés que les meilleurs tireurs plongent dans le chemin couvert qu'ils dominent, et en chassent les défenseurs. On place aussi derrière les cavaliers des pierriers destinés à couvrir de projectiles les ouvrages qu'on attaque.

294. Dans les cas ordinaires, il suffit de deux gabions de hauteur pour former le cavalier fig. 67e ; mais, lorsque le glacis a beaucoup de pente, il faut trois rangs de gabions fig. 68e, et quelquefois davantage. Dans l'un et l'autre cas, c'est en prenant les terres en arrière qu'on trouve ce qu'il faut pour les parapets et les gradins attenants ; la largeur de la tranchée dépend alors de ce qu'il a fallu de terre pour la construction du cavalier ; elle n'a rien de fixe. Lorsque les terres sont faciles à manier, la gabionnade du cavalier se fait comme l'indique la première figure ; l'autre montre comment on répaissit d'abord le parapet intérieurement par des gabions accolés, lorsque le feu de la place est très-vif, ou que les terres sont mauvaises.

295. Dès que les cavaliers sont achevés et armés, on débouche de droite et de gauche par deux sapes doubles et de bout, qui vont se réunir en E, à une huitaine de mètres du saillant qu'on attaque. De là on tourne à droite et à gauche, parallèlement aux branches du chemin couvert, pour faire ce qu'on appelle le *couronnement* du chemin couvert; c'est tout simplement une sape ordinaire à 4 ou 5 mètres de la crête du chemin couvert.

On ne prolonge pas le couronnement trop loin, afin que les batteries à ricochets, qui continuent leurs feux sur les ouvrages en arrière, ne se trouvent pas masquées.

Quand le couronnement du chemin couvert est achevé, on est maître de tout le saillant.

Si l'ouvrage en arrière défend mal le terre-plein du chemin couvert, ou si cet ouvrage est paralysé par un ricochet bien organisé, on descend dans le chemin couvert pour couronner la contrescarpe et empêcher ainsi les assiégés de manœuvrer dans le fossé.

296. Telle est la marche méthodique, lente à la vérité, mais sûre et peu périlleuse. On s'en écarte quelquefois pour attaquer le chemin couvert de vive force ; et cela ne doit arriver que dans le cas où la garnison ne se défend que faiblement, ou que le chemin couvert ne pouvant pas être bien ricoché, on n'a pas d'autre moyen d'en chasser les défenseurs; ou enfin, lorsque, par une raison quelconque, les cavaliers sont insuffisants pour nettoyer complétement le chemin couvert. Alors des grenadiers, en débouchant de la dernière parallèle, se portent hardiment sur le chemin couvert pour en chasser les défenseurs; des travailleurs les suivent, portant chacun un gabion et une pelle ou une pioche; les officiers du génie placent ces gabions, et les font remplir pendant que les grenadiers combattent et cherchent à se maintenir. On fait tout à la fois, à la sape volante, le couronnement et la communication avec la dernière parallèle. Cette dernière doit être *traversée*, ou faire plusieurs crochets ou tambours, pour éviter l'enfilade ; dans ce cas, il n'y a plus ni cavalier de tranchée, ni **T**, ni portion circulaire ; tout se réduit à une simple communication entre la parallèle et le couronnement du chemin couvert.

Le couronnement ne peut être exécuté que par la moitié des travailleurs qui ont apporté les gabions, la place manquant pour en employer davantage. Les travailleurs du rang pair s'en vont après avoir posé leurs gabions et remis leurs outils à ceux de rang impair, lesquels se trouvent ainsi pourvus d'une pelle et d'une pioche.

Le mieux est de remplir les gabions de sacs à terre, que l'on passe de main en main aux travailleurs, afin que les troupes qui ont chassé l'ennemi du chemin couvert et qui actuellement sont exposées à la fusillade de l'ouvrage en arrière, puissent promptement trouver un refuge derrière ces gabions où ils se placent genou en terre, jusqu'à ce que le logement soit en état de les couvrir.

Des Batteries de brèches.

297. De quelque manière qu'on se soit emparé du chemin couvert, il faut songer à établir les batteries de brèche EF, EF'. Cela se fait, comme pour les cavaliers, en rélargissant en arrière la tranchée du couronnement et portant les terres en avant pour répaissir le parapet. Celui qui existe déjà sert de masque devant les embrasures, de manière qu'on les peut exécuter avec toute la sécurité que comporte un travail fait si près de l'ennemi. On ne donne à ce parapet que 4 mètres d'épaisseur, si les feux de la place sont éteints ; on lui en donne 6, si l'on a encore à craindre les feux d'artillerie. Chaque batterie est munie d'un petit magasin de munitions g, g' établi sur son revers au fond d'une tranchée tournante et dérobée aux coups directs.

Pour que l'embrasure ait une plongée suffisante, on écrète l'angle du glacis, ou bien on relève de $0^m,50$ les plates-formes des pièces au-dessus du fond de la tranchée. Ce travail des batteries de brèche, quelque considérable qu'il paraisse, se fait aisément dans trente-six heures. On le commence avec la nuit, et à la deuxième aurore la batterie doit être armée.

Remarquons en passant que les batteries de brèche se font comme je voudrais qu'on fît habituellement celles à ricochets dans les parallèles ; ces dernières seulement seront un peu plus faciles à construire, en ce qu'elles sont plus éloignées du feu et mieux dérobées.

Quand les batteries de brèche sont armées, on démasque leurs embrasures, c'est-à-dire que l'on renverse la gabionnade qui les obstrue, et leur feu commence contre le saillant de l'ouvrage que couvre le chemin-couvert, et dont on voit maintenant l'escarpe ; la brèche ne tarde pas à être faite ; il ne reste plus qu'à donner l'assaut.

298. L'artillerie coupe le mur d'escarpe par une ligne horizontale à environ deux mètres au-dessus du fond du fossé, et par autant de lignes verticales qu'il y a de pièces. Si la poussée des terres ne suffit pas pour renverser les morceaux de murailles intermédiaires, on les ébranle en tirant contre.

Des expériences faites à Metz en 1834 contre de très-bonnes maçonneries ont prouvé :

1° Que la brèche peut être faite dans une escarpe ordinaire, et rendue praticable, en huit ou dix heures par des pièces de seize.

2° Qu'il faut la même quantité de poudre et de fer pour renverser une même superficie de muraille.

3° Que, par conséquent (la charge étant toujours la moitié du poids du boulet), le nombre de coups nécessaire pour ouvrir une brèche, est en raison inverse des calibres.

Ainsi le seul avantage des gros calibres sur les petits, est le gain du temps.

Descente du fossé.

299. Pendant que les artilleurs construisaient leurs batteries, les mineurs s'enfonçaient à l'extrémité du couronnement ; ils pratiquaient, par un travail lent et souterrain, une *descente* qui, conduisant derrière la contrescarpe, se détourne pour descendre encore au niveau du fond du fossé, où elle débouche à travers la muraille. Une tranchée H,H' conduit de cette descente au pied de la brèche. Voilà le chemin tortueux que doivent suivre les grenadiers chargés de l'assaut.

La descente se construit en galerie au moyen d'étais, et par les procédés que nous indiquerons en parlant des mines ; ou bien à ciel ouvert, lorsque le fossé est peu profond : dans ce cas il faut se garantir, par un *blindage*, des coups qui partent d'en haut ; on se sert pour cela des blindes décrites dans le n° 278, et l'on en forme une galerie entre deux parapets, comme l'indique la fig. 69e. Par-dessus on met des fascines recouvertes de peaux fraîches, qui les garantissent de l'incendie, ou on les recouvre d'une couche de terre.

300. Pour exécuter la descente blindée on fait d'abord une sape double à la manière ordinaire, et l'on enlève à mesure le noyau de terre qui reste entre les deux sapes, de manière à former une tranchée de $2^m,00$ de largeur par le bas; et comme la distance entre les deux gabionnades est de $4^m,00$ on peut, en commençant, laisser aux terres un assez fort talus ou des bermes plus larges. Lorsqu'on s'est avancé au point de n'être plus couvert par les gabions farcis des têtes de sape, on s'arrête pour placer les blindes : on en pose deux en regard l'une de l'autre, et à une distance telle qu'elles laissent entre elles un passage de $1^m,80$; elles sont plantées verticalement dans toute la longueur de leurs pointes. On les relie par le haut au moyen d'une autre blinde horizontale qui embrasse leurs pointes supérieures. Quand cela est fait, et que les sapeurs, au moyen de fourches, ont recouvert de fascines ces premières blindes, ils reprennent la pioche pour continuer la sape, jusqu'à ce qu'ils aient fait la place pour de nouvelles blindes, qui seront posées comme les précédentes, et reliées avec elles au moyen des blindes horizontales, et de petites traverses posées dans le haut pour empêcher le déversement que la poussée des terres pourrait occasionner.

C'est par l'extérieur qu'on règle la distance des blindes, parce que les bois pouvant être plus ou moins forts il n'y a d'invariable dans leurs dimensions que la distance intérieure entre les traverses, laquelle est de $2^m,00$ et fixe l'espacement des blindes verticales de droite et de gauche.

Dans un bon terrain les sapeurs font moyennement un mètre de descente blindée en trois heures. Il faut le double de temps pour la descente souterraine. Celle-ci se commence ordinairement sous une des traverses du chemin couvert, afin de pouvoir entrer en galerie plus promptement. Jusque-là la descente est simplement blindée.

Les terres provenant de l'excavation de la galerie sont transportées dans des paniers et versées sur le revers des tranchées, ou en répaississement des parties faibles des parapets.

Que la descente se fasse en galerie ou à ciel ouvert et blindée, on calcule sa pente de manière à arriver à $1^m,00$ au-dessous du fond du fossé s'il est sec, et s'il a de l'eau à $0^m,30$ au-dessus de sa surface.

301. On ne donne que $2^m,00$ de largeur au fond de la tranchée, ce qui est le strict nécessaire pour la pose des blindes. La profondeur s'augmente à mesure qu'on avance en raison de la pente, le talus des terres devient donc toujours plus rapide parce que le travail de la sape double ne permet pas de mettre les gabions de droite et de gauche à plus de $4^m,00$ de distance. Aussi doit-on mettre des fascines entre les blindes verticales et les terres pour soutenir le talus. Cela est encore nécessaire pour se garantir des coups latéraux. On peut cependant conserver des ouvertures de distance en distance pour la lumière.

Quand on est à $1^m,70$ de profondeur, ou hauteur d'homme, on supprime les gabions latéraux et on se contente d'un simple parapet en terre.

On a quelque peine à faire franchir la crête du chemin couvert et la palissade aux deux gabions farcis. Il convient d'abord de les lier l'un à l'autre au moyen de branches qui les traversent dans la longueur. On leur fait un plan incliné avec des poutrelles; on les pousse avec les crocs, et ensuite on les retient au moyen de cordes à crochets.

Passage du fossé.

302. Le passage du fossé sec se fait, comme nous l'avons dit, par une *tranchée* qui joint le débouché de la descente avec le pied de la brèche, et garantit des coups latéraux ; mais lorsque le fossé est rempli d'eau, le travail devient long et pénible. Il faut alors, en jetant un grand nombre de fascines chargées de pierres, commencer par faire au débouché de la descente l'amorce d'une digue, sur laquelle on commence à placer quelques gabions remplis de sacs-à-terre pour garantir les travailleurs des coups latéraux ; on pousse ensuite la digue plus avant, en posant avec ordre les fascines dans le sens longitudinal et dans le sens transversal, et en se couvrant à mesure du côté de la place.

Si l'eau est courante, le travail devient très-difficile ; il faut donner à la digue un degré de solidité suffisant pour qu'elle puisse résister au choc de l'eau, et la faire assez haute pour que cette eau accumulée ne passe pas par-dessus. On se verra peut-être obligé de recommencer plusieurs fois le travail, de le consolider par des pieux plantés à la masse ; peut-être enfin tout cela sera-t-il insuffisant, et faudra-t-il essayer un pont flottant en fascines liées entre elles et soutenues par des tonnes vides ; ou enfin se servir d'un pont, chose presque impossible, si tous les feux de la place ne sont pas complétement éteints.

On a aussi proposé différents moyens de construire la digue de manière à laisser passer l'eau par des ouvertures pratiquées en grand nombre dans son épaisseur. Ainsi on a fait l'essai de *buses* ou longues caisses triangulaires ouvertes par les deux bouts qui, placées proche à proche, formaient une espèce de chaussée où il y avait plus de vide que de plein. Dans le même but on s'est servi de gabions ordinaires, en en liant plusieurs ensemble avec trois ou quatre perches, de manière à en former des espèces de cylindres, qui couchés parallèlement à la contrescarpe et en nombre suffisant pour dépasser l'eau, étaient recouverts d'une couche de terre et formaient également une *digue perméable* sur laquelle on élevait ensuite, et à mesure de ses progrès, un épaulement contre les feux de la place.

Assaut.

303. Lorsque le passage du fossé est achevé, que la brèche est praticable, on donne l'assaut. Les grenadiers s'élancent en colonne, et s'efforcent d'atteindre le sommet et de pénétrer dans le terre-plein de l'ouvrage. Quand une fois ils y sont, ils cherchent à s'y maintenir tout le temps nécessaire à la construction d'un couronnement de brèche, ou *nid-de-pie*, que font les officiers du génie avec les gabions qu'ont apportés les travailleurs, et que ceux-ci se dépêchent de remplir. Le travail se conduit, comme on l'a dit pour le couronnement du chemin couvert, à la sape volante, en ayant soin de laisser à droite et à gauche une ouverture pour la retraite des grenadiers qui sont postés plus en avant. La nuit favorisera cette opération si l'assaut est donné à la chute du jour.

304. Quelquefois, avant d'arriver aux premiers ouvrages d'une place, il y a un avant-fossé rempli d'eau qu'il faut traverser; on le fait avec un pont de chevalets, sur lequel on met un épaulement en gabions remplis de sacs à terre, et fortifiés intérieurement par d'autres sacs empilés et serrés les uns contre les autres (fig. 70e). Les gabions supérieurs sont remplis de fascines dressées debout

afin de mieux couvrir sur toute la largeur du pont. Si l'eau est courante dans l'avant-fossé, on peut essayer d'en diminuer la hauteur au moyen d'un canal de dérivation, comme les Français l'ont fait au siége de Fribourg en 1744.

SECTION TROISIÈME.

Attaques irrégulières.

305. Il se présente souvent à la guerre de petites villes ceintes de murailles, d'anciens châteaux forts, dont il faut s'emparer. Si l'on amène du canon l'on aura bientôt raison de ces bicoques. On vient pendant la nuit se placer devant les murailles, aux endroits reconnus pendant le jour; on se dépêche d'élever une façon d'épaulement, et au jour on commence la canonnade. La muraille ne tarde pas à être renversée : on s'avance alors; s'il y a un fossé on fait une rampe avec des fascines ou des sacs pleins de foin, et l'on donne l'assaut ; s'il n'y en a pas, on se présente immédiatement à la brèche, et l'on force le passage.

306. Mais quand on n'a pas de canon, il faut avoir recours à l'escalade; et, pour cela, feindre une attaque d'un côté pour y attirer l'ennemi, pendant qu'on plante ses échelles du côté opposé, et qu'on pénètre dans la ville. Dès que quelques hommes y sont entrés, ils courent aux portes pour les rompre avec la hache ou le pétard, et donner accès aux troupes qui sont encore au dehors. Quand on peut surprendre son ennemi une heure avant le jour, le succès est mieux assuré.

307. Lorsque l'escalade est impossible, il faut tenter les surprises, chercher à s'introduire dans la ville à l'insu

de l'ennemi, soit en déguisant plusieurs soldats en paysans, soit en profitant des portes dérobées que l'ennemi néglige de garder, ou des égouts et des acqueducs sur lesquels il n'a aucun soupçon.

Quand on n'a pas réussi à se ménager des intelligences dans la place, ou à y introduire des soldats déguisés, on essaie de s'en approcher sans bruit pendant la nuit, et d'y introduire, au moyen des échelles, le plus de soldats qu'on peut, avant que l'ennemi prenne l'éveil.

L'hiver est la saison la plus favorable aux surprises; la longueur des nuits rend possible une longue marche qu'il faut nécessairement dérober; les vents qui règnent alors font qu'on n'est pas entendu, et l'épaisse obscurité permet de s'approcher sans être vu.

Pour éviter les méprises et se reconnaître dans les ténèbres, il faut que chaque soldat porte une marque bien visible, telle qu'un mouchoir au schako, ou la chemise pardessus l'habit; de là vient le nom de *camisades* qu'on donnait autrefois à ce genre d'expéditions.

308. On se munit de plateaux, de claies et de fascines pour passer les fossés, et de tous les instruments nécessaires pour enfoncer les portes et renverser les petits murs, tels que tenailles, marteaux, pics, haches, ciseaux, pinces, etc.; on prépare même quelques pièces de bois pour faire l'office de bélier au besoin. Trois poutres qui s'arc-boutent et sont dressées en chevalet font la façon du support: et le bélier n'est autre chose qu'une quatrième poutre suspendue par une corde, et que deux ou trois hommes balancent et dirigent contre l'objet qu'on veut abattre. On peut aussi renverser une porte, un pan de muraille, une palissade, au moyen d'un sac de poudre, que l'on contrebutte de trois ou quatre sacs à terre. Un sapeur pose le sac de

poudre et développe un bout de **10** mètres de saucisson qui y est adapté. Trois autres sapeurs posent dessus chacun un sac à terre et se retirent. L'un d'eux, pourvu d'une mèche allumée, s'arrête un instant, met le feu à l'étoupille qui termine le saucisson et prend la course. Il faut à peine une minute pour cela.

Les surprises ne réussissent qu'avec un ennemi qui se garde mal.

309. Quoi qu'il en soit, lorsque, par d'habiles dispositions, ou par un coup de fortune, on est parvenu à s'introduire dans une place, on doit d'abord s'emparer des portes pour donner la main aux troupes qui sont encore dehors ; on court au logement du gouverneur pour s'emparer de sa personne ; on tâche d'interdire les casernes, de s'emparer de l'arsenal, de la place d'armes et des différents corps de garde. On conçoit que ce n'est qu'avec le secours de gens connaissant bien la place qu'on peut tenter de semblables entreprises.

310. Ne pouvant tenter une surprise, et ne voyant aucune probabilité au succès d'une escalade, il faut s'emparer de vive force des portes et des ponts-levis. Pendant que des soldats déterminés cherchent à les enfoncer, les autres protégent leur dangereuse opération par un feu de mousqueterie dirigé contre les créneaux, les fenêtres, les embrasures ou les parapets qui ont des vues sur ces portes et ces ponts. Mais une telle entreprise sans canon est bien hasardeuse sinon impossible.

311. Enfin il est des places qui, sans être aussi méprisables que les bicoques dont je viens de parler, ne sont cependant protégées que par une mauvaise fortification. Il faut alors dresser quelques batteries, ouvrir quelques tranchées, en simplifiant les procédés et accélérant les approches par tous les moyens qui peuvent être hasardés devant une faible garnison renfermée dans une mauvaise place. Il n'y a rien de fixe à cet égard ; on ne peut établir d'autre précepte que celui-ci : sachez modifier vos méthodes et abréger votre travail, en profitant de toutes les circonstances qui vous sont favorables. Dans la guerre de la Péninsule on a souvent ouvert la brèche à la distance de 300 mètres et plus, parce que les escarpes étaient vues de toute leur hauteur des premières positions qu'on occupait.

Lorsque les ouvrages qu'on attaque ne sont pas revêtus il ne faut pas moins les battre par le canon pour les labourer, rompre leurs fraises et rendre leurs talus praticables pour l'assaut. C'est avec des obus tirés horizontalement que cela se fait ; on peut même par leur moyen faire sauter partiellement les parapets et mettre à découvert, soit les murailles qui seraient derrière, soit les défenseurs eux-mêmes.

CHAPITRE TREIZIÈME.

Des mines.

§ Ier.

Des Fourneaux ordinaires.

312. Quand une forteresse est défendue par la mine, c'est par la mine qu'il faut l'attaquer. Les fourneaux surchargés, dont l'usage est interdit aux assiégés, parce qu'ils renverseraient leurs propres défenses, donnent à l'assiégeant la supériorité dans la guerre souterraine. Sans l'invention de ces fourneaux surchargés ou *globes de compression*, tout l'avantage serait pour l'assiégé, puisqu'il pourrait attendre, dans des galeries faites de longue-main, le mineur assiégeant qui cheminerait à l'aventure avec des peines infinies sur des volcans prêts à l'engloutir, dès qu'il arriverait dans la sphère de leur activité.

Les globes de compression, dont l'assiégeant fait précéder sa marche, pulvérisent le terrain et renversent les galeries les plus solides à des distances au moins triples de celles auxquelles les fourneaux ordinaires produisent le même effet. Malgré cet avantage des fourneaux surchargés, la guerre souterraine, quand elle est bien soutenue de la part de l'assiégé, traine toujours en longueur, parce que les travaux qu'elle nécessite ne sont pas de nature à s'avancer rapidement. C'est sous terre qu'il faut cheminer ; c'est en gagnant quelques pouces de terrain, en plusieurs heures de travail, qu'on s'approche de la place ; ce n'est qu'à force de constance qu'on peut vaincre toutes les difficultés et se rendre enfin maître de la forteresse.

Nous ne nous proposons point d'entrer ici dans tout le détail de la théorie des mines ; nous donnerons seulement ce qui est nécessaire à la pratique.

313. Une *mine* se compose du fourneau où sont placées les poudres, et de la galerie qui conduit à ce fourneau.

La distance CF (fig. 71ᵉ) du centre du fourneau au vide le plus voisin, dans les milieux homogènes, est ce qu'on appelle la ligne de *moindre résistance* ; c'est suivant cette ligne que se dirige le plus grand effet du fourneau ; elle sert d'axe à l'*entonnoir* que produit l'explosion. La ligne FD, qui joint le centre des poudres avec le bord de l'entonnoir, est le *rayon d'explosion*.

La forme d'un entonnoir ordinaire est assez celle d'un paraboloïde, dont le foyer F est au centre du fourneau, et dont le rayon CD est égal à la ligne de moindre résistance CF ; mais comme cette forme n'est importante à connaître que pour calculer le volume que le fourneau doit enlever, on substitue au paraboloïde un tronc de cône dont le rayon inférieur FI, à la hauteur du centre du fourneau, est moitié du rayon CD : alors, en représentant la ligne de moindre résistance par R, le volume de l'entonnoir est sensiblement égal à $1,8. R^3$; c'est-à-dire qu'il faut faire le cube de cette ligne et le multiplier par 1,8. Si, par exemple, la ligne de moindre résistance doit être égale à

3 mètres ; nous ferons le cube de 3, qui est 27, et nous le multiplierons par 1,8, ce qui nous donnera 48,6 mètres cubes pour le volume cherché.

314. Moyennant la petite formule 1,8. R^3 facile à retenir, et qu'on doit coucher sur son carnet, on calcule en mètres, comme ci-dessus, le volume de l'entonnoir qu'on veut produire. Ensuite, connaissant par expérience la quantité de poudre nécessaire pour enlever un mètre cube d'une terre ou d'une maçonnerie de nature connue, on multipliera cette quantité par le nombre qui exprime le volume de l'entonnoir, et l'on aura la charge du fourneau.

Voici un petit tableau qui servira pour ces estimations ; il indique en livres, poids de marc, et fractions décimales de la livre, la quantité de poudre nécessaire pour faire sauter un mètre cube de terre, de roc ou de maçonnerie d'espèces connues.

TABLEAU des Charges.

NATURE DES MILIEUX.	CHARGES en livres par mètre cube.
TERRES ET ROC.	
Grosse terre mêlée de sable et de gravier	1,5
Terre commune.	1,7
Sable fort.	1,9
Sable humide.	2,0
Terre mêlée de grosses pierres	2,1
Argile mêlée de tuf	2.3
Roc.	3,5
MAÇONNERIES.	
Nouvelles maçonneries ou anciennes restées ou devenues humides	2,0
Maçonneries ordinaires.	2,5
Nouvelles maçonneries très-bonnes	3,5
Vieilles maçonneries de même espèce.	4,0
Maçonneries romaines ou aussi solides	4,5

Si, par exemple, l'entonnoir calculé ci-dessus devait être produit dans l'argile mêlée de tuf, il faudrait multiplier son volume 48,6 par le nombre 2,3 que donne la table ; le produit 111,78, ou simplement 112, indiquerait le nombre de livres de poudre nécessaires pour la charge du fourneau.

Voilà pour les fourneaux ordinaires, ceux dont la ligne de moindre résistance est égale au rayon de l'entonnoir.

§ II.

Des Fourneaux surchargés.

315. Dans les fourneaux surchargés, le rayon de l'entonnoir est plus grand que la ligne de moindre résistance, en sorte que les formules précédentes ne peuvent plus être employées pour la détermination des charges, car elles supposent le contraire.

Plusieurs auteurs ont cherché une formule qui fût applicable à tous les cas. Le général Marescot est celui dont les travaux ont eu les résultats les plus satisfaisants : il a trouvé par plusieurs expériences que :

Les charges des fourneaux sont, entre elles, directement comme la ténacité des milieux, les rayons d'explosion et le carré des rayons des entonnoirs ; et inversement comme l'élasticité des milieux.

Ainsi, en représentant par R le rayon de l'entonnoir CD, par T le rayon d'explosion FD, dont la valeur dépend de CD et de FC par la relation

$$T = \sqrt{\overline{CF^2} + \overline{CD^2}} \, ;$$

En représentant de même par P la ténacité du milieu combinée avec la pesanteur, la densité et l'inertie ; par E l'élasticité du milieu.

Supposant encore que, dans une expérience dont la charge du fourneau était de a livres, toutes ces quantités aient eu les valeurs suivantes

$$r, \ t, \ p, \ e,$$

on aura, pour déterminer la charge x d'un fourneau quelconque, la proportion

$$x : a = \frac{R^2 TP}{E} : \frac{r^2 tp}{e}$$

d'où l'on tire

$$x = a \times \frac{P}{p} \times \frac{e}{E} \times \frac{R^2 T}{r^2 t}.$$

Mais, dans une expérience faite en terrain ordinaire, on a eu

$$r = 3,25 \quad t = 4,5 \quad a = 100.$$

Donc
$$x = 2,1 \times \frac{P}{p} \times \frac{e}{E} \times R^2 T.$$

L'élasticité des terres étant à peu près la même dans les différents terrains, on peut sans erreur sensible faire $\frac{e}{E} = 1$: on a donc

$$x = 2,1 \times \frac{P}{p} \times R^2 T.$$

Il ne reste plus qu'à déterminer le rapport $\frac{P}{p}$. Or, l'expérience a fait voir que

Pour les terres ordinaires cette valeur est de... **1,00**
Pour sable fin, tuf, terre mêlée de ces matières. **1,30**
Pour argile forte, terre grasse.............. **1,40**
Pour sable mouvant **1,50**

Ainsi, dans ces différents cas, x prendra les valeurs suivantes :

TABLEAU des Charges pour les fourneaux surchargés.

NATURE DES TERRES.	CHARGES ou valeurs de x.
Terres ordinaires............................	$2,10. \ R^2 T$
Sable fin, tuf, terre mêlée de ces matières.....	$2,73. \ R^2 T$
Argile forte, terre grasse	$2,94. \ R^2 T$
Sable mouvant............................	$3,15. \ R^2 T$

S'agit-il de trouver, dans un terrain ordinaire, la charge d'un fourneau dont le rayon de l'entonnoir soit double de la ligne de moindre résistance supposée de 3 mètres, on aura

$$R = 6 \qquad T = \sqrt{9+36} = 6,7;$$

alors
$$R^2\,T = 241,2.$$

Maintenant la table nous indique que, puisqu'il est question d'un terrain ordinaire, il faut multiplier cette quantité par **2,10**, ce qui donne 507 livres pour la charge du fourneau.

316. On ne fait pas de fourneaux surchargés dans le roc ni dans la maçonnerie; c'est pourquoi nous n'avons pas donné les valeurs de x relatives à ces cas; d'ailleurs les eussions-nous données, elles seraient fautives, parce que l'hypothèse de laquelle nous sommes partis pour les calculer, celle de l'égalité dans les élasticités des milieux, n'est plus vraie quand il s'agit du roc ou de la maçonnerie; car il est certain que le roc bien homogène et le sable mouvant sont doués d'élasticités bien différentes; et cela est si vrai qu'on peut faire sauter la roche la plus dure sans bourrer le pétard qu'on y pratique, autrement qu'en le remplissant d'un sable sec et léger : le peu d'élasticité de ce sable fait plus que compenser ici son défaut de ténacité. Le même procédé ne réussit plus dans une pierre moins compacte et plus hétérogène, qui, par cette raison, a peu d'élasticité.

317. Les charges que nous venons de trouver s'appliqueront aux fourneaux ordinaires quand on fera dans leur expression le rayon de l'entonnoir égal à la ligne de moindre résistance. Supposons, par exemple, qu'il faille trouver la charge d'un fourneau ordinaire de 3 mètres de ligne de moindre résistance dans une argile forte, nous aurons alors

$$R = 3, \ T = 4,27 \ \text{et} \ R^2 T = 38,43.$$

La table indique qu'il faut multiplier cette dernière quantité par 2,94 ; on trouve alors 113 livres. Mais dans le n° 314 nous avons trouvé, par une autre méthode, 112 livres pour la charge du même fourneau ; la différence est d'une livre, ce qui est bien peu dans ces sortes de calculs : les deux formules se vérifient donc l'une par l'autre. La dernière a l'avantage d'être applicable à toute espèce de fourneau, et la première a celui d'être plus simple, plus facile à calculer, et de s'étendre jusqu'au roc et aux maçonneries ; aussi est-ce celle qu'on emploie toujours pour calculer les fourneaux ordinaires.

318. Le rayon de l'entonnoir d'un fourneau surchargé ne peut pas s'accroître indéfiniment par l'augmentation de la charge ; et le maximum où l'on soit arrivé jusqu'à présent a été de produire un rayon triple de la ligne de moindre résistance. Il ne paraît pas qu'on puisse aller au delà, sans doute parce que la résistance qu'éprouvent les poudres en se dilatant par l'inflammation n'est pas assez grande à la partie supérieure pour produire horizontalement un effet plus considérable. Cela provient aussi de ce que l'inflammation de la poudre n'est pas instantanée, mais progressive, quoique très-rapide ; alors les premières parties du gaz qui se développe occasionnent des crevasses dans le terrain, par lesquelles s'échappent les dernières sans produire tout leur effet.

319. L'explosion produit dans les terres qui environnent l'entonnoir une rupture d'autant plus violente que ces

terres sont plus rapprochées; et la commotion est assez forte jusqu'à une certaine distance, soit sur les côtés, soit au-dessous, pour crever les galeries et renverser les murailles qui se trouvent dans la sphère d'action ; et l'expérience a prouvé que le rayon moyen de cette *sphère de rupture* est à peu près égal au rayon de l'entonnoir; au delà, les galeries peuvent être crevées, mais elles ne le sont d'une manière certaine que dans cette limite.

La forme de la sphère de rupture paraît plutôt être celle d'un ellipsoïde que celle d'une véritable sphère ; son action est plus grande sur les côtés que de haut en bas ; elle peut s'étendre dans un sens jusqu'à quatre fois la ligne de moindre résistance, tandis qu'en dessous du fourneau elle ne va que jusqu'à deux fois cette ligne; et voilà pourquoi j'ai dit que le rayon *moyen* de la sphère de rupture est égal au rayon de l'entonnoir.

L'effet d'un fourneau ordinaire s'étend assez au delà de la sphère de rupture pour qu'il faille tenir ce fourneau éloigné de toute espèce de vide qu'on veut ménager, d'une quantité égale à deux fois le rayon de l'entonnoir ; aussi est-ce là l'écartement qu'il faut donner à deux fourneaux qui ne doivent pas jouer ensemble, pour que l'explosion de l'un ne culbute pas l'autre.

320. C'est une opinion reçue, qu'on doit placer les fourneaux défensifs au plus bas possible du terrain, pour que l'ennemi ne les prenne pas par-dessous, ou que du moins il ne puisse pas s'en approcher sans en être écrasé. Mais les remarques précédentes n'indiqueraient-elles point que, pour atteindre ce but, il suffit de se tenir à une profondeur modérée, et qu'il faut plutôt viser à l'économie dans l'établissement des mines et se rapprocher du sol autant qu'on le peut? Je conçois que l'assiégeant cherche à s'enfoncer pour donner à ses globes une plus grande puissance ; mais l'assiégé n'a pas le même intérêt à s'établir si bas ; ses mines profondes seront toujours humides, infectes, inhabitables, consommeront une grande quantité de poudre, et, quelle que soit leur position, elles n'éviteront pas le choc qui doit les pulvériser.

Une mine de 5 mètres de profondeur suffit pour forcer le mineur assiégeant qui voudrait éviter son effet et passer par-dessous à s'enfoncer jusqu'à 10 ou 12 mètres ; et certes il ne se donnerait pas plus de peine quand la mine qu'il attaque serait elle-même à 10 mètres de profondeur ; seulement il la prendrait par le flanc ou l'écraserait par-dessus et à la même distance, au lieu de la faire sauter par-dessous ; le résultat serait toujours le même pour l'assiégé. Cependant la première mine n'exige que 400 livres de poudre, tandis qu'il en faudrait 3,000 pour produire avec la seconde un entonnoir ordinaire : différence énorme quand les approvisionnements sont bornés, comme cela arrive presque toujours.

Que dirons-nous donc de ces systèmes compliqués de mines défensives à plusieurs étages qui exigent des bataillons entiers de mineurs pour leur service, et des quantités de poudre si considérables qu'on ne les saurait trouver dans aucune forteresse ?

321. Si l'on doit faire jouer un fourneau dans une terre déjà pulvérisée, il ne faut compter pour la charge que la moitié de ce qui serait nécessaire si cette terre était compacte, parce qu'ainsi pulvérisée elle n'offre plus qu'une résistance moitié de la même terre restée intacte.

La colonne atmosphérique pèse autant qu'une colonne de terre de même base et qui n'aurait que $7^m,00$ de hauteur ; on peut donc assimiler la résistance de l'air à celle d'une terre remuée de $7^m,00$ de hauteur, ou à celle d'une terre compacte qui ne serait élevée que de $3^m,50$ seulement. Si donc on établit à l'air libre un fourneau, son effet destructeur dans l'intérieur des terres pourra s'étendre à peu près jusqu'à cette limite, abstraction faite de la différence entre les élasticités de l'air et des différentes espèces de terre. En ayant égard à cette différence, qui est considérable, on concevra comment les effets de la poudre à l'air libre s'étendent à des distances très-grandes.

322. Les poudres se mettent dans un coffre bien goudronné, imperméable à l'eau. Ce coffre, qui se place au fond de la galerie de mine, et qui quelquefois doit y rester longtemps, doit être construit avec soin. Il faut que sa capacité soit proportionnée à la quantité de poudre qu'il doit renfermer; or, on sait que 65 livres de poudre ronde et non tassée occupent un cube de $0^m,32$ de côté, environ un pied cube. Donc, pour connaître le côté du coffre qui devra renfermer une charge donnée, il faut diviser cette charge par 65 et extraire la racine cubique du quotient; le résultat multiplié par $0^m,32$ donnera, en parties du mètre, le côté de la caisse cubique. Si, par exemple, il s'agit d'une caisse pour 1,000 livres de poudre, nous diviserons 1,000 par 65, ce qui nous donnera 15,385, dont la racine cubique approchée est 2,49; multipliant maintenant 2,49 par $0^m,32$, nous aurons $0^m,797$ pour le côté de la caisse aux poudres. On prendrait $0^m,80$ en compte rond.

Ces calculs étant assez longs, nous plaçons ici une petite table qui dispensera de les faire.

CHARGES DE LA MINE.	COTÉS DU COFFRE.	CHARGES DE LA MINE.	COTÉS DU COFFRE.
20 liv.	0m 22	200 liv.	0m 47
30	0 25	210	0 48
40	0 27	220	0 48 1/2
50	0 29	230	0 49
60	0 31	240	0 50
70	0 33	250	0 51
80	0 34	260	0 51 1/2
90	0 35	270	0 52
100	0 37	280	0 53
110	0 38	290	0 53 1/2
120	0 39		
130	0 40	300	0 54
140	0 41	400	0 59 1/2
150	0 42	500	0 64
160	0 43	600	0 68
170	0 44	700	0 72
180	0 45	800	0 75
190	0 46	900	0 77 1/2
200	0 47	1000	0 80

§ III.

Travail souterrain.

323. Tous les terrains ne sont pas d'une consistance
assez forte pour qu'on puisse construire dans leur intérieur
une galerie sans étais ; il est, au contraire, bien rare de

rencontrer un sol assez dur pour pouvoir travailler de la sorte ; il faut donc presque toujours soutenir les terres par une espèce de coffrage construit pied à pied et à mesure que le mineur s'enfonce.

Quelles que soient les dimensions des galeries ou rameaux, la manière de faire ce coffrage est toujours la même ; elle consiste à placer, de mètre en mètre, des châssis proportionnés aux dimensions de la galerie ou du rameau, et à introduire entre les châssis et les terres des bois de coffrage, au ciel et sur les côtés, de manière à empêcher toute espèce d'éboulement.

324. On appelle *grandes galeries* celles qui ont 2 mètres de hauteur et un 1 mètre de largeur dans l'intérieur des châssis ; *demi-galeries*, celles qui ont $1^m,50$ de hauteur et 1 mètre de largeur ; *grands rameaux*, celles qui ont 1 mètre de hauteur et $0^m,80$ de largeur ; et enfin *rameaux*, celles qui n'ont que $0^m,80$ de hauteur avec une largeur de $0^m,65$.

Si l'on en excepte la descente de fossé, on trouve rarement dans les attaques l'occasion de construire des galeries et même des demi-galeries ; on ne fait que des rameaux, parce qu'il y a un peu moins d'ouvrage dans la fouille et beaucoup moins de peine à bourrer. Dans les travaux pour la défense des places, au contraire, on aura souvent à faire de véritables galeries.

Quand on a construit une galerie, c'est toujours un rameau qui doit conduire de cette galerie au fourneau de la mine, parce qu'on doit faire un bourrage, et que, moins il y aura de vide, mieux on pourra compter sur la résistance de ce bourrage.

Chaque cadre ou châssis est composé d'un chapeau ,

d'une semelle et de deux montants qui s'assemblent à entaille par le bout. Les *cadres* se posent horizontalement
pour la construction des puits, et les *châssis* verticalement
pour celle des galeries et rameaux.

Voici les épaisseurs des bois nécessaires aux différentes
galeries.

BOIS.	DESCENTES DE FOSSÉS ET GALERIES DE CONSTRUCTION.	GRANDES GALERIES.	DEMI-GALERIES.	GRANDS RAMEAUX.	RAMEAUX.
Chapeaux...	0^m 15 sur 0^m 17	0^m 13 sur 0^m 15	0^m 11 sur 0^m 13	0^m 09 sur 0^m 11	0^m 08 sur 0^m 10
Montants...	0 15 — 0 15	0 13 — 0 13	0 11 — 0 11	0 09 — 0 09	0 08 — 0 08
Semelles...	0 11 — 0 15	0 09 — 0 13	0 08 — 0 11	0 08 — 0 09	0 08 — 0 08

Le ciel se lambrisse avec des plateaux de $0^m,04$ d'épaisseur, et les côtés avec des planches de $0^m,03$; la bonne largeur de ces bois est de $0^m,20$ à $0^m,25$.

325. Quand on commence une galerie, ce peut être dans un massif qu'on a devant soi, comme un parapet, une contrescarpe, etc., ou en terrain uni. Dans le premier cas, qui est le plus facile, on n'a qu'à pousser en avant; dans le second, il faut commencer par creuser un puits pour s'avancer ensuite horizontalement quand on aura atteint le fond de ce puits.

Soit d'abord un massif dans lequel il faille entrer en galerie (fig. 73ᵉ et 74ᵉ); on déterminera en dehors de ce massif la direction de la galerie par deux piquets *a* et *b*, la tête du premier *a* donnant exactement le niveau de la semelle du premier châssis; après quoi on se conduira de la manière suivante, dictée par mon ancien commandant, M. Lebrun.

« Après avoir coupé dans le talus des terres un espace
« suffisant, le mineur choisit l'emplacement de sa pre-
« mière semelle, qu'il détermine sous l'aplomb des terres
« du talus qui doivent commencer à reposer sur le ciel de
« la galerie. Il l'enterre de niveau avec le piquet *a* et avec
« elle-même; et, pour qu'elle soit bien carrément sur la
« direction de la galerie, il en aligne le milieu, marqué
« d'une coche, avec les coches des piquets *a* et *b*, au
« moyen d'un cordeau bien tendu. Il vérifie ensuite avec
« une équerre si le cordeau forme un angle droit avec
« chaque moitié de la semelle, et il constate le tout en
« mesurant avec son cordeau les deux obliques *ac*, dont
« l'égalité prouve la perpendicularité de la semelle sur la
« direction de la galerie. Assuré de l'exactitude de son
« opération, il maintient la semelle dans la position qu'il

« lui a donnée, en pressant avec précaution des terres au-
« tour d'elle, et il place les montants. Ceux-ci posés bien
« d'aplomb, il place le chapeau par-dessus, de manière
« que la coche faite sur son milieu réponde bien vertica-
« lement sur celle du milieu de la semelle.

« Si le terrain n'est pas menaçant, le mineur se con-
« tente alors de contenir le châssis dans cet état, au
« moyen de coins mariés, qu'il presse entre le dehors de
« chaque montant et les côtés de la galerie ; après quoi il
« fouille devant lui pour enlever les terres jusqu'à l'em-
« placement du second châssis qu'il pose comme le pre-
« mier, en se servant, pour s'assurer d'une bonne direc-
« tion, des piquets a et b et de la coche de la première
« semelle.

« La position des semelles déjà posées se trouve ainsi
« vérifiée chaque fois qu'on en pose une nouvelle.

« Le second châssis étant en place, le mineur pose en-
« fin les madriers du ciel et les planches du coffrage. Il
« commence par les premiers, qui doivent porter à la fois
« sur deux chapeaux, et il observe d'entreposer des coins
« un peu plus épais que les madriers entre chaque ma-
« drier et le second chapeau, afin de réserver un passage
« aux madriers qui iront de ce second chapeau au troi-
« sième. Les planches de coffrage s'appuient aussi der-
« rière deux montants, et le mineur entrepose également
« des coins plus épais que les planches entre les montants
« du second châssis et ces mêmes planches, pour réser-
« ver un passage aux planches du coffrage suivant.

« Afin d'éviter que des chocs quelconques ne déran-
« gent les châssis, on lie les montants de chaque côté de
« la galerie par des règles de sapin clouées à $0^m,10$ au-
« dessous des chapeaux. Ces tringles ont environ $0^m,08$
« de largeur, et les clous $0^m,06$ de longueur.

« Le premier châssis d'une galerie qui a son entrée
« dans un talus non revêtu doit être construit de manière
« qu'il puisse soutenir les terres du talus qui restent en
« dehors de l'entrée de la galerie; pour cela on lui ajoute
« deux semelles f, sur chacune desquelles s'appuie une
« jambe de force g, qui va s'assembler au montant près
« du chapeau.

326. « Une galerie peut aller de niveau, monter ou
« descendre. L'un n'est pas plus difficile que l'autre pour
« le mineur; il lui suffit de savoir qu'il doit aller de niveau
« ou en pente, et, dans ce dernier cas, de combien il doit
« descendre ou monter par mètre ou par distance de châs-
« sis. Quand il en est instruit, il fait faire un dé en bois,
« de dimensions égales à la pente de la galerie par mètre;
« et, soit qu'il plante des piquets de mètre en mètre sur
« le sol de la galerie, soit que les semelles distantes entre
« elles de cette quantité lui servent de piquets, il place
« son dé sur le piquet ou sur la semelle, tourné vers la
« descente, met une règle bien dressée sur le dé, et l'au-
« tre sur la semelle ou piquet; place un niveau de maçon
« sur la règle, et retouche au piquet ou à la semelle, qu'il
« est occupé de poser, tant que l'un ou l'autre n'est pas
« de niveau avec le dessus du dé quand la galerie va en
« montant, ou que le dessus du dé n'est pas de niveau avec
« la semelle ou le piquet qui précède, quand la galerie va
« en descendant. C'est à l'aide de ce moyen extrêmement
« simple que le mineur rend la pente uniforme sur toute
« la longueur d'une galerie. »

327. Quand on n'a pas de masque devant soi, il faut
commencer par creuser un puits vertical pour descendre
jusqu'au sol de la galerie.

Les *cadres* dont on se sert pour la construction des puits sont carrés, composés de deux semelles et de deux chapeaux assemblés à mi-bois, par-dessus. Ils sont en tout semblables aux châssis; ils n'en diffèrent que par leur position qui est horizontale, tandis que celle des châssis est verticale.

La largeur dans œuvre des cadres des puits doit être égale à la largeur hors d'œuvre des châssis des galeries, et cela, pour que le mineur, après être arrivé au fond du puits, trouve un espace suffisant pour poser le premier châssis de la galerie.

Les terres d'excavation sont tirées du puits par le moyen d'un treuil qu'on établit en haut, sur le premier cadre posé à fleur de terre et retenu par des piquets. Les semelles et les chapeaux de ce cadre, auquel on donne le nom de *cadre à oreilles*, dépassent de $0^m,50$ les entailles d'assemblage, afin de lui donner sur le terrain une assiette solide.

Il est important de placer le cadre à oreilles bien horizontalement, les semelles en dessous, et de manière que les coches faites sur le milieu de ses côtés soient exactement dans l'alignement de la galerie, parce que c'est de la direction de ce premier cadre que dépend celle de tous les autres.

328. Pour construire le coffrage du puits, l'opération est à peu près la même que pour les galeries. Quand on est arrivé à un peu plus d'un mètre de profondeur, on lie les semelles A du premier cadre simple (fig. 75e) aux chapeaux du cadre à oreilles, chacune par deux tringles B, de manière à ce que les coches d'un cadre se trouvent exactement dans la même verticale avec celles de l'autre; après cela on pose sur ces semelles ainsi suspendues les chapeaux qui doivent les réunir, et on les y cloue fortement.

Ces chapeaux porteront à leur tour les semelles du cadre suivant et ainsi de suite.

Quand un cadre est posé, et qu'il faut coffrer la partie correspondante du puits, on fait glisser verticalement les planches entre les cadres et les terres, en ayant soin de mettre des coins sous l'extrémité inférieure de chaque planche et contre le second cadre, afin de ménager un passage aux planches du coffrage suivant.

On commence par coffrer les angles du puits, afin d'assujettir le cadre dans la position qu'il doit conserver, et l'on continue ensuite vers le milieu des côtés.

Le dernier cadre du puits se place de manière qu'il reste à creuser en dessous toute la hauteur hors d'œuvre de la galerie ; en sorte que sa distance à l'avant-dernier n'est généralement pas d'un mètre.

Les trois côtés de la case inférieure, d'où part la galerie, se garnissent de planches comme le puits ; et, à cet effet, on pose à fleur du sol un cadre pareil aux précédents, en ayant soin de l'enterrer de toute son épaisseur.

Pour marquer au fond du puits la direction de la galerie, le mineur plante deux piquets sous l'aplomb des coches du cadre à oreilles ; il marque sur la tête de ces piquets, par de petits clous, le point précis où tombe cet aplomb. Ces deux points suffisent pour le diriger ; de plus, le piquet le plus près de l'ouverture de la galerie, coupé de hauteur, lui sert de point de départ pour déterminer la pente de la galerie par les procédés indiqués dans le numéro précédent.

329. Les terres étant assez mauvaises pour ne pouvoir pas se soutenir sur un mètre de hauteur, il faut employer un *faux cadre* dans les intervalles. Le faux cadre est entièrement semblable au cadre ordinaire, mais un peu plus grand.

On le place à $0^m,50$ au-dessous du dernier cadre, auquel on le fixe par des liteaux. On fait passer les planches de coffrage entre les terres et le faux cadre, puis on continue la fouille, et à mesure qu'elle avance, on enfonce les planches avec la pioche. Parvenu à l'emplacement du cadre suivant, on le pose comme d'ordinaire. Les planches du coffrage étant un peu divergentes en raison des plus grandes dimensions du faux cadre, elles laissent les intervalles nécessaires pour placer les coins. Une fois, ces coins serrés, on enlève le faux cadre, et l'on continue ainsi jusqu'au fonds du puits.

Il faudra de même avancer en galerie au moyen d'un *faux châssis*, et avec encore plus de précautions. Ainsi, quand le terrain est si mauvais qu'il ne peut se soutenir de lui-même, on est obligé de construire au fond de la galerie un *bouclier* composé de planches jointives arc-boutées contre le dernier châssis. On enlève une à une ces planches, en commençant par celle du haut ; on creuse sur son emplacement, autant qu'on le peut sans occasionner d'éboulement, puis on replace la planche dans le fond de la fouille. Après l'avoir bien arc-boutée, on enlève la seconde pour opérer comme ci-dessus. Ainsi de suite jusqu'en bas.

A mesure que la fouille avance, on pousse avec précaution les planches de ciel et de coffrage qu'on a engagées d'avance entre la galerie déjà faite et le dernier châssis, en ayant soin de garder toujours un coin entre l'autre extrémité de chaque planche et le coffrage. C'est lorsqu'on est ainsi arrivé à moitié distance qu'on place le faux châssis, pour empêcher les planches de plier sous le poids des terres.

330. Quand il est question de faire un retour dans la galerie, soit que ce retour fasse avec la première direction un

angle droit, ce qui est le cas le plus fréquent, soit qu'il ait une inclinaison quelconque, il faut toujours que les châssis a et b (fig. 76ᵉ), entre lesquels doit déboucher le retour, laissent entre eux, dans œuvre, une largeur égale à la largeur hors d'œuvre du premier châssis en retour c.

Dans un retour oblique, il n'y a que le premier châssis a qui soit oblique sur l'axe BC (fig. 77ᵉ) du retour ; tous les autres, tels que b, lui sont perpendiculaires. Le premier châssis a, à cause de son obliquité, doit être un peu plus grand que les autres ; ses dimensions sont faciles à calculer par la connaissance qu'on a de l'angle ABC, que font les axes des deux galeries ; car le triangle rectangle mno, dans lequel on connait le côté mn, largeur de la galerie en retour, et l'angle o égal à CBD ou au supplément de ABC, donne la longueur de mo. Le point B se marque par un piquet de hauteur. Le châssis d se place avant le châssis a ; il faut donc connaître d'avance l'intervalle qui doit exister dans œuvre entre les châssis c et d ; mais cette largeur doit être égale à la largeur hors d'œuvre du premier châssis en retour a, et cette largeur est connue, d'après ce que nous venons de dire : il n'y a donc plus rien d'embarrassant dans la construction du retour.

On prolonge de 0ᵐ,66 la galerie, à l'extrémité de laquelle on fait un retour. Cet enfoncement KIH, qu'on appelle *retraite*, sert au mineur pour s'y reposer sans obstruer le passage et sans gêner ceux qui travaillent.

On compte que les mineurs peuvent faire, en terrain ordinaire, 4 à 5 mètres courants de rameaux dans 24 heures, et 4 mètres de galeries dans le même temps.

331. Les fourneaux se construisent ordinairement sur le côté et aux extrémités des rameaux, afin de pouvoir les étançonner contre les parois opposées, quand il s'agira de bourrer.

On donne au fourneau même hauteur qu'au rameau ; mais on l'enfonce au-dessous du sol de ce rameau d'une quantité égale à la moitié de la hauteur du coffre aux poudres qu'il doit contenir ; ce qui donne la facilité de verser la poudre dans le coffre lorsqu'il est en place.

Le travail des fourneaux est le même que celui des galeries et rameaux ; mais on peut employer aussi à leur établissement les chassis à la hollandaise, composés de quatre plateaux assemblés, comme l'indique la figure 78ᵉ : deux de ces plateaux, tels que *a*, sont mortaisés ; les deux autres, tels que *b*, sont à tenons ; en les réunissant et les clouant, on forme un cadre qu'on peut tenir aussi étroit qu'on le désire.

Dans les mauvais terrains, ces cadres ou châssis, posés jointivement à la suite les uns des autres, facilitent beaucoup la construction des galeries ; on les taille obliquement, comme l'indique la figure 79ᵉ, lorsque la galerie, ou le rameau, doit avoir une pente. Il convient de faire les châssis à la hollandaise, un peu plus grands que les châssis ordinaires pour rameaux ; ceux-ci ont 0,65 sur 0,80 dans œuvre, mais d'un châssis à l'autre le coffrage laisse plus de vide et donne plus d'aisance au mineur. On donnera donc au châssis hollandais $0^m,75$ de largeur, dans œuvre, sur $0^m,85$ de hauteur.

Quand on fait un fourneau avec des châssis à la hollandaise, on peut les poser de champ ou debout : dans le premier cas, leur ensemble forme une espèce de caisse ouverte par le haut, qu'on peut employer dans les bons terrains ; et dans le second cas, une caisse ouverte par devant. Cette seconde méthode est usitée dans les mauvais terrains ; il faut alors lambrisser le fond de la caisse, ou pour mieux dire le fond de *la chambre aux poudres*; car c'est le nom qu'on lui donne.

§ IV.

Charge et Bourrage.

332. Quand le fourneau est achevé, il faut procéder à la charge et au bourrage : on place dans la chambre des poudres le coffre cubique A (fig. 80e), dans lequel les poudres doivent être renfermées pour les préserver de l'humidité, et dont les dimensions sont déterminées par le tableau du n° 322, selon la quantité de poudre qu'il doit contenir. Cette caisse est trouée pour donner passage à un *saucisson* ou boudin de toile b de $0^m,02$ de diamètre, rempli de poudre bien grenée; c'est le saucisson qui doit communiquer le feu aux poudres; on le retient dans la caisse par une cheville qui le traverse. Le saucisson est renfermé dans un auget BC formé de quatre planches, fixé sur les semelles des châssis contre les montants, et dont la capacité intérieure est seulement suffisante pour contenir le saucisson. Quand les poudres sont versées dans le coffre jusqu'à la hauteur du saucisson, on le dégorge et on continue à verser les poudres, on cloue le couvercle, et l'on procède au bourrage.

Il y a beaucoup de précautions à prendre quand on charge la mine : d'abord il ne faut éclairer le travail qu'avec les lanternes qui servent dans les magasins à poudre; employer des marteaux de cuivre ou de bois pour clouer la quatrième planche de l'auget et le couvercle du coffre; transporter la poudre dans des sacs de cuir bien fermés;

ôter ses souliers de peur que les clous ne rencontrent du gravier et ne produisent l'étincelle ; enfin, couvrir l'extrémité du saucisson, qui reste en dehors de l'auget et du bourrage, de quelques sacs à terre vides, et d'un peu de terre sèche.

333. Nous avons dit qu'une terre déjà remuée n'offre qu'une résistance moitié d'une terre vierge ; il suit de là qu'il faudrait donner au bourrage une longueur plus que double de la ligne de moindre résistance, si l'on n'employait à ce bourrage que des terres amoncelées ; mais quand on fait usage d'étrésillons ou arc-boutants, le bourrage peut n'avoir qu'une fois et demie la longueur de la ligne de moindre résistance, sans qu'on ait à craindre que l'effet de la mine se fasse par le rameau ; que la mine *souffle*. Voici comment on procède.

On dresse des plateaux contre le coffre aux poudres ; on place des étrésillons entre ces plateaux et le côté opposé du rameau ; ils doivent entrer de force, afin de bien arc-bouter les plateaux ; on bourre avec des sacs à terre et du gazon le premier intervalle des châssis, ainsi que les vides autour des étrésillons ; on met ensuite quelques plateaux en travers, appuyés contre les montants du second châssis, puis on remplit de terre un intervalle de deux châssis pour faire ensuite un nouveau barrage de madriers ; et l'on continue de la sorte jusqu'à l'extrémité du bourrage, où l'on établit un dernier masque de madriers, que l'on fortifie encore par des arc-boutants guindés contre les montants du châssis voisin.

Il faut bien faire attention, pendant le travail du bourrage, de ne pas écraser ou déranger l'auget du saucisson.

Il n'est pas nécessaire de bourrer de terre l'espace qui

reste entre le couvercle du coffre et le ciel de la chambre aux poudres, parce que l'air qui reste dans ce vide, dilaté par la chaleur de la poudre enflammée, unit sa force élastique à celle de cette poudre, et augmente un peu l'effet du fourneau, pourvu toutefois que le vide ne soit pas trop considérable.

334. On peut mettre le feu aux poudres à l'extrémité du saucisson qui sort du bourrage, par le moyen d'un morceau d'amadou ou *moine* traversant une feuille de papier : on allume l'extrémité qui est au dehors du papier ; on se retire, et le feu se communique petit à petit d'une des extrémités du moine à l'autre, arrive aux poudres, et la mine joue. Cette méthode est sans danger ; mais l'amadou peut s'éteindre, et cet accident vous laisse longtemps dans l'incertitude, sans qu'on ose s'approcher pour remettre le feu au moine.

Le capitaine Boules a imaginé un moyen qui n'a pas cet inconvénient, et qui permet de faire jouer la mine à l'instant qu'on le désire. On construit une caisse (fig. 81ᵉ) ouverte par le haut, qu'on cloue sur un plateau assez pesant pour donner à cette caisse une assiette solide. La boîte a la forme d'un parallélipipède à base carrée, dont la hauteur est double des côtés de la base ; un de ses côtés est scié horizontalement de manière à recevoir une planchette en coulisse dont les bords glissent dans des rainures pratiquées sur les autres côtés de la boîte. La partie inférieure sous la coulisse est percée d'un trou pour donner entrée à l'extrémité du saucisson ; on met sur le tiroir un bout de mèche à plusieurs brins tous allumés, puis, avec une ficelle et par un mouvement brusque, le mineur tire à lui la planchette, et la mèche tombe sur la poudre fine dont on a eu soin de couvrir le fond de la boîte; le saucisson, dont l'extrémité plonge dans cette poudre, communique le feu au fourneau.

Pour éviter qu'aucun grain de poudre ne se trouve sur le tiroir, ce qui pourrait être cause d'accidents très-graves, on ne met point l'amorce dans la boîte par son ouverture supérieure; il y a dans le bas une petite porte faite exprès.

Une seconde précaution à prendre est de couvrir la partie supérieure par un couvercle troué, pour qu'il laisse pénétrer l'air et que la mèche ne s'éteigne pas; ce couvercle est nécessaire pour empêcher la mèche de sortir de la boîte quand on tire la coulisse.

Enfin on se sert quelquefois de la fusée porte-feu décrite au n° **116** : on l'allume à l'extrémité de l'auget, et elle va d'elle-même jusqu'aux poudres, pourvu que les coudes de l'auget soient convenablement arrondis.

§ V.

Compassement des Feux.

335. Quand on a une grande étendue de terrain à faire sauter, on emploie plusieurs fourneaux qu'on fait jouer simultanément. La disposition la plus ordinaire de ces fourneaux est en T, ou en *trèfle* (fig. 82ᵉ et 83ᵉ). Pour que tous les fourneaux reçoivent le feu en même temps, il faut que les saucissons soient exactement de même longueur. L'opération de disposer les augets de manière à remplir cette condition se nomme *compassement des feux*. Cet arrangement des augets exige beaucoup de soins, à cause de l'exactitude qu'il faut y apporter pour être sûr que tous les fourneaux joueront ensemble.

Le point α est un foyer commun d'où le feu se distribue pour aller à tous les fourneaux ; et c'est à partir de ce point que la longueur développée de tous les saucissons doit être exactement la même.

Il faut observer que quand il y a dans le développement des saucissons plus de coudes d'un côté que de l'autre, chaque coude excédant se compte pour une augmentation de $0^m,08$ en longueur, parce que le feu arrivé à ce coude y éprouve un ralentissement qui équivaut à une augmentation de chemin à parcourir égale à $0^m,08$.

On profite de cela pour obtenir dans une distance plus courte une même durée d'inflammation, en faisant faire à l'auget le nombre de zigzags nécessaire pour parvenir à un développement égal, en ayant égard à l'effet des coudes.

S'il était question de faire jouer à la fois quatre fourneaux disposés sur une même ligne, comme cela peut arriver lorsqu'il est question de renverser une grande portion de revêtement, on emploiera le compassement indiqué par la fig. 84e; et si les quatre fourneaux doivent être placés sur deux lignes, ou en double T, il faut compasser leurs feux comme l'indique la fig. 85e.

Les compassements peuvent être variés à l'infini ; mais étant tous établis sur les mêmes principes, ce que nous venons de dire suffit à cet égard.

CHAPITRE QUATORZIÈME.

Démolitions.

---

336. A la guerre, on trouve fréquemment l'occasion de démolir des revêtements, de renverser des bâtiments, de crever les arches d'un pont; il est donc essentiel de dire un mot de ces différentes opérations, qui se font toujours par la force de la poudre.

Et d'abord nous indiquerons comment on fait une brèche à un ouvrage par le moyen de la mine. Quoique nous ayons supposé dans le chapitre XII que l'on ouvrait la brèche avec le canon, ce qui est en effet le meilleur moyen, cela n'empêche pas qu'on ne le fasse quelquefois avec la mine, et principalement dans le cas où le fossé est étroit, comme le sont ceux des retranchements intérieurs, et où l'on veut éviter des transports pénibles d'artillerie.

Pour faire brèche par la mine, on attache le mineur sur les deux faces du saillant en A et en B (fig. 86ᵉ) en ayant soin de couvrir l'*œil* de la mine, c'est-à-dire son entrée dans le revêtement, de forts madriers mis à l'abri de l'incendie par des feuilles de tôle ou de fer-blanc clouées dessus. De plus, l'entrée de la galerie doit être couverte du côté de la place par un bon épaulement. On s'enfonce perpendiculairement au revêtement, et quand on est à une profondeur suffisante on retourne le rameau à droite et à gauche pour faire un **T**. De cette manière, on a sous l'angle saillant quatre fourneaux **D**, qui doivent conserver entre eux des distances égales. Ces fourneaux sont ordinairement disposés de manière que ces distances soient de 10 mètres.

Quelquefois on pousse un rameau 5 mètres plus avant dans les terres, afin de former un trèfle sur chaque face. Les feux doivent être compassés de telle sorte que le troisième fourneau, dans chaque trèfle, joue un instant après les deux premiers. Il en résulte un double avantage : d'abord son explosion entame le parapet, lance des terres sur les débris du revêtement et rend la brèche praticable ; en second lieu, ce fourneau assure le logement sur la brèche contre les fourneaux que l'ennemi aurait pratiqués lui-même pour faire sauter le logement.

La charge des premiers fourneaux **D** se détermine en prenant la ligne de moindre résistance égale à la moitié de la hauteur du revêtement, c'est-à-dire en les tenant enfoncés d'une quantité égale à la moitié de la hauteur du mur d'escarpe. On calcule ensuite la charge d'après cette ligne de moindre résistance par la formule du n° 313, et en supposant le fourneau construit en terrain ordinaire. Cette charge, qui doit paraître faible au premier coup d'œil, est suffisante pour renverser l'escarpe sans la pulvériser, ni jeter ses éclats sur les logements de l'assiégeant.

On compte qu'un mineur diligent doit mettre un jour pour percer la queue du **T**; deux autres mineurs, une journée pour faire les branches du **T** ; ou trois autres mineurs, si l'on fait un trèfle : cela fait deux jours. Il faut ensuite un troisième jour pour le bourrage. Ainsi, la mine peut jouer trois jours ou, au plus, quatre jours après avoir été commencée.

337. Le tableau du n° 314 ne donnant pas les charges pour toute espèce de maçonnerie, le plus sûr quand on a de grandes démolitions à faire, est de construire un fourneau d'épreuve qui indiquera la charge nécessaire à l'espèce de maçonnerie qu'il est question de renverser.

Nous avons dit dans le numéro précédent qu'il fallait placer les fourneaux du T à une distance de la face du revêtement indiquée par la moitié de la hauteur de ce même revêtement. Cela est nécessaire quand on veut faire une brèche praticable ; mais quand on ne veut que démanteler l'ouvrage, il suffit de s'enfoncer aux trois quarts de l'épaisseur du revêtement, parce qu'alors le fourneau A (fig. 87ᵉ), ainsi enfoncé, se trouvant en arrière du centre de gravité B de la portion de revêtement supérieure à l'entonnoir, cette partie ne manquera pas de tomber quand elle sera ébranlée par l'explosion. Il résulte de cette remarque un moyen d'économie qu'il ne faut pas négliger.

Si le mur avait $2^m,50$ d'épaisseur ou moins que cela, il faudrait établir les fourneaux derrière le revêtement, et non dans son épaisseur ; sans cela ces fourneaux ne produisant que de très-petits entonnoirs, il en faudrait construire beaucoup, en sorte que la main-d'œuvre emporterait le bénéfice résultant de l'économie de la poudre. Nous disons qu'il faudrait beaucoup de fourneaux, parce qu'il est nécessaire que leurs entonnoirs se touchent pour que le revêtement soit coupé par sa base dans toute sa longueur.

Il y a plus d'économie à démolir de petits murs à main d'œuvre qu'à les renverser par la mine. Le contraire a lieu pour les gros revêtements de 2 mètres d'épaisseur et au delà.

Les fourneaux peuvent être disposés en **T**, comme dans la fig. 88ᵉ, ou isolés, comme dans la fig. 89ᵉ. Dans le premier cas, il y a moins de travail au milieu de la maçonnerie que dans le second, qui, à son tour, apporte plus d'économie, puisqu'il n'exige pas de bois de coffrage ; et dans l'un et l'autre cas il faut compasser les feux à l'extérieur, de manière à ce que tous les fourneaux jouent en même temps.

Quand les fossés sont pleins d'eau, on arrive à l'emplacement des fourneaux en creusant des puits derrière le revêtement ; en ayant soin de conserver de l'ouverture de ces puits au centre des poudres une distance double de la ligne de moindre résistance, si les fourneaux ne sont pas engagés dans la maçonnerie, ou seulement d'une fois et demie cette même ligne, s'ils y sont engagés ; sans cette précaution la mine pourrait souffler par le puits.

S'il existe une galerie derrière le revêtement, on s'en sert pour enfoncer les fourneaux de toute leur épaisseur dans le pied-droit extérieur ; on arc-boute ces fourneaux contre le pied-droit opposé ; on bourre toute la galerie, et l'on fait jouer les mines après avoir eu soin de compasser les feux, de telle sorte que tous les fourneaux puissent partir en même temps ; et c'est là le point important.

Si l'on veut augmenter les charges de moitié en sus, on pourra supprimer le bourrage, pour gagner du temps ; on se contentera d'arc-bouter les fourneaux et de construire avec de la terre, aux deux extrémités, un masque égal en longueur à deux fois la ligne de moindre résistance des fourneaux.

338. Pour démolir une tour ronde, il est tout naturel de placer un fourneau dans son milieu et de bourrer jusqu'à la voûte ou au plancher, en ayant soin de construire de bons masques à la porte et aux fenêtres. Alors, pour évaluer la charge nécessaire, on imagine qu'on a un entonnoir ordinaire à produire, et l'on prend pour ligne de moindre résistance la distance du centre du fourneau à la surface extérieure de la tour; de plus, on suppose que la mine est pratiquée dans la maçonnerie. L'effet de la mine se faisant en tout sens, la tour est sapée circulairement par ses fondements, et elle est entièrement renversée. Si l'on ne peut pas creuser de puits à cause des eaux, ou pour tout autre cause, on place le coffre des poudres sur le sol, et on l'arc-boute fortement de tous côtés contre les murs de la tour.

Quand la tour est adjacente à quelque autre muraille, il faut faire sauter la muraille en même temps que la tour, si l'on ne veut pas courir le risque de voir une partie de la tour rester sur pied.

Dans une tour carrée on peut aussi placer un seul fourneau dans le centre, et prendre pour ligne de moindre résistance, la distance de ce fourneau à la surface extérieure, ou bien en placer quatre aux angles, qui devront jouer ensemble; on prend également alors, pour ligne de moindre résistance de ces fourneaux, leur distance à la surface extérieure.

Quelquefois, pour respecter des maisons voisines, on se contente de renverser une face ou deux de la tour carrée, ou une portion de la tour ronde. Pour cela, il faut miner dans l'épaisseur du mur qu'on veut renverser, en plaçant les fourneaux dans les angles, autant que possible, et au milieu de l'épaisseur du mur. Si des voûtes ou des planchers forment une liaison entre la partie qu'on veut abattre et celle qu'on veut laisser intacte, il faut les couper avant de faire jouer la mine.

Outre la tour, on peut avoir des bâtiments voisins à renverser, ou des maçonneries adjacentes ; il faut alors surcharger les fourneaux : en les portant au quadruple de ce qu'ils devraient être, on peut produire des effets prodigieux.

339. Pour renverser un magasin à poudre, il faut établir des fourneaux au milieu de ses pieds-droits et de ses pignons ; mais si le temps ne permet pas de construire ces fourneaux, on met la poudre en tas, au milieu du magasin, sans bourrage, et l'on y met le feu au moyen d'un saucisson. Voici la manière de déterminer, dans ce cas, la quantité de poudre. On suppose que la maçonnerie ait partout l'épaisseur qu'elle a aux pieds-droits ; on calcule ensuite, par la longueur du développement, le nombre de fourneaux qu'il faudrait pour renverser un revêtement de même épaisseur et de même développement, en supposant ces fourneaux placés derrière le revêtement, et par conséquent en leur donnant son épaisseur pour ligne de moindre résistance ; la quantité de poudre qu'exigeraient ces fourneaux, augmentée de moitié, est celle qui, mise en tas, pourra renverser le magasin quand on aura bien barricadé les portes et les fenêtres.

Ces barricades se font en creusant dans les joues des portes et fenêtres, des rainures dans lesquelles on fait entrer de force des pièces de bois qu'on place en travers.

340. La méthode précédente n'est plus applicable aux bâtiments dont la surface intérieure horizontale dépasse

150 mètres carrés. Il faut y ajouter autant de fois la charge
d'un des fourneaux qui ont servi à la détermination du tas
de poudre, que l'aire du magasin ou bâtiment quelconque
a de fois 10 mètres carrés au delà de 150 mètres.

Lorsque le magasin est plus long que large, il convient
de distribuer la poudre en deux ou trois tas placés à des
distances à peu près égales dans la longueur, et d'y mettre le feu simultanément par le moyen de saucissons compassés.

341. On peut encore détruire des bâtiments en les sa-
pant par la base, pour ne laisser que des piliers de distance en distance, dans l'épaisseur desquels on pratique
de petits fourneaux, ou contre lesquels on place simplement des sacs de poudre qui, par leur explosion, culbu-
tent toutes les parties supérieures que les piliers soute-
naient encore.

Un baril de 100 livres de poudre, posé en plein air
contre un mur de $0^m,80$ d'épaisseur et à 2 mètres du
sol, le renverse certainement sur une étendue de 5 à 6
mètres.

C'est par le même moyen que l'on enfonce des portes,
qu'on renverse des palissades, qu'on fait sauter des fraises sur une certaine étendue. On augmente l'effet de la
poudre en plaçant quelques sacs à terre, autour de celui
qui contient la poudre. On a fait usage de ce moyen au
siége de Constantine pour abattre un pan de muraille
qui fermait l'entrée d'une rue près du rempart. Il ne faut
que quelques minutes pour préparer ce genre de destruction, en y employant autant d'hommes qu'il y a de sacs à
poser. Le sac qui contient la poudre est muni d'avance
d'un saucisson d'une longueur suffisante.

342. Enfin, quand on manque de poudre, on peut miner les murailles à la manière des Anciens ; on les sape de distance en distance en ménageant des piliers ; on étançonne la muraille dans chaque ouverture ; et quand on est assuré qu'elle est suffisamment soutenue, on sape à leur tour les piliers qu'on avait conservés ; après cela on met le feu aux étançons, et la muraille s'écroule sous son propre poids. Pour que le renversement des murs s'opère sûrement, on fait les parties supérieure et inférieure de la sape inclinées en sens opposé, comme l'indique la fig. 90ᵉ ; parce qu'alors ces plans inclinés venant à s'appliquer l'un sur l'autre, déterminent en avant la chute de la partie AB.

343. Une citerne, une colonne publique, une petite tour pourront être renversées par un seul fourneau construit sous le milieu de leur base, et auquel on arrive par le moyen d'un puits ou d'un rameau. Le fourneau se charge de manière à produire un entonnoir qui embrasse toute la surface à la base de l'objet qu'on veut renverser, la charge se calcule comme si le fourneau avait à jouer dans des maçonneries ordinaires.

On peut encore crever une citerne par un tas de poudre dont la quantité est déterminée par la méthode du n° 340. Ce tas de poudre se place sur un petit radeau ou dans une caisse qu'on fait flotter sur la surface de l'eau ; on porte le feu par un saucisson renfermé dans un auget, ou dans un tuyau qui va sortir par l'ouverture de la citerne.

Un puits est mis hors de service par le moyen d'un baril de 150 à 200 livres de poudre, que l'on suspend à un étrésillon placé en travers du puits.

Quand les puits sont creusés dans le roc, le meilleur moyen pour les rendre inutiles est de les remplir de pierres et de terre.

344. Pour couper un pont, on pratique dans l'épaisseur d'une des piles un petit T, disposé de telle sorte que les deux fourneaux **A** divisent la pile en trois parties égales dans le sens de sa longueur, fig. 91°. Il suffit de faire sauter une pile pour que deux arches s'écroulent, et quelquefois cette seule explosion les renverse toutes.

Il faut que la pile ait au moins 1^m,50 d'épaisseur pour pouvoir y pratiquer ces fourneaux que l'on charge de 50 à 60 livres de poudre et que l'on étançonne avec soin. Pour des piles plus épaisses on augmente la charge à proportion.

Si le temps manque, ce qui arrive presque toujours à la guerre, on peut, sans pratiquer des fourneaux dans la pile, couper le pont : pour cela on creuse une tranchée transversale dans le milieu d'une des arches, et aussi profonde qu'on le peut; on répand dans cette tranchée 3 à 400 livres de poudre, dont l'inflammation, quoique en plein air, écrase l'arche ainsi préparée. L'expérience a été faite sur un pont en plein cintre de 8^m,12 d'ouverture d'arche et 1^m,32 d'épaisseur de voûte : elle a parfaitement réussi.

Il est présumable que si l'on pouvait suspendre de la poudre sous l'intrados de la voûte, il en faudrait moins pour produire le même effet, parce que l'explosion écarterait les voussoirs, tandis que, dans le premier cas, elle les serre les uns contre les autres, et si la charge n'est pas suffisante, la voûte reste intacte; ce qui est arrivé au pont de Carouge, près de Genève, lorsqu'en 1814 les Autrichiens ont essayé de le couper.

Les ponts en bois peuvent aussi être démolis par la poudre, si l'on ne trouve pas plus simple d'y mettre le feu au moyen de matières combustibles ; il suffit pour cela d'attacher un baril de poudre sous chaque ferme , et d'y mettre simultanément le feu par des saucissons portés par des planches clouées aux fermes.

FIN.

TABLE DES MATIÈRES.

311

FIN DE LA TABLE.

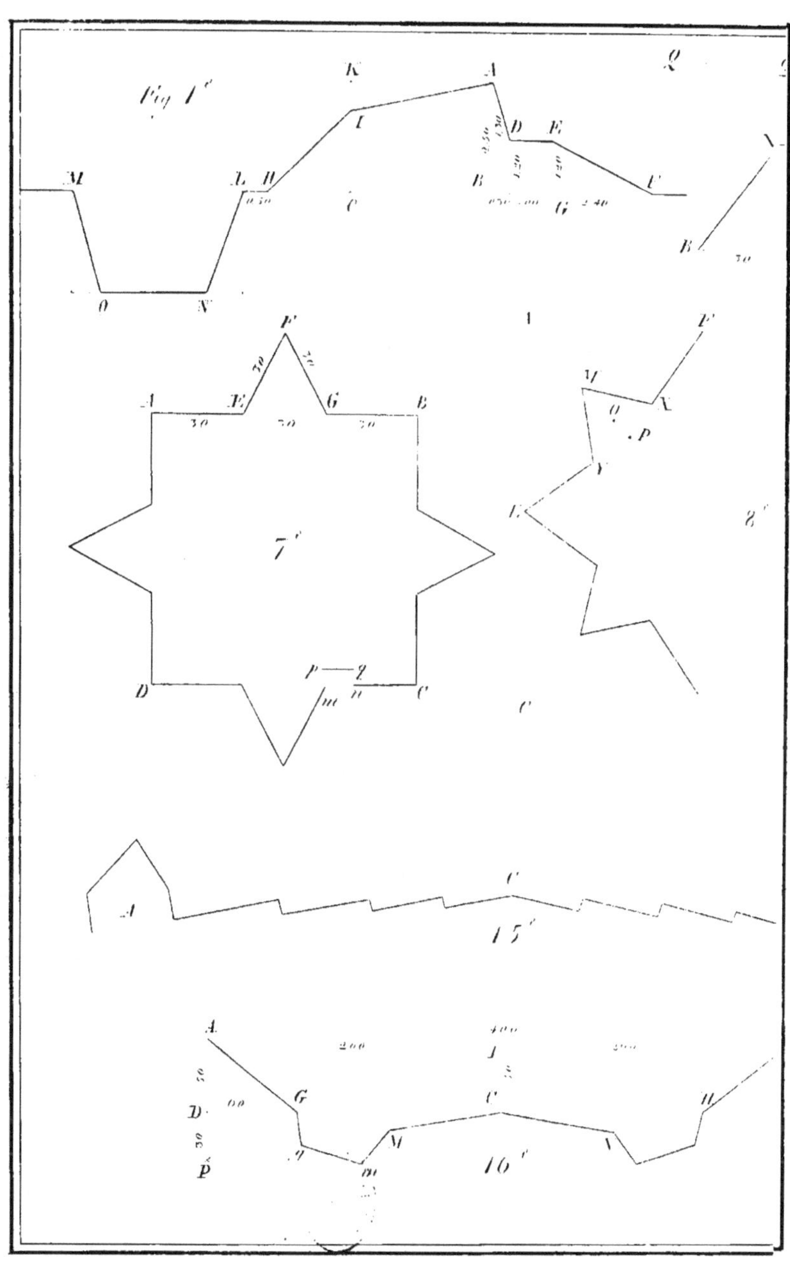

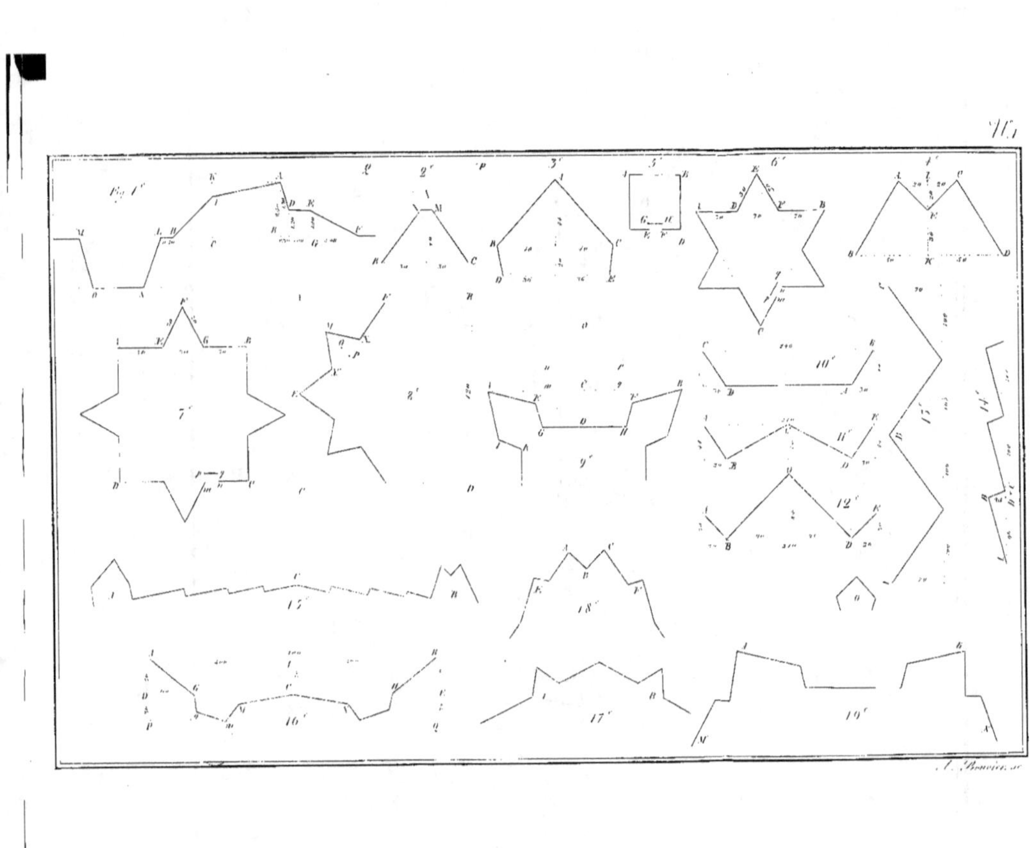

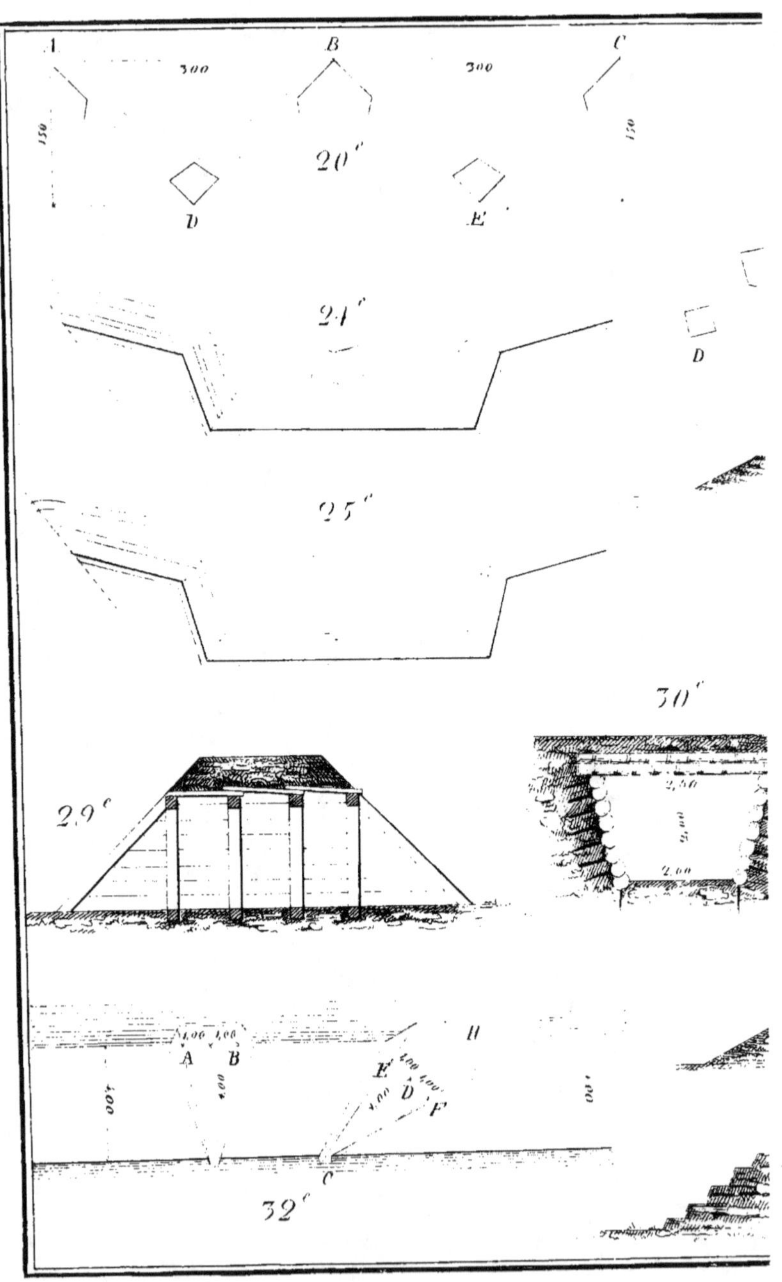

A
B
C
300
300
150
150
20°
D
E
24°
D
25°
30°
29°
2,50
2,00
2,00
A B
H
E
D F
4,00 4,00
4,00
4,00
C
32°

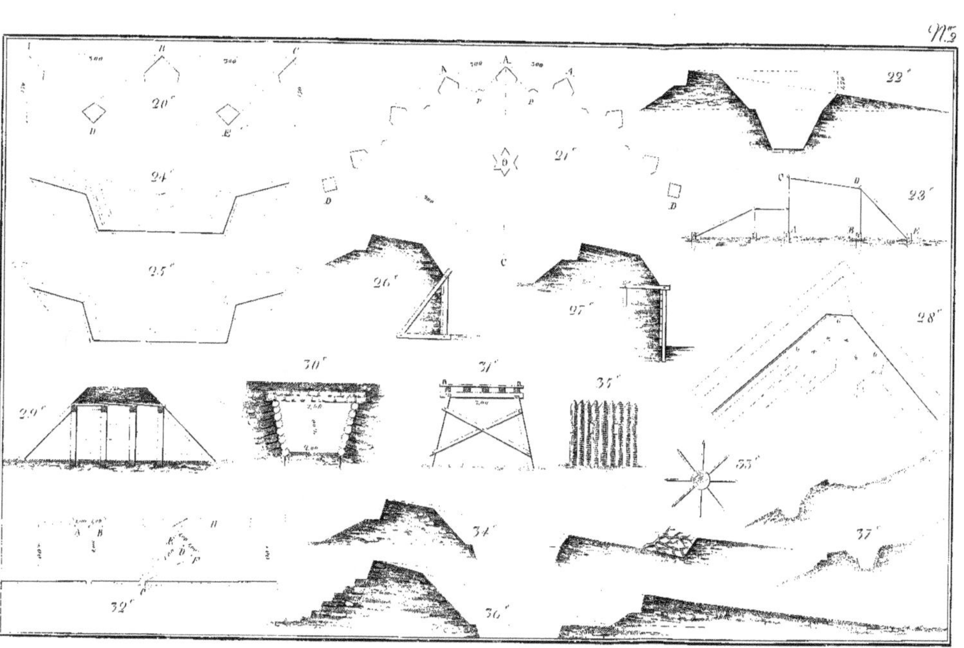
20
24
25
21
22
23
26
27
28
29
30
31
35
33
32
34
36
37

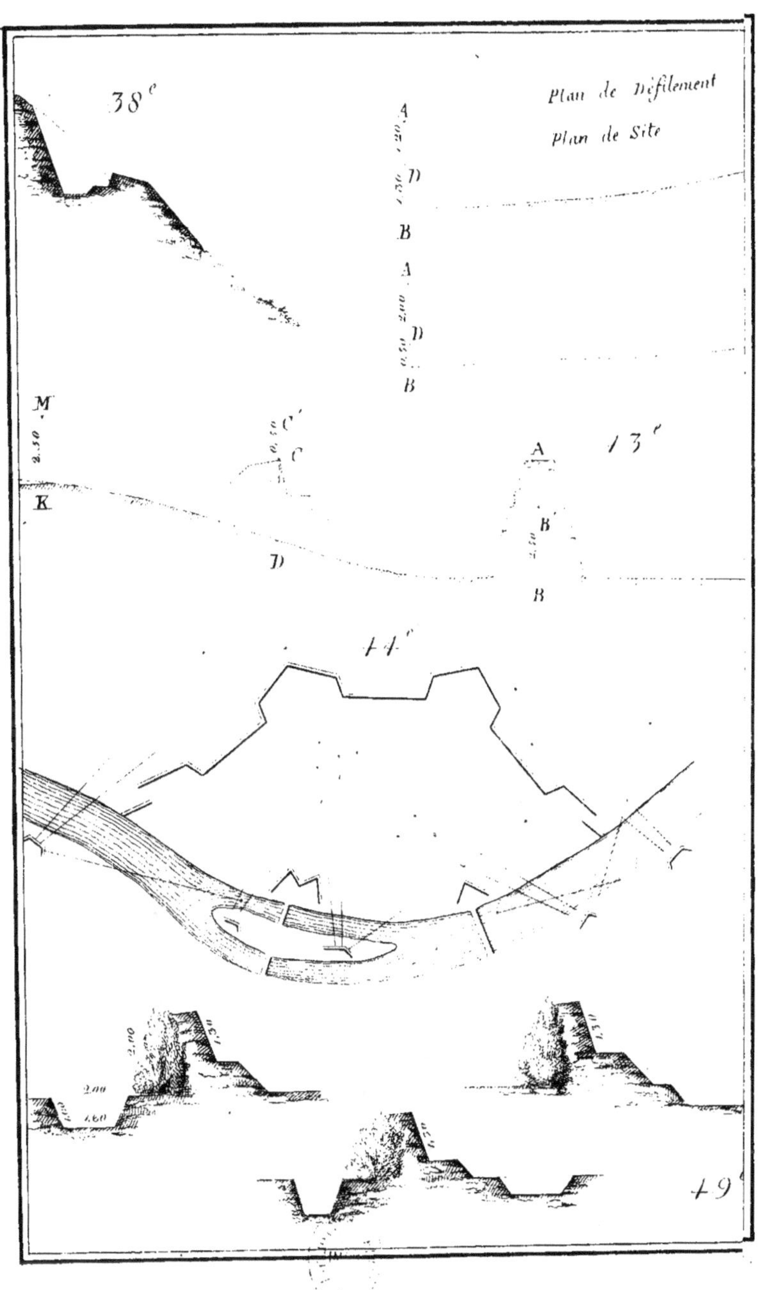

Plan de Défilement
Plan de Site
38°
13°
44°
49°
M
K
A
D
B
A
D
B
C'
C
D
A
B'
B

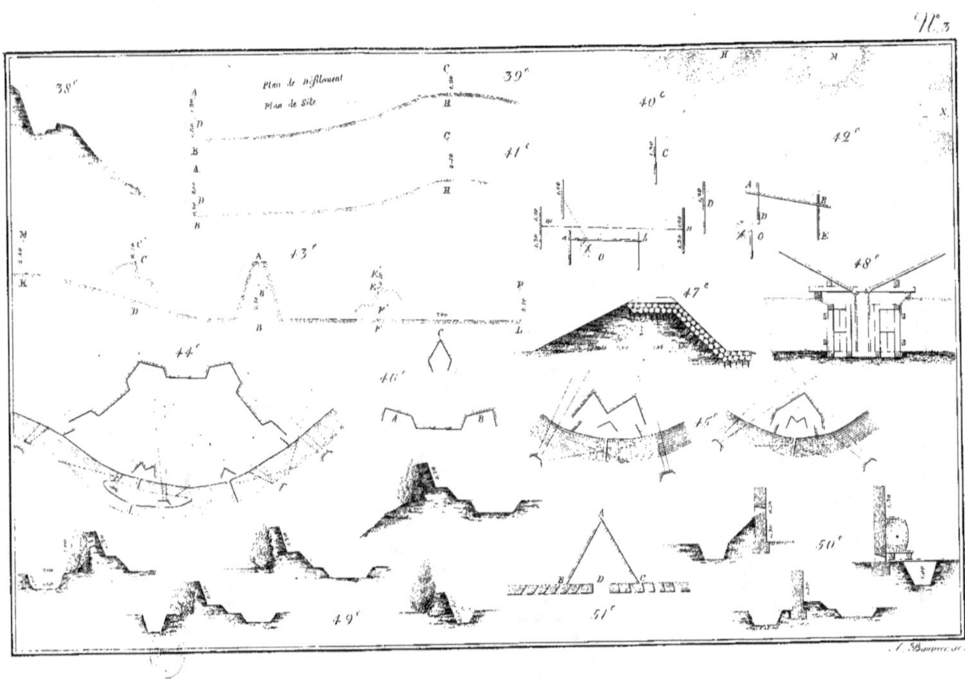
38°
39°
40°
41°
42°
43°
44°
45°
46°
47°
48°
49°
50°
51°
Plan de Défilement
Plan de Site

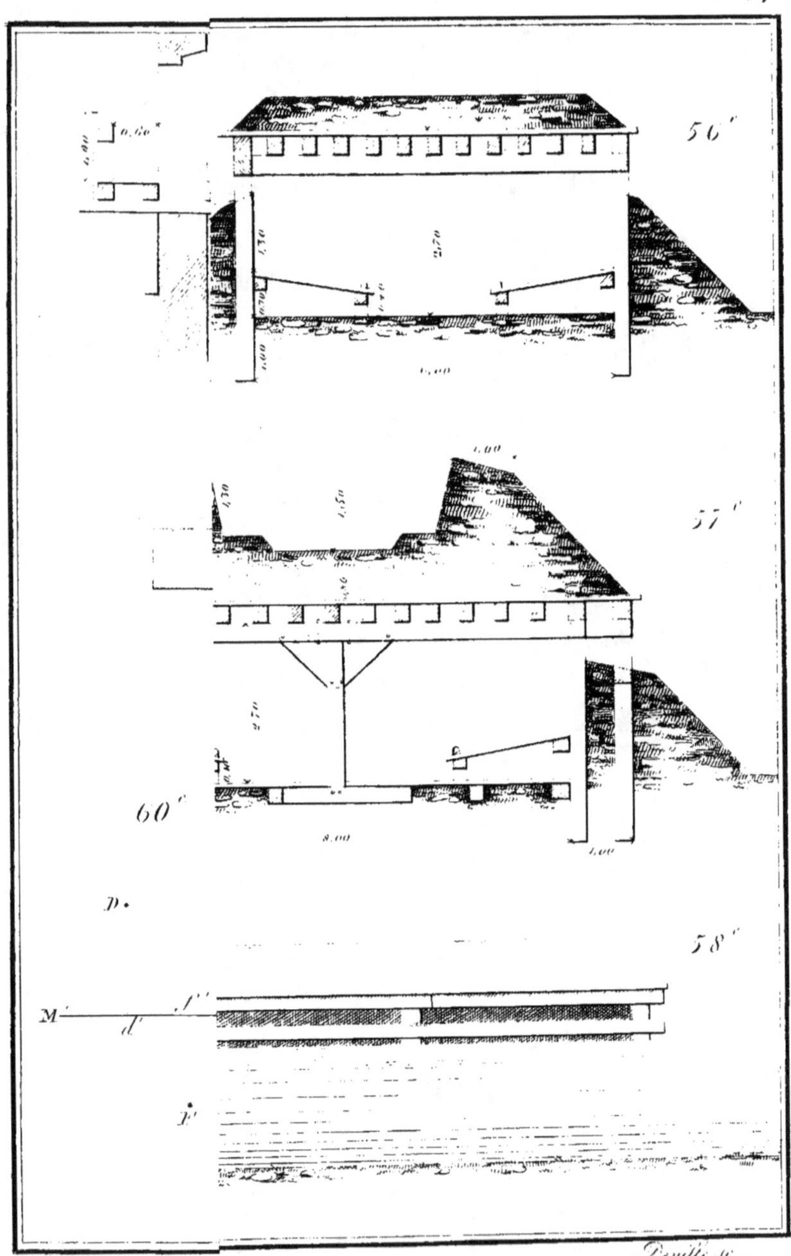
56.e
57.e
60.e
58.e
D.
M.
Deville sc.

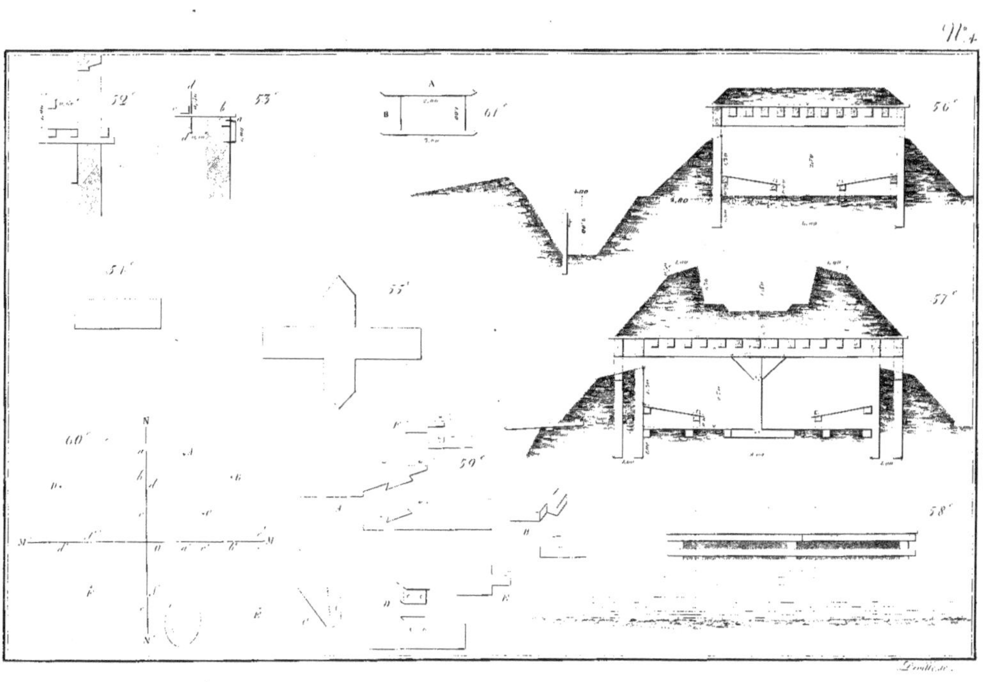
52°
53°
61°
56°
54°
55°
57°
60°
59°
58°

N.º 5
61
66
H H
G G
D D'
A B C

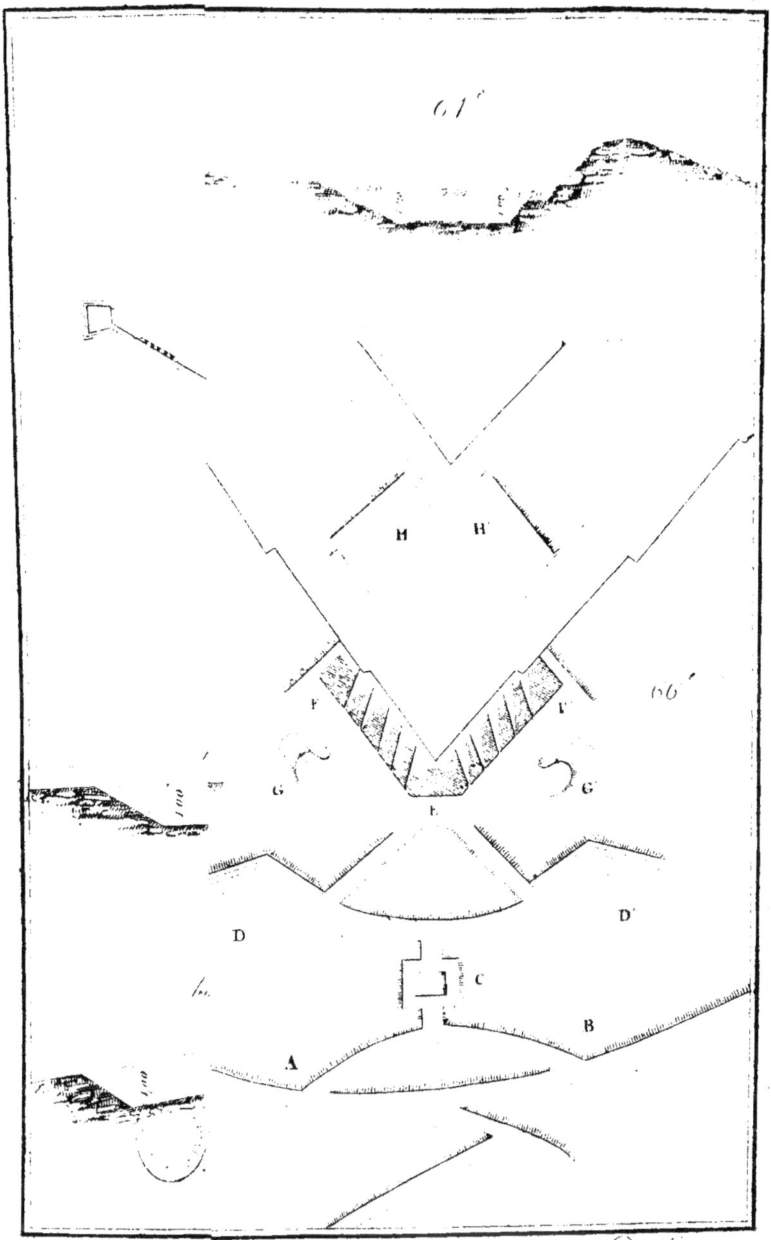

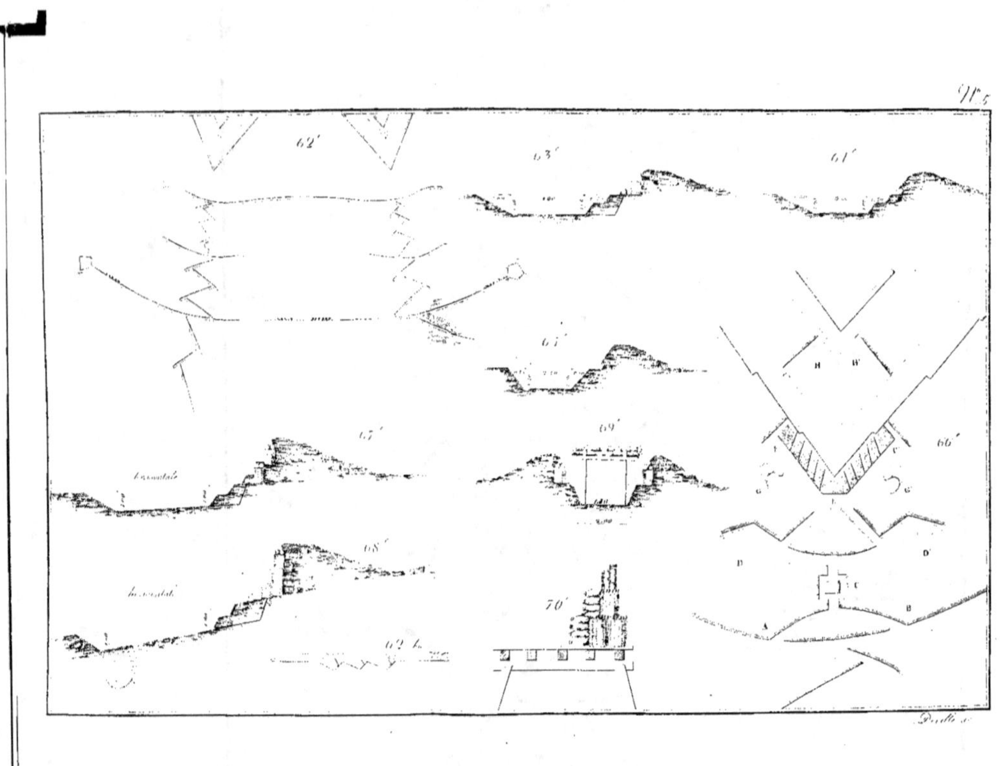

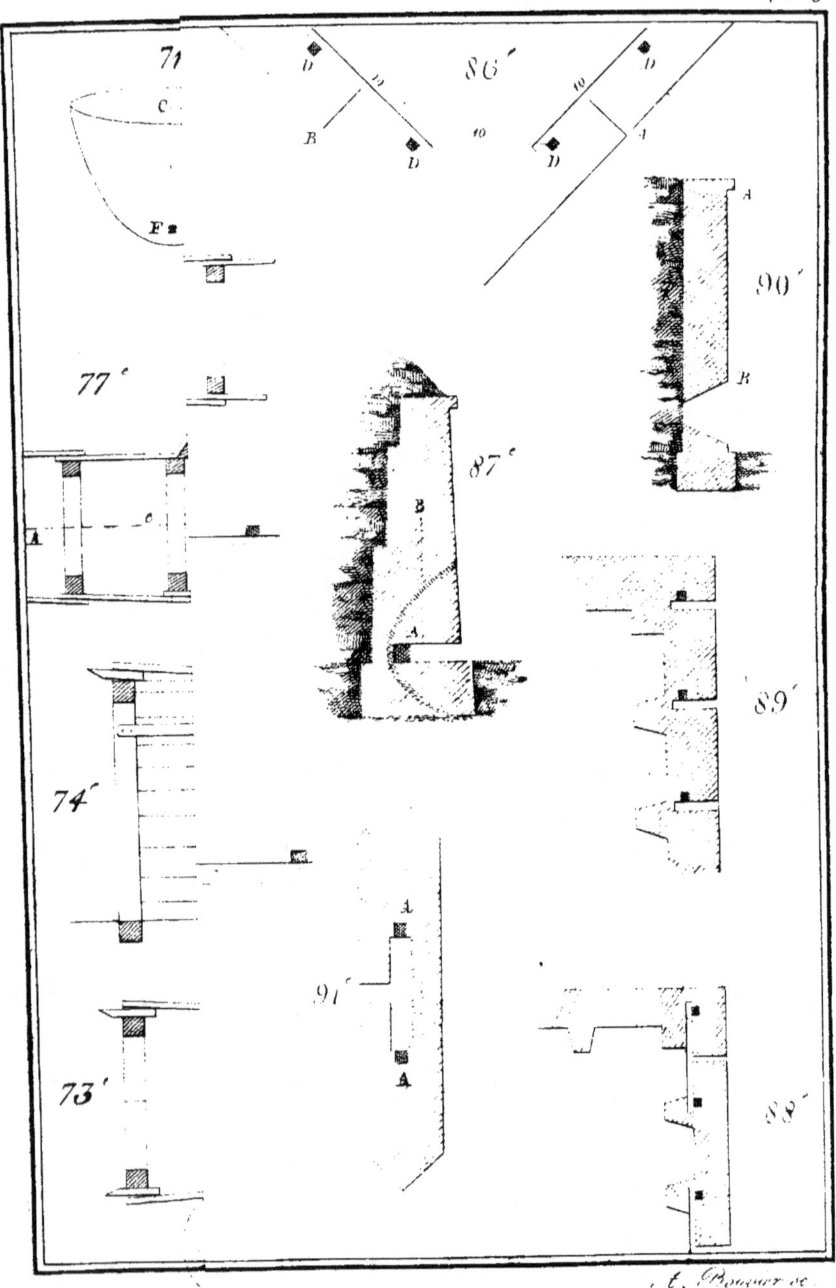
71
86
90
77
87
74
89
91
73
88
A
B
C
D
Fz

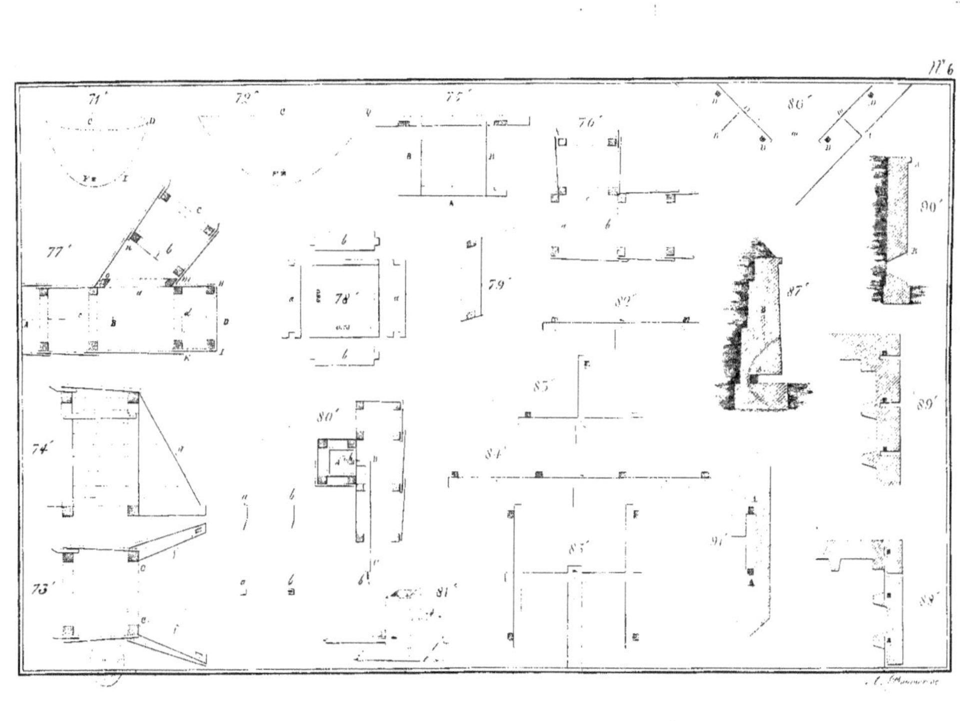

71
72
73
74
75
76
77
78
79
80
81
82
83
84
85
86
87
88
89
90
91